Dennis Waite

Was ist Advaita

Dennis Waite

Was ist Advaita

Eine Einführung in die spirituelle Lehre

Aus dem Englischen
von Chandravali D. Schang

Lüchow

Die Originalausgabe erscheint unter dem Titel *The Book of One*
bei O-Books/John Hunt Publishing,
New Arlesford/Hampshire, UK

Der Lüchow Verlag ist ein Unternehmen
der Verlagsgruppe Dornier.

Umschlaggestaltung: Designagentur Peter Krafft
Satz und Gestaltung: AS Grafik & Typo, Berlin
Druck und Bindung: Wiener Verlag, Himberg
Printed in Austria

ISBN 3-363-03015-0

www.luechow-verlag.de

Inhalt

Vorwort

Wenn man bedenkt, dass die Menschen seit den Anfängen der Sprache nach dem Sinn des Lebens gefragt haben, verwundert es, dass sie anscheinend keine klare Antwort darauf finden konnten. Zwar reichen die Wurzeln der westlichen Philosophie über 2000 Jahre zurück bis zum alten Griechenland, doch scheint man sich im Laufe der Zeit über die Antworten nur noch uneiniger zu werden. Im letzten Jahrhundert war unsere Denkweise so von der gängigen Wissenschaft bestimmt, dass viele Menschen glaubten, die gesamte menschliche Erfahrung sei letztlich rein materialistisch erklärbar – ja, selbst Bewusstsein sei nur »eine Begleiterscheinung der Materie«. Aber tief in unserem Innern macht das die meisten von uns alles andere als glücklich!

Früher wandten sich die Menschen den Religionen auf der Suche nach Antworten zu. Die Begründer jener Religionen besaßen mit ziemlicher Sicherheit ein direktes Wissen über die universellen Wahrheiten. Unglücklicherweise wurde das Wissen nach ihrem Tod oft nur durch Litaneien und »heilige Bücher« an Priester und Ausschüsse vermittelt, die den Gläubigen nur das weitergaben, was sie selbst verstanden oder für annehmbar erachteten.

Es scheint logisch, davon auszugehen, dass nur jemand, der *jetzt* lebt und die Antworten selbst herausgefunden hat, wirklich imstande ist, andere anzuleiten. Gibt es hier solche Menschen? Wenn es möglich ist, die universellen Wahrheiten zu entdecken und wenn dies von Zeit zu Zeit einigen Menschen in der Geschichte gelungen ist, dann müssen auch heute einige Menschen leben, die diese Erkenntnis besitzen, schließlich ist die Bevölkerung heute viel größer. Wenn Sie die Regale der New-Age-Buchhandlungen durchstöbern, werden

Sie recht bald auf viele Bücher stoßen, die den Anspruch erheben, die Antwort zu besitzen, und am Aushang werden Hinweise auf Vorträge und Treffen mit verschiedenen Menschen stehen, die behaupten, sie hätten »die Wahrheit gefunden«. Wie sollen wir unterscheiden und die wirklich hilfreichen Bücher und Lehrer herausfinden? Die meisten westlichen Traditionen haben sich nicht als sonderlich hilfreich erwiesen, doch gibt es eine Anzahl östlicher Überlieferungen, die uns eine wirklich solide Basis für die Erkundung der Wahrheit zu liefern scheinen und die »spirituelle Wege« entwickelt haben, die nachweislich zu bestimmten Zielen führen. Eine der ältesten Traditionen, die auch als Essenz aller anderen gelten könnte, heißt Advaita. Auf diese Tradition beziehen wir uns in diesem Buch, um Antworten auf die Fragen »zum Leben, zum Universum und überhaupt« zu finden. Sie ist im Grunde ein atemberaubend einfacher Weg – unmittelbar, intuitiv und einleuchtend; sie ist sehr praktisch und bietet dem Intellekt dennoch befriedigende Erklärungen. Da ihre Ursprünge jedoch tief in Indiens Vergangenheit wurzeln, als die Sprache der Philosophie Sanskrit war, gibt es einige ungewöhnliche Konzepte und eine Anzahl von Worten, die nicht so leicht ins Deutsche übertragbar sind. Um wirklichen Nutzen aus dieser Lehre zu ziehen, sollte man daher versuchen, sich diese neuen Begriffe anzueignen. Sie werden beim ersten Vorkommen ausführlich erklärt und am Ende des Buches findet sich ein umfassendes Glossar. Wo es angebracht ist, steht im Text möglicherweise auch dann das jeweilige Sanskritwort, wenn der entsprechende deutsche Ausdruck passend wäre, damit Sie das Vokabular einüben, das in anderen Büchern zu diesem Thema verwendet wird, vor allem wenn sie aus dem Sanskrit oder neueren indischen Sprachen übersetzt sind. Das Gleiche gilt, wenn Sie sich einer Newsgroup im Internet anschließen möchten, da viele Teilnehmer die Sanskrit-Ausdrücke verwenden.

Angesichts der verschiedenen Religionen und Philosophien sagt man oft, es gäbe viele Wege auf einen Berg, doch alle führten zum selben Ziel. Aber einige sind auch beschwerlicher als andere! Advaita liefert einen einfachen und eleganten Rahmen, in dem die Probleme von Leben und Tod verstanden und gelöst werden können. Befreien Sie sich also von Vorurteilen, öffnen Sie Ihren Geist für neue Möglichkeiten … und freuen Sie sich! Schließlich sollte das Leben vor allem glücklich sein – wir werden anschließend darauf zu sprechen kommen, was das heißt.

Und noch eine Warnung für Unvorsichtige: Sie sind drauf und dran, eine Reise zu beginnen, von der es für Sie – für Ihr »Ich« – keine Rückkehr gibt!

Einführung

In der Brihadaranyaka Upanishad, einem der ältesten Werke, finden wir folgendes Gebet:

Führe mich von der Unwirklichkeit zur Wirklichkeit,
Führe mich von der Dunkelheit zum Licht,
Führe mich vom Tod zur Unsterblichkeit.

Seine Bedeutung ist offensichtlich: In unserem gegenwärtigen Zustand kennen wir unsere wahre Natur nicht; wir halten uns für begrenzte Individuen, körperlich verletzlich, geistig unvollkommen und dazu verurteilt, ein relativ kurzes, häufig unglückliches Dasein in einer ziemlich unwirtlichen Welt zu verbringen. Doch gibt es in praktisch jeder Generation einige Menschen, die weiter blicken und entdecken, wie die Dinge wirklich sind. Auch wenn sie dieses Wissen unterschiedlich ausdrücken mögen, ist die Kernaussage gleich, nämlich, dass wir mit unserer gegenwärtigen Interpretation völlig irren. Dieses Buch möchte diese Entdeckungen vorstellen und die Disziplinen beschreiben, die uns offen stehen, um selber die Wahrheit entdecken zu können.

Der Inhalt gliedert sich in drei Teile. Teil 1, »Das Unwirkliche«, beschreibt, wie die meisten von uns sich selbst und das Leben begreifen. Teil 2, »Der spirituelle Weg«, erläutert die Techniken und Disziplinen der Advaita-Tradition, die uns zeigen, wer wir wirklich sind. Der 3. Teil, »Das Wirkliche«, erklärt, warum wir die Wirklichkeit momentan nicht erkennen. Der Vorgang, durch den wir die Wahrheit erkennen können, sowie die Konzepte von Ursache und Wirkung und dem freien Willen werden näher beleuchtet und zu guter Letzt wird unsere wahre Natur enthüllt und das Bewusstsein als solches untersucht.

Am Ende des Buches erfahren Sie, wie Sie vorgehen können, um Advaita in die Praxis umzusetzen, falls dieses Buch Sie von der Richtigkeit dieser Philosophie überzeugen konnte.

Warum Advaita-Philosophie?

Vielleicht haben Sie noch nie zuvor von Advaita gehört. Sie möchten natürlich erfahren, worum es sich dabei handelt, und deshalb sollten Sie seine Behauptungen genau prüfen, denn alle Religionen und viele Philosophen haben sich zum Leben und zur richtigen Lebensführung geäußert.

Die Advaita-Philosophie ähnelt den philosophischen Grundlagen vieler Religionen, auch der des Christentums, obwohl sie eigentlich die Grundlage einer bestimmten Richtung des Hinduismus darstellt. Sehr ähnliche Auffassungen finden wir im Sufismus (einer mystischen Richtung des Islam), im Taoismus, im Madhyamika- und Zen-Buddhismus und in esoterischen christlichen Lehren wie dem Thomas-Evangelium, das bei den Schriftrollen des Toten Meers entdeckt wurde. Auch viele Philosophen gelangten zu ähnlichen Schlussfolgerungen, zum Beispiel die frühen griechischen Philosophen wie Parmenides, die romantischen Idealisten wie Hegel, Schelling und F.H. Bradley und mittelalterliche Mystiker wie Meister Eckhart. In jüngster Zeit hat z. B. Frank Merrell-Wolff seine eigene Erleuchtungserfahrung in dem Buch »Pathways through to Space« beschrieben. In den Schlüsseltexten der meisten Religionen lassen sich leicht Belege dafür finden, dass ihnen diese Wahrheit bekannt war, doch wurde sie von Ritualen verdunkelt oder von Priestern bewusst im eigenen Interesse verborgen gehalten.

Die vollständige Bezeichnung dieser Philosophie lautet »Advaita Vedanta«. »Vedanta« bedeutet, dass sie aus jenen Schriften hervorging, die den letzten Teil der Veden bilden, den vier heiligen Offenbarungen der Hindureligion. Die wörtliche Bedeutung ist »das Ende des Wissens«, womit das höchste Wissen gemeint ist, das man überhaupt erlangen kann. Advaita Vedanta selbst ist also keine Religion – es gibt keine Kirchen oder Priester; die ersten Teile der Veden enthalten Rituale usw., doch Advaita selbst bezieht sich nicht auf diese.

Advaita ist eine extrem einfache Philosophie. Ihr ganzer Kern wird in ihrem Sanskritnamen selbst zusammmengefasst: a – nicht, dvaita – zwei. In der Tat bedarf es keines Buches, um das zu erklären. Alles kann in dem einzigen Satz zusammengefasst werden:

»Es gibt nicht zwei.«

Was wollen wir vom Leben?

Jeder Mensch verlangt die meiste Zeit nach irgendetwas. Dass Sie dieses Buch zur Hand genommen haben, hängt damit zusammen, dass Sie sich (wenn auch vielleicht unbewusst) etwas davon versprechen. Wenn wir von »Befriedigung« sprechen, unterscheiden wir oft »kurzfristige« von »langfristiger« Befriedigung, als ob wir wüssten, dass man keine »permanente« Befriedigung erlangen kann.

Verschiedene Menschen antworten auf die Frage: »Was wollen Sie wirklich?« anders. Einem jungen Menschen stellt sich die Frage: »Für was sollte ich mich entscheiden, um aus meinem Leben das Beste zu machen?«, während die ältere Generation sich vielleicht fragt: »Was muss ich tun, um nicht wieder enttäuschten Hoffnungen nachzutrauern?« Zwischen diesen beiden Extremen gibt es Menschen, die sich vielleicht bis zu einem gewissen Grad festgelegt haben, doch auch noch einen anderen Kurs einschlagen könnten, um Erfüllung zu finden. Vielleicht ist es Ihnen ein oder zweimal tatsächlich gelungen, ihr Ziel zu erreichen! Aber ach, dann haben Sie doch gemerkt, dass es nicht das erwartete Glück brachte, das Sie sich vorgestellt hatten; und das brachte Sie vielleicht darauf, dass Ihr momentaner Wunsch möglicherweise gar nicht das ist, was Sie wirklich wollen.

Die Menschen streben nach höherem Status, nach Bewunderung und Respekt; sie wollen wichtiger, intelligenter, trinkfester als alle anderen sein oder »es mit allen aufnehmen«. Man braucht nur ins »Guinness Buch der Rekorde« zu schauen, um zu sehen, was für groteske Dinge gemacht werden, um darin zu erscheinen. Woran liegt das?

Die meisten Menschen glauben wohl, dass sie X haben oder Y erreichen müssten, um Erfüllung und Zufriedenheit zu erlangen. Vermutlich verbringen sie täglich lange Zeit damit, von diesen ersehnten Dingen oder Zuständen zu träumen und wenden alle verfügbaren oder Erfolg versprechenden Mittel an um sie zu erreichen. Oft jedoch werden ihre Hoffnungen nie eingelöst.

Die Bereiche, auf die sich die wichtigsten Wünsche, Ambitionen oder Ziele beziehen, sind ohnehin nicht viele. Hier einige allgemeine Kategorien – manche mögen sich überschneiden:

körperlich: Ich möchte gesund oder dünn sein etc.; ich möchte in weniger als 2,5 Minuten einen Kilometer laufen können; ich möchte schön sein – was immer das bedeuten mag; ich möchte nicht alt werden/alt sein (daran können wir nicht viel ändern);

materiell: Ich möchte einen Porsche, ein großes Haus auf dem Land mit Swimming Pool und Tennisplatz und einem Wald dahinter und mindestens zwei Badezimmern und …;

geistig/intellektuell: Ich möchte einen akademischen Titel; ich möchte die Quantenmechanik verstehen/Picasso/Wittgenstein/die Simpsons;

emotional/das Selbstwertgefühl betreffend: Ich möchte Menschen, die mich mögen; ich möchte selbstsicher sein; meine/n Seelengefährtin/en finden (und danach für immer glücklich leben);

ich möchte keine Angst vor ...... haben (tragen Sie das Betreffende ein); ich möchte einen Bestseller über die Advaita-Philosophie schreiben und berühmt werden;

spirituell: Ich möchte in den Himmel kommen, ein besserer Mensch werden, Gott sehen.

Sie werden wahrscheinlich denken, dass das meiste davon mit dem einfachen Gefühl »Ich will glücklich sein« zusammengefasst werden kann. Viele Menschen erkennen jedoch, dass die meisten unserer Bedürfnisse entweder unerfüllbar sind oder dass das daraus folgende »Glück« nur vorübergehend ist. Irgendwann erkennt der Suchende, dass alle Wünsche außer jenen, die spiritueller Natur sind, letztlich unbedeutend sind. Es sind vielmehr die »großen Fragen«, um die es wirklich geht: Wer bin ich? Warum bin ich hier und was sollte ich tun? Was passiert mir nach dem Tod? Solche Fragen sind das Thema dieses Buches. Es beabsichtigt, Ihnen zu sagen, was Sie *wirklich* wollen. Es sei noch verraten, dass dieses Buch Sie davon überzeugen möchte, dass Sie dieses geheimnisvolle »Etwas« bereits besitzen!

Wir werden uns zu Anfang anschauen, für wen oder was wir uns halten. Haben wir unsere irrtümlichen Ansichten aufgedeckt, so werden wir rasch auf einige Bedürfnisse der obigen Liste verzichten können. Einige andere sind hartnäckiger, und um auch diese über Bord zu werfen, müssen wir tiefer in das Wesen der Welt, die uns umgibt – und unseren Platz in ihr –, eindringen. Dabei werden wir sehen, inwieweit – wenn überhaupt – man etwas von der Wirklichkeit verstehen kann und was so interessante Begriffe wie Unwissenheit, Wahrheit, Bewusstsein und Handlung bedeuten. Auch einige tief verwurzelte Vorstellungen werden in Frage gestellt werden wie zum Beispiel: »Können wir überhaupt entscheiden, etwas zu tun?« und »Macht es irgendeinen Unterschied?«

Diese Reise ist interessant und geistig anregend, sie wird hoffentlich unterhaltsam, auch wenn sie einige unbewusst gehegte Illusionen erschüttert; sie ist das Einzige, was wirklich lohnenswert ist: das Leben selbst. Und das Ende kann gleichzeitig überraschend und ungeheuer erleichternd sein. So wie T. S. Eliot sagte, den ich immer wieder gern zitiere:

> Wir werden »nicht nachlassen in unserm Kundschaften,
> Und das Ende unseres Kundschaftens
> Wird es sein, am Ausgangspunkt anzukommen
> Und den Ort zum erstenmal zu erkennen.«
> *Little Gidding (Four Quartets)*

I

Das Unwirkliche

Was ich nicht bin

Wenn wir sagen »ich will ...«, meinen wir, wir wüssten über dieses »Ich« Bescheid. Doch wer ist das »Ich«, das angeblich etwas will? Sie denken vielleicht: »Natürlich weiß ich, wer ich bin«, aber wenn Sie mehr über die Advaita-Philosophie lesen, werden Sie entdecken, dass der erste Anschein oft trügt, und dass unsere wahre Natur viel tiefgehender ist, als den meisten von uns bewusst ist.

Es mag schwer fallen, einige der folgenden Ausführungen zu akzeptieren, weil wir durch unsere Sozialisation durch Eltern, Schule, Ausbildung und Studium geprägt sind; die irrigen Ansichten aus Büchern und Massenmedien tun ihr Übriges dazu. Versuchen Sie, loszulassen. Akzeptieren Sie niemandes Vorstellungen oder Meinungen – vor allem nicht Ihre eigenen – und auch nicht meine.

Wir können unser Wesen niemals wirklich verstehen. Gas kann sich verflüssigen und Flüssiges kann Festes durchdringen, aber umgekehrt ist das nicht möglich. Ähnlich kann der Geist die Materie verstehen und der Intellekt kann zwischen Konzepten unterscheiden, doch das, was ich unser »Selbst« nennen werde, ist ihnen überlegen. Obwohl dieses Selbst Geist und Intellekt durchdringen kann, ist es selber kein Ort, auf den man zugehen könnte. Was wir jedoch tun *können*, ist herauszufinden, was wir nicht sind. Eine gute Strategie dafür bietet uns Sherlock Holmes: Wenn alles untersucht und verworfen wurde, muss das, was übrig bleibt, wie unwahrscheinlich es auch sein mag, die Wahrheit sein.

Denken Sie mal einen Moment lang nach, wie es sich anfühlt, »Sie« zu sein. Da sind Sie, Sie lesen gerade dieses Buch und sind sich dieser Worte bewusst, dieses Körpers und dieses Geistes. Das geschieht jetzt und scheint wirklich zu sein. Ihr »Ich«-Gefühl ist etwas, mit dem Sie von Moment zu Moment leben, und seine Qualität ist die Empfindung, die Ihnen am vertrautesten von allen ist. Sie können sich leicht daran erinnern, wie es sich gestern angefühlt hat und vorgestern. Auch werden Sie noch wissen, wie es sich in Ihrer Kindheit anfühlte, selbst wenn die Erinnerung nicht mehr ganz so scharf ist. Natürlich waren »Sie« damals ein Kind, aber *Sie* waren es, der/die das Kind war und niemand anders. Wichtig dabei ist, wahrzunehmen, dass dieses Gefühl – ungeachtet der täglichen Veränderungen in unserem körperlichen oder psychischen Wohlbefinden und den Alterungserscheinungen – immer das Gleiche ist.

Nicht Körper

Allgemein glaubt man, dass wir ein *Körper* sind, der ein davon unterscheidbares »Ich« beherbergt. Wir folgern, dass »Ich« mit dem Körper geboren werde und sterbe, wenn dieser stirbt. Unsere Körper bestehen zu über 75 % aus Wasser, der Rest sind andere chemische Bestandteile, die unser Stoffwechsel aus der Nahrung zieht; doch empfinden die meisten von uns intuitiv, dass wir irgendwie »mehr sind als nur das«. Selbst wenn wir es nicht erklären können, fühlen wir eher, dass wir einen Körper *haben*, als dass wir ein Körper *sind*. Darin liegt ein Widerspruch: Wir können nicht gleichzeitig dreierlei behaupten: a) wir seien der Körper; b) der Körper bestehe nur aus chemischen Bestandteilen; und c) es gäbe noch etwas darüber hinaus.

Die Antwort liegt in unserer Art zu denken und zu fühlen. Wir bemerken einen Schmerz im Kopf – und sagen: »Ich« habe Kopfweh.« Wir haben nicht gelernt, wie man den Körper im Wasser unter Kontrolle hat – und sagen: »Ich« kann nicht schwimmen.« Sobald wir sprechen können, sagen wir: »Mein« Name ist Tom oder Sarah, »ich« bin ein Junge, ein Mädchen, ein Mann; »ich« bin klug oder dumm und so weiter.

Alan Watts stellte eine interessante Theorie auf. Er erkannte, dass die meisten von uns auf die Frage, wo wir unser »Ich« lokalisieren, auf den Kopf, das heißt das Gehirn, zeigen würden. Wir meinen oft, dass wir in erster Linie ein Gehirn sind mit verschiedenen zusätzlichen Organen und Gliedmaßen wie den Beinen, um das Gehirn von A nach B zu bringen, mit einem Magen für die Nahrung und so weiter. Aber mal angenommen, unsere ursprüngliche Gestalt wäre ein Magen. Ohne ihn würde der Rest nicht lange überleben. Nach äonenlanger Entwicklung würde der Magen irgendwann Gliedmaßen zur Fortbewegung entwickeln, sobald die Nahrungsquelle erschöpft wäre. Er würde Sinne entwickeln, um besser Nahrung aufspüren zu können, und das Gehirn müsste diese zusätzlichen Funktionen steuern.

Im Fernen Osten behaupten die meisten Menschen, der »Sitz des Bewusstseins« befinde sich in der Mitte des Brustbereichs. Aber das heißt nicht, man ist das Herz, so wie wir vielleicht behaupten, wir seien das Gehirn. Der gesunde Menschenverstand scheint uns zu sagen, dass das, was immer wir nun in erster Linie »sind«, von den unwichtigeren Körperteilen nicht beeinflusst wird. Wenn wir unsere Nägel schneiden, haben wir nicht das Gefühl, wir würden einen Teil unserer selbst entfernen. Jemand, der einen Finger oder eins seiner Gliedmaßen verliert, fühlt sich immer noch als dieselbe Person, selbst wenn seine Beweglichkeit eingeschränkt ist. Beethoven blieb immer noch er selbst – vielleicht umso mehr –, nachdem er taub wurde.

Wann begannen Sie zu existieren? Als Sie aus dem Geburtskanal herauskamen? Oder waren Sie schon im Mutterleib »Sie«? Wann im Mutterleib? Als sich das befruchtete Ei teilte? Davor? Waren Sie bereits Sie selbst im Samen oder in der Eizelle, die Ihren Körper entstehen ließen? Aber waren diese nicht auch einfach verstoffwechselte Nahrung wie alle materiellen Bestandteile Ihres Körpers einschließlich des Spermas und der Eizellen, die neue Körper erzeugen können? Auf der materiellen Ebene existiert nichts anderes und es ist offensichtlich, dass wir nicht das sind.

Genauso wenig sollten wir denken, das, was wir wirklich sind, hätte irgendwie mit unseren Genen zu tun. Unsere DNS ist nichts weiter als eine Bedienungsanleitung, um die pflanzliche und tierische Nahrung in Formen zu verwandeln, die dem Körper unmittelbarer nutzen. Sobald der Körper keine Verwendung mehr dafür hat, gelten wieder andere Regeln für Bakterien und Würmer, sie in andere Formen zu verwandeln, auf die später wiederum eine pflanzliche oder tierische DNS einwirkt ... und so weiter. Obwohl in all diesen Prozessen eine enorme Intelligenz wirkt, gibt es da nichts, was wir »Ich« nennen können.

Nicht Geist

Haben wir einmal die erste Illusion, wir seien unser Körper, überwunden, dann kommt wahrscheinlich der Glaube, wir seien Geist. Aber wie oft ändert sich unser Geist? Ein intelligenter Mensch kann seine Meinung zu einem bestimmten Thema im Nu ändern, wenn ein vernünftiges Argument vorgebracht wird; und die meisten Erwachsenen würden wohl über ihre naiven Anschauungen aus der Kindheit lachen.

Und wie steht es mit Gefühlen und Emotionen? Offensichtlich kann ich auch nicht meine Gefühle »sein«. Alles, was sich von einer Minute zur anderen verändert, kann nicht jenes unveränderliche Selbst sein, von dem wir vorhin ausgingen.

Vielleicht ist das, was wir gewöhnlich unsere »Persönlichkeit« nennen, noch der beständigste Aspekt unserer selbst. Beispielsweise sind manche Menschen extrovertiert und manche introvertiert. Für viele Menschen scheint das festgelegt, und so ist es verzeihlich, wenn wir meinen, diese Veranlagungen seien unser »wahres« Selbst. Aber auch sie lassen sich durch Therapie und Disziplin verändern. Wir haben bereits die Möglichkeit ausgeschlossen, das (physische) Gehirn sei unser Selbst. Wenn wir zunächst von der Annahme ausgehen, der Geist sei Teil des Gehirns, können wir auch nicht die Gedanken oder Vorstellungen sein, die im Gehirn ablaufen. Es gibt den Denkprozess, der uns die Gedanken ins Bewusstsein rückt, und es gibt den Intellekt (oder die Funktion der Vernunft), der sozusagen zwischen diesen Gedanken unterscheidet und sie bewertet und vergleicht. Aber irgendwie fühlen wir, dass »ich« denke und »ich« unterscheide, wenn ich diese Werkzeuge des Denkens und des Intellekts benutze, die Teil des Gehirns zu sein scheinen. Es scheint nicht einsichtig, uns mit diesen Werkzeugen gleichzusetzen, also sie zu *sein*. Was ist dann das »Ich«, wenn es all das nicht ist?

Nicht Ego

Unser »wirkliches Selbst«, was immer dies sein mag, wird auf verschiedene Weise mit etwas sehr Begrenztem verbunden. Dieser Vorgang nennt sich Anhaftung oder Identifikation. Das Sanskritwort heißt *Ahankara*, was bedeutet: zum »Ich« *(aham)* machen *(kara)*, doch ganz praktisch wird damit der Vorgang beschrieben, durch den sich das wirkliche Selbst mit irgendetwas in der Schöpfung identifiziert. Um sinnvoll mit anderen zu kommunizieren, *müssen* wir das Wort »Ich« benutzen. Wir halten uns für getrennte, autonome Wesen, die eigenständig handeln und denken; wir halten uns also fälschlicherweise für etwas Begrenztes. In diesem einen Akt liegt die Wurzel all unserer Probleme. Sobald wir das grundlegende Gefühl »Ich bin« an irgendetwas festmachen, erschaffen wir Dualität, denn wenn »ich etwas bin« (zum Beispiel eine Frau), habe ich damit gleichzeitig etwas definiert, was ich nicht bin – ein Mann.

Es gibt eine Metapher dafür[1]: Stellen Sie sich ein Stück Eisen vor, zum Beispiel das Scharnier einer Tür. Wenn Sie einen Magnet an das Eisen halten, wird es davon angezogen und haftet am Magnet. Jetzt nehmen Sie das Eisen weg, holen Sie ein dünnes Stück Holz und halten Sie es an den Magneten. Keine Anziehung. Aber wenn Sie jetzt einen Bindfaden oder ein Gummiband nehmen, das Scharnier am Holz befestigen und den Magneten an das Holz halten, wird das Holz – wenn der Magnet stark genug ist – davon angezogen und haftet daran. Nur durch seine Befestigung am Eisen wird das Holz anscheinend zum Magneten gezogen, in Wirklichkeit ist das Holz von dem Magneten unabhängig.

Analog dazu behauptet Advaita, dass das *Selbst* nichts mit der Welt zu tun hat – es ist völlig unberührt von ihr. Doch durch den Prozess des *Ahankara* wird das Selbst mit etwas in der Welt identifiziert und jenes »Etwas« wird von den Gesetzen der Schöpfung beherrscht. Dann scheint es so, als sei unser wirkliches Selbst gebunden und unterliege Leid und Tod, obwohl es in Wirklichkeit nicht so ist.

Nicht eine »Person«

Unser eigener Ausdruck für *Ahankara* ist das »Ego«, das lateinische Wort für »Ich«, auf das wir uns normalerweise beziehen, wenn wir über uns selbst sprechen. Wir bedenken dabei nicht, dass sich das, worauf sich das Wort eigentlich bezieht, von Moment zu Moment verändert. »›Ich‹ habe Zahnweh« bezieht sich auf den Körper. »›Ich‹ denke, dass dies alles etwas weit hergeholt ist« bezieht sich auf eine Meinung. »›Ich‹ werde dieses Buch von Anfang bis Ende durchlesen« ist vielleicht ein Zeichen gesunder Urteilskraft. Tatsächlich existiert das Ich nicht wirklich; Ich, als individuelle »Person«, existiere nicht.

Das Wort »Person« stammt aus dem lateinischen *»per sona«* und bezeichnet die Maske, die Schauspieler in den Theatern Griechenlands und Roms trugen, um ihre Stimme akustisch zu verstärken. Da es sich um Freilichttheater handelte, war die Maske eine Vorrichtung, durch (per) die der Klang (sona) laut und deutlich ertönte. Insofern verwies das Wort »Person« niemals auf unser wahres Selbst, sondern nur auf die Maske, die wir anderen auf der Bühne des Lebens zeigen. Es ist interessant, dass das Wort mittlerweile das genaue Gegenteil von dem bedeutet, was es ursprünglich meinte: Jetzt denken wir nämlich für gewöhnlich, wir seien wirklich diese Maske.

Es gibt nicht so etwas wie eine Person; was wir die Person nennen, ist nur die Summe aller Begrenzungen, mit denen wir uns identifiziert haben. Wenn wir an ein Gefäß denken und an den Raum innerhalb des Gefäßes, glauben wir, es gäbe einen gefäßförmigen Raum, der es ausfüllt. In Wirklichkeit ist der Raum von dem Gefäß völlig unabhängig. Wenn das Gefäß zerbricht, ist der Raum, der zuvor im Gefäß »enthalten« war, immer noch da. Ebenso füllt das Selbst nicht die Person aus. Die Person ist ein künstliches Konstrukt aus einem Bündel von Gedanken und Gefühlen und etwas Materie mit einer bestimmten Beschaffenheit und Form. Ferner umfasst das Ich alle Erinnerungen und Erfahrungen der Vergangenheit und die Hoffnungen und Ängste im Hinblick auf die Zukunft; doch im gegenwärtigen Moment hat es keine Existenz.

Die neuesten Entwicklungen in der Medizin, vor allem im Bereich der Transplantationschirurgie und des Klonens, deuten darauf hin, dass irgendwann in nicht allzu ferner Zukunft ein bizarres Experiment möglich sein könnte.

Angenommen, Sie sind ziemlich alt geworden und denken an das bevorstehende Sterben, daher beschließen Sie, Ihre alt gewordenen Körperteile durch neue zu ersetzen. Da Sie sehr reich sind, sind die Kosten kein Problem und Sie planen die vielen Transplantationen über einen Zeitraum von mehreren Jahren. Die spezialisierteren Teile wie das Gehirn lassen Sie aus Ihren eigenen Stammzellen züchten. Am Ende fühlen Sie sich wie ein neuer Mensch und sehen auch so aus – genau genommen wie eine neue Frau, da Sie sich entschlossen haben, dass es nach 70 Jahren als Mann Zeit war, sich zu verändern.

Ihren ganzen Reichtum verdanken Sie Ihrer Karriere als Popstar und einer Ihrer alten Groupies, die auch sehr reich war, war so verrückt nach Ihnen, dass sie buchstäblich wie Sie sein wollte. Ihr Interesse ließ nicht nach und als sie von Ihrer beabsichtigten Verwandlung erfuhr, bestach sie das wissenschaftlich-ärztliche Team. So bekam sie all Ihre ausrangierten Organe, Gliedmaßen und sogar das Gehirn, wenn neue Teile zu Ihrem (?) Körper hinzugefügt wurden und ließ sie sich anstelle ihrer eigenen einsetzen.

So kam es, dass an einem schönen Frühsommertag am Ende eines monatelangen Krankenhausaufenthalts zwei Menschen ins Licht der Sonne treten. Die Welt hat dem noch nie dagewesenen Ereignis mit gespannter Erwartung entgegengesehen. Die Reporter haben die erste Person – Sie – noch nie zuvor gesehen. Schließlich erblicken einige Teile das erste Mal das Licht des Tages, während der Rest noch nicht in dieser Anordnung existiert hat. Es scheint eine attraktive junge Frau Ende Zwanzig zu sein. Die zweite Gestalt erkennt man sofort als den alternden Popstar, wenn auch noch etwas angeschlagener als vor drei Jahren, bevor er das erste Mal ins Krankenhaus ging.

Der Interviewer, der den begehrten Auftrag bekommen hat, zuerst mit den beiden verwandelten Individuen zu sprechen, wird plötzlich von tiefer philosophischer Angst befallen. Wie soll er Sie ansprechen? Wie soll er die Person ansprechen, die nun so aussieht wie Sie? Wer sind Sie denn überhaupt? Wenn Sie zuvor Gary Baldy hießen, nennt er Sie nun *Frau* Baldy? Und was ist mit der Person, die eine Frau war, aber die nun nicht nur wie Sie aussieht, sondern deren Körper und Gehirn jetzt wirklich Ihr früherer Körper und Ihr Gehirn ist? Ist sie immer noch Frau Gloria Love oder ist sie nun Herr Love oder ist sie jetzt *Herr* Baldy?

Sollte so eine Prozedur jemals möglich sein, was würde mit Ihrer Wahrnehmung Ihrer selbst passieren? Natürlich fühlen Sie sich zunächst als Sie selbst und wenn nur einzelne Organe oder Glieder ersetzt werden, braucht man nicht davon auszugehen, dass Sie sich irgendwie fremd fühlen werden. Schließlich wurden viele (Organ-) Transplantionen durchgeführt, ohne dass die Patienten Identitätskrisen erlebt hätten. Viele Menschen glauben, dass eine Gehirntransplantation eine Veränderung mit sich brächte: Sie würden als »Ich« in die Bewusstlosigkeit der Narkose eingehen und womit erwachen? Mit der Identität des Spenders? Doch was wäre, wenn das Gehirn teilweise mit Gewebe, das aus Ihrer eigenen DNS gezüchtet wäre, ersetzt würde?

Vielleicht können eines Tages Stammzellen gezüchtet werden, die man in beschädigte Teile des Gehirns injizieren könnte, damit gesundes Gehirngewebe nachwächst. Die neuen Hirnzellen könnten dann trainiert werden, um ihre spezifische Funktion mit der vollen Vitalität der ursprünglichen jungen Zellen zu erfüllen. Somit wären Sie zu keinem Zeitpunkt ohne Ihr Gehirn und Ihre volle Identität würde beibehalten. Oder nicht?

Und was ist mit Gloria, die nun stolze Besitzerin Ihres ausrangierten Gehirns ist, von den anderen Teilen gar nicht zu sprechen? Was ist mit ihrer Identität? Wenn sie Ihr Gehirn hat, wird sie dadurch tatsächlich Sie *sein*?

Da sind Sie nun, schauen nach Ihrer Verwandlung in einen Spiegel und sagen sich: »Was bedeutet es, ich zu sein? Hier betrachte ich diese Hand. Es ist meine Hand. Ist sie ein Teil von ›mir‹? Sicher nicht. Ich habe sie jetzt durch eine Ersatzhand ersetzen lassen, doch ich bin immer noch ›ich‹. Das Gleiche gilt für jeden anderen Teil dieses Körpers einschließlich des Gehirns, das völlig neu ist, obwohl es aus meiner eigenen DNS gezüchtet wurde. Bin ich dann nur noch mein Gedächtnis? Habe ich noch den vollen Umfang an Erinnerungen nach diesen Operationen? Angenommen, Erinnerungen sind in bestimmten molekularen Proteinstrukturen in Teilen des Gehirns gespeichert und angenommen, das Gehirn wurde nach und nach ausgetauscht. Alles, was von einem

Teil verloren ging, wurde in einem der neuen Teile wieder neu gebildet, bevor jener alte Teil, der die letzten Originalspuren enthielt, herausgenommen wurde. Obwohl es sich also nicht um die »ursprünglichen« Erinnerungen handelt, sind sie doch eine getreue Rekonstruktion davon.

»Aber wenn dies alles ist, was ich bin, dann muss Gloria sogar noch mehr ›ich‹ sein als ich, weil sie nun die ›Original‹-Erinnerungen in dem vollständigen, ursprünglichen Gehirn hat. Und wenn das so funktioniert, ist Gloria jetzt tatsächlich tot, da ihr Gehirn weggeworfen wurde, als ihr dafür meins eingesetzt wurde.«

Wie verhält es sich mit jemandem, der an Gedächtnisschwund leidet? Hört er/sie deswegen etwa auf zu existieren? Man könnte endlos weiter spekulieren und auf scheinbar merkwürdige Fragen darüber stoßen, was es bedeutet, »ich« zu sein und wer »ich« in Wirklichkeit bin.

Identifikation

Bevor wir im Einzelnen betrachten, was dieses »Ich«, von dem wir sprechen, eigentlich ist, lassen Sie uns dem Vorgang der »Anhaftung« oder »Identifikation« zuwenden.

Was uns normalerweise die ganze Zeit passiert, ist, dass wir uns an irgendein Objekt, eine Rolle oder eine Vorstellung »dranhängen« und meinen, das würde uns als getrennte Wesenheit ausmachen. Wir akzeptieren letzten Endes, dass wir dieser Körper *sind*, weil er Schmerz empfindet, wenn er verletzt wird, oder Befriedigung, wenn er ein gutes Essen hatte, und wir identifizieren uns mit diesen Gefühlen, das heißt, wir setzen uns damit gleich. Es ist sogar befremdend, so über ihn zu sprechen – wir denken lieber: »›Ich habe ein gutes Essen gehabt« und nicht: »›Der Körper‹ hatte ein gutes Essen.« Ebenso sagen wir: »Ich *bin* ein Lehrer« und nicht, unsere berufliche Rolle sei die eines Lehrers. Wir mögen zwar einräumen, dass Letzteres der Wahrheit entspricht, da wir den Job auch aufgeben könnten; doch wenn es um die Elternrolle ginge, würden wir wahrscheinlich darauf bestehen »wirklich ein Vater/eine Mutter« zu sein.

In der Praxis äußert sich diese Philosophie grundsätzlich darin, dass wir *nicht sein können*, was wir *beobachten*. Wir sehen ein Objekt am anderen Ende des Zimmers, das durch den Raum eindeutig von uns getrennt ist; deshalb können wir nicht jenes Objekt sein. Wenn wir unseren Körper sehen können, sind wir sozusagen an einem Ort und betrachten ein materielles Objekt an einem anderen Ort; wir können es nicht *sein*. Wenn wir in einem stillen, meditativen Zustand sind, sehen wir, wie Gedanken auftauchen und der Verstand mit ihnen spielt; daher können wir nicht diese Gedanken oder der Verstand sein.

Wir können nichts, was wir objektiv wahrnehmen können, sein, sei es eine vorgestellte Rolle, die im Grunde ein Bündel von Konzepten ist, oder ein konkretes Objekt, das sich vermeintlich am anderen Ende des Zimmers befindet. Dies ist ein weiteres Argument dafür, dass sich unser wahres Selbst dem Verstand zwangsläufig immer entzieht. Wir können es nie als ein Objekt erkennen, weil es immer das Subjekt ist.

Es ist eine völlig falsche Vorstellung zu meinen, »wir« seien in unserem Körper oder im Verstand im Gehirn – dies ist nur ein Beispiel dafür, dass unsere Alltagsauffassung das genaue Gegenteil des tatsächlichen Sachverhalts ist.

Die Verwechslung des Selbst mit dem Ego

Francis Lucille, ein zeitgenössischer Weiser[2], benutzt die Analogie des Auges, um das Problem zu verdeutlichen: Das Auge kann sich selbst nie sehen, obwohl es das Organ des Sehens ist. Es kann sich in einem Spiegel oder auf einem Photo, doch nie direkt sehen. Doch das bedeutet nicht, es würde nicht existieren, denn ohne das Auge könnten wir ja gar nicht sehen. Ebenso ist das Selbst für jegliches Gewahrsein verantwortlich, ohne sich jedoch seiner selbst als Objekt des Gewahrseins jemals direkt bewusst zu sein. Das heißt nicht, dass es nicht existiert: Ohne das Selbst gäbe es kein Bewusstsein, und wenn es überhaupt etwas gibt, dessen Sie sich absolut sicher sind, ohne auf irgendeine Erfahrung oder ein Wissen zurückgreifen zu müssen, so der Tatsache, dass Sie sich Ihrer Existenz bewusst sind.

In jenen seltenen Augenblicken, wenn alles völlig still ist, wenn Ihre Augen geschlossen sind, wenn kein Geräusch zu hören ist, wenn Ihr Geist still ist, ohne dass der leiseste Gedanke stört – wer ist derjenige, der diese Stille registriert?

Wie kann es überhaupt passieren, dass wir so etwas Grundsätzliches wie unser wahres Selbst »übersehen«? Dazu die Geschichte vom zehnten Mann. Auf den ersten Blick handelt es sich um eine scheinbar sehr einfältige und augenfällige Geschichte, bis sich ihre volle Bedeutung erschließt. Es geht um eine Gruppe von zehn Männern, die zusammen durch eine abgelegene und wilde Landschaft zu einem weit entfernten Dorf reisen. Sie kommen zu einem Fluss, der Hochwasser führt und den sie überqueren müssen. Sie fassen sich an der Hand und beginnen die gefährliche Überquerung, verlieren jedoch unweigerlich den Halt und müssen schwimmen. Einige Zeit später versammeln sie sich durchnässt am gegenüberliegenden Ufer. Jeder zählt die Männer durch, die angekommen sind, doch sie stellen fest, dass es nur neun sind und schließen daraus, dass einer von ihnen ertrunken sein müsse.

Während sie ihren Verlust beklagen, kommt ein Mönch vorbei und fragt, was los sei. Als sie ihm das Problem erklären, erkennt er sofort ihren Fehler. Er fordert sie auf, sich der Reihe nach hinzustellen, nimmt einen Stock und schlägt zuerst den ersten Mann einmal, den zweiten zweimal und so weiter, wobei er jedes Mal laut die Zahl ausruft. Am Ende schlägt er den letzten Mann zehnmal und ruft: »Zehn!« – Was war passiert? Jeder hatte natürlich die anderen gezählt, aber vergessen, sich selbst mitzuzählen, und war daher nur auf Neun gekommen.

Der Grund für die vollständige Zahl ist von Bedeutung, da jede für ein Element der Gesamtheit des Menschen steht. Die ersten Neun repräsentieren die fünf Elemente der grobstofflichen Materie – Erde, Wasser, Luft, Feuer und Äther – zusammen mit den vier feinstofflichen Elementen des Mentalen.[3] Der entscheidende Punkt in der Geschichte ist jedoch, dass wir immer den Zehnten vergessen, der natürlich das wahre Selbst ist, das auf Sanskrit als *Atman* bekannt ist.

Rudyard Kipling schrieb einmal eine Geschichte, in der er erklärte, wie die Götter einst aus Furcht, der Mensch könnte seine eigene Göttlichkeit erkennen, dessen göttliche Natur an einem Ort versteckten, wo er sie nie finden würde – nämlich in ihm selbst. Eine der Upanishaden, die Katha Upanishad, sagt dasselbe:

»Gott ließ die Sinne nach außen gehen, deshalb schaut der Mensch nach außen und nicht in sich selbst. Hin und wieder jedoch schaute ein mutiger Mensch, der nach Unsterblichkeit verlangte, sich um und fand sich selbst.

Der Unwissende jagt dem Vergnügen hinterher und sinkt in die Fallstricke des Todes; doch der Weise, der das Todlose sucht, läuft nicht Dingen hinterher, die vergehen.

Er, durch den wir sehen, schmecken, fühlen, hören und genießen, weiß alles. Er ist jenes Selbst.

Durch Meditation über das alldurchdringende Selbst, das von nichts anderem abhängig ist, versteht der Weise Wachen und Schlafen und überwindet das Leid.« (Nach der poetischen Übersetzung von W. B. Yeats.)[4]

Es ist unglaublich, wie selten wir über unser wahres Selbst nachdenken. Wenn wir von »Ich« sprechen, dann beziehen wir uns in praktisch allem, was wir denken und tun, auf das Ego, jenen illusorischen Aspekt unserer wahren Natur. Dieses Ich lebt und äußert sich nur aus Gewohnheiten heraus, aus abgegriffenen Meinungen und aus dem Gedächtnis, sprich der Vergangenheit. Das Selbst aber ist in jedem Moment lebendig und frisch – wenn wir es nur erkennen könnten!

Tatsächlich gibt es nur einige wenige Momente, in denen die meisten von uns schon einmal direkten Kontakt zum Selbst hatten. Gewöhnlich geschieht dies, wenn wir aus tiefem Schlaf erwachen. Gelegentlich erfahren wir vielleicht auch so etwas wie ein »reines Gefühl der Existenz«, das keine der Begrenzungen enthält, die unser Bewusstsein normalerweise begleiten. Leider wird dies meistens sofort von einem Gefühl von Panik abgelöst, da das Ego darum kämpft, seine Kontrolle über unser Schicksal wiederherzustellen. So fragt es sofort: »Wo bin ich? Welcher Tag ist heute?«

Abgesehen davon scheinen die Momente, in denen wir uns wieder mit unserer wahren Natur verbinden, sehr selten zu sein. Sie sind nur von kurzer Dauer und können nicht willentlich erzeugt werden, da sie von etwas ausgelöst werden, das ganz jenseits des Egos und seiner Sphäre liegt. Plötzlich öffnet sich die Aufmerksamkeit total; das kleine, unbedeutende Gefängnis des Ego weitet sich in ein Universum und es wird zur Gewissheit, dass dies die wahre Wirklichkeit ist. Und dann ist es vorbei und hinterlässt nur eine Erinnerung, die jedoch nie mehr verblasst.

Die Natur des Menschen

Die Hierarchie von Mineralien, Pflanzen, Tieren und Menschen

Was meinen wir genau mit der »Natur« des Menschen und was ist sein Platz in der scheinbaren Ordnung der Dinge? Soweit es unsere praktische Erfahrung betrifft, die so genannte »relative« Existenzebene, sieht es so aus, als ob es eine Vielfalt von Dingen auf dieser Ebene gibt und sie sich sehr klar voneinander unterscheiden.

In der Welt, die uns umgibt, scheint es fortschreitende Entwicklungsebenen von Gewahrsein und Intelligenz zu geben. Man könnte es als Hierarchie beschreiben, die Mineralien, Pflanzen und Tiere bis zum Menschen umfasst. E. F. Schumacher beschreibt dies ausgezeichnet in seinem Buch »A Guide for the Perplexed«. Er sagt, Steine scheinen kein Gewahrsein und keine Kontrolle über ihre Umgebung zu haben; Wissenschaftler würden vielleicht behaupten, sie hätten *kein* Leben.

Pflanzen wachsen und vermehren sich automatisch und haben scheinbar keine Entscheidungsfreiheit, doch ihnen wohnt *Lebendigkeit* inne, was immer das sein mag. Sie nehmen Nährstoffe aus ihrer Umgebung auf, sie wachsen und *sterben* irgendwann und weisen danach wieder mineralische Eigenschaften auf. Sie haben ein begrenztes Bewusstsein, in dem sie auf äußere Reize wie Licht reagieren können, aber dies geschieht auf automatische, konditionierte Weise.

Tiere scheinen eine zusätzliche Fähigkeit zu besitzen, nämlich *Bewusstsein*. Sie können dies, beispielsweise unter Betäubung, auch verlieren und verhalten sich dann eher wieder wie Pflanzen. Scheinbar haben sie eine begrenzte Entscheidungsfähigkeit – zum Beispiel im Hinblick darauf, ob sie essen, sich bewegen oder schlafen möchten, aber im Großen und Ganzen ist ihr Verhalten klar instinktgesteuert. Sie sind sich anderer und ihrer Umgebung bewusst, aber nur im Hinblick auf so grundlegende Aspekte ihres Daseins wie Überleben und Vermehrung.

Das Verhalten des Menschen ist viel komplexer und lässt sich schwieriger verallgemeinern. Menschen können sowohl aggressiv als auch ängstlich sein und manchmal fallen sie in ihrem Verhalten fast auf die tierische Ebene zurück. Der Hauptunterschied scheint jedoch darin zu bestehen, dass der Mensch noch ein weiteres Merkmal entwickelt hat: *Ich-Bewusstsein*. Er ist sich bewusst, bewusst zu sein, und vermag dies auf objektive Weise zu prüfen und zu erforschen. Er kann sein Wesen auch – unter bestimmten Bedingungen und Anreizen – zu einem gewissen Grad verändern. Anscheinend kann er sich für Verhaltensweisen entscheiden, die im Gegensatz zum Diktat seiner Instinkte stehen. Er ist sich solcher Aspekte wie Schönheit und Wahrheit bewusst, welche die Fähigkeiten des Tieres weit übersteigen, und er kann sich dafür entscheiden, diesen trotz Bedrohung seines Überlebens den Vorrang zu geben. Dieses »Ich-Bewusstsein« ist sowohl seine höchste Errungenschaft als auch sein Untergang. Einerseits befähigt es ihn, seine wahre Natur zu erkennen; andererseits verleitet es ihn dazu, Urteile über sich selbst zu fällen, Grenzen wahrzunehmen und irrtümlicherweise sein ganzes Leben darum zu kämpfen, diese zu überwinden. Sein Menschsein kann ihn zu endgültiger Freiheit führen, doch allzu oft beschert es ihm Unglück und offensichtliche Gebundenheit.

Die Wissenschaft, wie komplex und hoch entwickelt sie auch mittlerweile ist, beschäftigt sich nur mit der ersten dieser letztlich vergänglichen Existenzebenen. Manche Wissenschaftler versuchen sogar, die anderen Ebenen als reine Nebenprodukte der Evolution der Materie abzutun. Man überlässt es der Philosophie, den größeren Sinn herauszufinden.

Die drei »Eigenschaften« der Natur

Die östliche Vedanta[5]-Philosophie liefert uns ein einfaches System, das westlichem Denken allerdings fremd ist und das sich auf das ganze belebte und unbelebte Universum bezieht. Die Natur besteht aus drei Bestandteilen oder Eigenschaften, die als *Gunas* bezeichnet werden. Alles enthält diese drei Gunas, aber in veränderlichen Anteilen, und die entsprechenden Anteile bestimmen die Natur. Die *Gunas* sind insofern *subtile* Elemente, als die Sinne (oder die Wissenschaft) sie nicht wahrnehmen können; dennoch sind sie für das Geschehen in der grobstofflichen Welt »verantwortlich«. In der heutigen wissenschaftlich aufgeklärten Zeit würde man sie besser als Kräfte bezeichnen und in diesem Sinne beschreiben wir auch ihre Wirkung auf uns.

Der »niedrigste« der drei *Gunas* ist *Tamas*. *Tamas* zeichnet sich durch Dumpfheit, Unwissenheit und Inaktivität aus und lässt sich dem Mineralreich zuordnen. Wenn in einer Person *Tamas* überwiegt, ist sie faul, achtlos und dumm; ihre Lebensanschauung ist eng, dogmatisch und egozentrisch und oft hält sie an der toten Vergangenheit fest.

Der *Guna Rajas* hängt mit Aktivität zusammen. Pflanzen haben zwar einen kleinen Anteil *Rajas*, aber längst nicht so viel wie Tiere. Im Menschen drückt sich *Rajas* durch emotionales Verhalten aus, durch ein Handeln, das von Begierde bestimmt ist, und durch Leidenschaft. Ein rajasischer Mensch findet Befriedigung an Geld und materiellen Gütern. Erfolgreiche Geschäftsmänner, die ständig neue Ziele suchen und um Erfolge in der Zukunft bangen, werden von *Rajas* getrieben.

Sattva ist der höchste *Guna*, der sich nur im Menschen in größerem Maße ausdrücken kann. *Sattva* ist mit Wissen, Frieden, Weisheit und Spiritualität verbunden. Ein sattvischer Mensch ist frei von den Anhaftungen an die Welt und der Not und Aufruhr, die sie mit sich bringt. Er ist auf Wahrheit und Wissen bedacht und lässt sich, in Harmonie mit der übrigen Natur, im Leben eher von diesen Werten leiten, als dass er seinen egoistischen Motiven folgt. Nur wenn die Eigenschaft von *Sattva* dominiert, ist es möglich zu sehen, wie die Dinge wirklich sind.

Tiere neigen von Natur aus oft dazu, tamasisch zu sein und nur aktiv zu werden, um sich Nahrung zu verschaffen oder sich zu paaren; sie werden vom Instinkt geleitet. Um *Tamas* in uns selbst zu überwinden, müssen wir uns erheben und handeln – *Rajas* kann also *Tamas* besiegen. *Sattva* wiederum kann durch länger praktizierte Stille, Meditation, Lektüre und Betrachtung entwickelt werden. Diese Sequenz beschreibt die Evolution des Menschen vom Tierischen zum Göttlichen, zum höchsten Zustand, der erlangt wird, wenn er seine wahre Natur erkennt, die jenseits der *Gunas* liegt.

Die »Bedeckung« unserer wahren Natur: Hüllen oder Schichten der Identifikation

Wir haben zuvor darüber gesprochen, dass sich das wahre Selbst beispielsweise so mit dem Körper »identifiziert«, dass ich schließlich denke, ich *bin* der Körper. In den Vedanta-Schriften werden die verschiedenen Schichten der Identifikation klar beschrieben. Sie werden als Hüllen *(Koshas)* bezeichnet, die unser wahres Wesen so bedecken wie eine Schwertscheide ein Schwert oder einen Dolch.

Die erste dieser Schichten ist die »gröbste«, mit der wir uns zuerst identifizieren: der Körper. Er wird die Hülle aus Nahrung genannt *(Annamaya-Kosha)*. Die zweite Schicht, die durch den Atem gebildet wird, ist die vitale Hülle *(Pranamaya-Kosha)*. Wir könnten sie die Lebensenergie nennen, die den Körper belebt und befähigt zu handeln. Obwohl diese Kraft aus dem Selbst kommt, wie alles, ist sie *nicht* das Selbst.

Die nächste Hülle ist die mentale Hülle, die aus dem denkenden

Geist und den Wahrnehmungsorganen besteht *(Manomaya Kosha)*. Dieser mentale Teil unseres Wesens sorgt dafür, dass wir Informationen aus der »Außenwelt« vermittelt bekommen, aber meistens heckt er Unfug aus, der ihn gar nichts angeht, indem er sich beispielsweise Gedanken macht und alles verstehen will. Das Sanskritwort für dieses mentale »Organ« ist *Manas*. Es ist wahrscheinlich die Hülle, mit der sich die meisten von uns identifizieren.

Jenseits davon liegt jedoch eine höhere geistige Fähigkeit, die Fähigkeit der Unterscheidung zwischen Wahrheit und Falschheit, zwischen Wirklichem und Unwirklichem, die nicht auf so profane Mittel wie Denken oder Erinnerung zurückgreifen muss. Sie *weiß* in Stille, ohne denken zu müssen. Wir könnten sie den höheren Intellekt oder die überbewusste Intuition nennen, in Sanskrit: *Buddhi*. Die *Buddhi* fällt solche weisen Urteile wie Salomon seinerzeit über die beiden Mütter, die das gleiche Kind beanspruchten. Um die Frauen zu prüfen, schlug er vor, das Baby zu zerteilen und jeder Frau eine Hälfte zu geben. Es heißt, dass die falsche Mutter dem zustimmte, während die wirkliche Mutter sagte, die andere Frau könne das Kind haben. Das ist die Hülle der unterscheidenden, intuitiven Erkenntnis: *Vijnanamaya Kosha* (manchmal auch *Buddhimaya Kosha* genannt; Anm. d. Übers.).

Einige Leser, die meditieren, hatten vielleicht das Glück, Augenblicke des tiefen Friedens und der Stille zu erfahren, in denen der denkende Geist völlig abwesend ist und ein Gefühl großer Zufriedenheit empfunden werden kann. Dies ist nur ein weiterer Zustand, obgleich er vielleicht erstrebenswert und voller Glückseligkeit ist. Wir können ihn immer noch beobachten und können daher auch nicht dieser Zustand sein. Er ist die letzte Hülle, die treffend die Hülle der »Glückseligkeit« *(Anandamaya Kosha)* genannt wird. Da sie von höchster Glückseligkeit erfüllt ist, ist sie angeblich am schwierigsten zu transzendieren.

Was wir wirklich sind, ist das wahre »Selbst«. Doch durch Identifikation mit diesen verschiedenen Schichten oder Hüllen wird das Selbst verschleiert. Es gleicht dem Wasser in einer farbigen Glasflasche. Das Wasser scheint die Farbe des Glases anzunehmen, obwohl es selbst farblos ist.

Verhaltenstendenzen

Diese werden auf Sanskrit *Vasanas* genannt, was »wünschen« oder »begehren« bedeutet. Der Advaita bezeichnet damit unterbewusste oder latente Tendenzen in unserem Innern, die sich irgendwann ausdrücken, ob man es will oder nicht. Edward de Bono[6], bekannt für sein unorthodoxes Denken, beschreibt ein Modell, mit dessen Hilfe wir uns eine bessere Vorstellung davon machen können: Wenn Sie sehr heißes Wasser auf einen (festgewordenen) Wackelpudding tropfen lassen, wird es eine dünne Rille auf dem Pudding bilden, während es auf den Teller darunter fließt. Wenn Sie jetzt mehr heißes Wasser nachgießen, wird es in dieselben Rillen wie zuvor fließen wollen, da sie den Weg des geringsten Widerstands bieten und die Rillen weiter vertiefen. Wenn man das wiederholt, werden sich tiefe Rillen bilden und es wird schwierig, wenn nicht gar unmöglich, das Wasser irgendwo anders hin zu leiten. Genauso bilden sich durch Wiederholung feste Gewohnheiten.

Diese Tendenz, sich in bestimmten Situationen auf bestimmte Weise zu verhalten, nennt sich *Vasana*. Je weniger bewusst wir im Augenblick der Handlung sind, desto größer ist die Wahrscheinlichkeit, dass wir so handeln werden. Wenn wir in dem Augenblick bewusst sind und unsere *Buddhi* zwischen den anderen möglichen Handlungsweisen unterscheiden kann, kann die eingewurzelte Tendenz überwunden werden. So wie sich die Rillen im Pudding dadurch gebildet haben, dass wir zuvor Wasser darauf gossen, werden unsere *Vasanas* aus unseren vergangenen Handlungen gebildet.

Unser angebliches Wissen

Unwissenheit

Was wissen wir jetzt über uns selbst und wie erwerben wir mehr Wissen? Was bedeutet es, Wissen oder Erfahrung von etwas zu haben, und können auch wir als Beobachter oder Wissende von Objekten selbst zu Objekten werden, die erkannt werden können? Wenn wir uns objektiv »kennen« könnten, wer wäre dann das Subjekt? Wir sollten uns auch klar sein über die Unterscheidung zwischen Wissen und Überzeugung oder bloßer Meinung, und wir sollten verstehen, wann Wissen zu Weisheit oder Wahrheit wird.

In spirituellen Angelegenheiten sind wir ziemlich unwissend, obwohl uns Schule, Elternhaus, Freunde, Fernsehen etc. für eine Karriere vorbereiten. Wir merken jedoch zunehmend, dass wir nichts darüber erfahren, wie wir Sinn und Erfüllung in unserem Leben finden können, sondern sogar die Unwissenheit hierüber vergrößert wird.

Praktisch unsere ganze Erziehung funktioniert so. Statt uns zu öffnen, verstopft sie uns mit weitgehend unnützen, so genannten Fakten. Und praktisch alles ist so aufgebaut, dass es den Glauben in uns bestärkt: »*Das ist's*. Diese Welt ist real und alles, was es gibt.« In der westlichen Welt fördert die Erziehung unter dem mächtigen Einfluss der Medien und der Werbung zunehmend das materialistische Wertesystem und den Individualismus.

Unbestritten wissen wir, das heißt die Wissenschaft, weit mehr über praktisch alle wissenswerten Dinge als die Generation vor uns. Es gibt heute ganze Wissensgebiete, die vor hundert Jahren noch unbekannt waren. Doch wenn wir unser Wesen betrachten – wer wir sind, was wir mit unserem Leben tun sollen, was der Sinn ist –, dann wissen wir darüber nicht mehr als vor mehreren tausend Jahren. Philosophie und Religionen wetteifern um die Antwort darauf, doch die wenigen, die die Mühe der Erforschung auf sich nehmen, werden von den oft widersprüchlichen Behauptungen meistens verwirrt.

Wenn wir normalerweise von Wissen sprechen, meinen wir Wissen von *Dingen* – von ihren Merkmalen und Eigenschaften und ihren Beziehungen zu anderen Dingen. Wir versuchen selten, darüber nachzudenken, was das Wesen einer Sache jenseits dieser Qualitäten ist. Wir werden später sehen, dass solche Versuche schnell auf Probleme stoßen und tatsächlich scheitern müssen; dennoch ist es notwendig, klar zu unterscheiden. Advaita beschäftigt sich mit dem Wissen vom Wesentlichen. Wenn wir das gewöhnliche Denken umkehren, könnten wir Objekte fast als die Attribute einer bestimmten absoluten Essenz betrachten. Die Objekte selbst, zu denen wir auch uns zählen müssen, ändern sich ständig, während die grundlegende Essenz aller Dinge immer gleich ist.

Swami Chinmayananda führt in seinen Vorträgen über die Mandukya Upanishad eine nützliche Metapher an, die uns hilft, uns darüber klarer zu werden: Er sagt, wenn wir Wasser in verschiedene farbige Flaschen und Gefäße von unterschiedlicher Form füllen, werden die scheinbaren Eigenschaften all jener Gefäße verschieden sein. Wir werden »kurzes« Wasser haben, Wasser mit einer »merkwürdigen Form«, »rosa« Wasser und »gelbes« Wasser. Aber all diese Merkmale, die unserer Meinung nach das Wissen über das Wasser ausmachen, stellen in Wirklichkeit gar kein Wissen dar. Sie sind nur die Eigenschaften der Objekte, mit denen wir das Wasser in Verbindung gebracht haben. Ebenso werden uns all unsere Studien der Physiologie des menschlichen Körpers und der Psychologie des Geistes nichts über die eigentliche Natur unseres Selbst verraten, das mit diesem Körper und Verstand nur *in Verbindung gebracht* wird.

Im Hinblick auf Dinge, die *wirklich* wichtig sind, bleiben wir unwissend. Und was noch schlimmer ist, wir wissen nicht, wo wir uns nach einer verlässlichen Quelle umschauen sollten, die uns Antworten geben könnte. Advaita ist glücklicherweise so eine Quelle und seine Aussagen können in diesem Leben auf ihre Richtigkeit überprüft werden. Die Wissenschaft schenkt uns das objektive Wissen, mit dem wir normalerweise umgehen; Advaita verhilft uns zu einem intuitiven Verstehen des eigentlichen Wesens aller Dinge – dem Wissen über das *Absolute* oder die *Wirklichkeit*.

Denken

Denken ist ein wichtiges Werkzeug, um mit dem Problem der Unwissenheit umzugehen. Dennoch ist es *nur* ein Werkzeug und muss mit Vorsicht behandelt werden, wenn wir uns nicht verletzen wollen. Ein einfacher Gedanke, den uns die Eltern, ein Gleichaltriger oder ein Lehrer in den Kopf setzen, kann großen Schaden in unserem Leben anrichten. Sobald ein Gedanke aufkommt, wird er »mein« Gedanke. Wenn ich ihn mag, ist es sehr wahrscheinlich, dass ich an ihm haften werde, und er wird schließlich zu einer Meinung. Ob wir ihn mögen oder nicht, hängt natürlich zum Großteil von den Gedanken ab, die sich *bereits* in unseren Geist eingeschlichen haben.

Es lohnt sich, mal danach zu fragen, ob Sie wirklich jemals etwas *tun*, um einen Gedanken hervorzubringen. Offensichtlich haben die Menschen durchaus »ursprüngliche« Einfälle – Albert Einstein etwa. Wie entstehen diese Gedanken? Erzeugen solche Menschen diese Gedanken, setzen sie ihren außergewöhnlichen Verstand dafür ein, sie aus dem Nichts ins Dasein zu rufen? Eigentlich nicht. Wirklich ursprüngliche Ideen scheinen in Träumen oder traumähnlichen Zuständen aufzutauchen, wenn das normale »Ich«-Bewusstsein als Zeuge abwesend ist.

Dafür gibt es zwei berühmte Beispiele.[7] Kekulé hatte die Vision einer Schlange, die sich selbst in den Schwanz biss – das führte dazu, dass er die molekulare Struktur von Benzol begriff. Coleridge soll das ganze Gedicht von Kubla Khan in einem Traum verfasst haben, obwohl dies vielleicht nur durch die Einnahme von Substanzen ermöglicht wurde, die heute verboten sind. Solche Gedanken »tauchen auf« ohne die Gegenwart eines Egos, das sie als seine eigenen beansprucht – sie sind das Ergebnis reiner Kreativität.

Beachten Sie, dass sie sich deutlich von den Gedanken herkömmlicher »Tagträume« unterscheiden. Wahrscheinlich sind wir uns einig, dass letztere eine ziemlich vergeudete Aktivität sind; das drücken wir auch damit aus, wenn wir von »müßigen« Gedanken sprechen. Aber alle anderen Arten des Denkens, die sich auf ein »Ich« beziehen – was ich will, wovor ich Angst habe, worüber ich mir Sorgen mache und so weiter – gehören dieser »nutzlosen« Kategorie an. Sie dienen nicht wirklich einem sinnvollen Zweck. Vielleicht denken wir, unsere Denkweise könnte uns Aufschlüsse liefern oder wir könnten uns gedanklich ordnen, aber das Einzige, was dabei herauskommt, ist, dass wir uns mehr mit den Ideen identifizieren, aus denen diese Gedanken bestehen.

Zwischen diesen beiden Extremen – dem kreativen und dem nutzlosen Denken – befinden sich die gewöhnlichen, praktischen Alltagsgedanken, die sich darauf beziehen, was wir gerade tun oder tun sollten. Der Gedanke, dass Sie in einer Stunde eine Verabredung haben, ist wahrscheinlich ganz nützlich. Er sollte nicht als »müßig« betrachtet werden, auch wenn er sicherlich nicht besonders »kreativ« ist. *Praktische* Gedanken sind rein funktional. Sie tauchen auf, ohne dass wir wissen, woher; wir akzeptieren sie und ihren Wert, handeln entsprechend und damit hat es sich – kein Problem!

Kreative Gedanken wecken uns auf, machen uns auf neue Möglichkeiten aufmerksam, lösen Probleme und so weiter. Wir handeln entsprechend und vergessen sie dann wieder. Sie sind nicht nur kein Problem, sondern sie bereichern unser Leben regelrecht. Natürlich können wir nicht beeinflussen, dass sie häufiger auftreten. Ein besonderer Gedanke dieser Art ist derjenige, der uns auf unsere wahre Natur hinweist – wie die plötzliche Erkenntnis, dass wir mit allem um uns herum eins sind. Diese Art von Gedanke ist schon selten; wenn er auftritt, kann er unser Leben völlig verändern und bewirken, dass wir aktiv nach der »Wahrheit« suchen, uns auf einen spirituellen »Weg« begeben und so weiter.

Müßige Gedanken nehmen uns oft einen Großteil unserer Energie. Sie verstärken sich scheinbar selbst, lösen oft verwandte Gedanken aus und verbreiten eine Wolke von Negativität. »Du wirst dich noch zu Tode sorgen«, sagen die Menschen manchmal, und es ist etwas Wahres daran. All das ist durch die Macht der Identifikation, den Prozess von *Ahankara*, bedingt. Wir hängen uns an bestimmte Vorstellungen und stellen uns damit verbunden alle möglichen Szenarien vor. Das erzeugt »Was passiert, wenn …?«- und »Wenn nur …«-Probleme und so weiter. Der Egoismus des Egos kennt keine Grenzen! Dies sind wirklich die einzigen Gedanken, die man vermeiden sollte, und die einzige Denkweise, die tatsächlich Probleme schafft.

Meinungen

Diese Kategorie des Denkens entwickelt sich zur »Überzeugung«. Wenn wir eine Idee besonders mögen, hängen wir uns sehr wahrscheinlich an sie. Im Extremfall sagen wir vielleicht sogar »das ist meine Idee«, aber zumindest werden wir akzeptieren, dass wir sie mit anderen gemeinsam haben. Es sind Meinungen und ihre stärkeren Brüder, die Überzeugungen, welche die meisten Konflikte in der heutigen Welt hervorrufen. Die Menschen greifen Vorstellungen aus Büchern, von Eltern, Lehrern und so weiter auf – meistens vergessen sie, woher – und irgendwann haben sich die Vorstellungen festgesetzt und sie glauben, sie kämen aus ihnen selbst. Dann gehen sie raus und töten Menschen, die lediglich andere Bücher gelesen oder andere Eltern gehabt haben – und sich daher andere Meinungen gebildet haben.

Kürzlich sah ich ein junges Mädchen, kahlgeschoren und mit Piercing an der Nase, das ein T-Shirt mit dem Aufdruck trug: »Ich ♥ meine falsche Einstellung«. Es schien mir wie eine Zusammenfassung der Situation, in die wir alle kommen, wenn wir uns mit bestimmten Ideen und Meinungen identifizieren – nur scheinen einige noch tiefer hineinzugehen als die meisten anderen. Es ist ein Merkmal der Unreife, wenn manche Menschen aus einem grundlegenden Minderwertigkeitsgefühl heraus sehr laut verkünden müssen: »Ich glaube an X – also, wie reagierst du jetzt darauf?«

Wenn sie überhaupt über so etwas nachdenken, scheinen die meisten Menschen zu der Schlussfolgerung zu kommen, dass sie unbedeutend sind. Auf die Frage »Wer bin ich?« lautet ihre Antwort dann: »Niemand.« Ihre Ansichten sind ja sowieso unerheblich, sie haben nichts, worauf sie sich freuen können, sie erreichen nichts. Viele haben nicht mal die Anerkennung durch eine Familie oder Freunde. Ist es überraschend, dass sich dann einige intensiv mit bestimmten Ideen identifizieren, um dadurch eine gewisse Einheit mit einer Gruppe zu fühlen, die ähnliche Anschauungen hat?

Überzeugungen

Wenn Meinungen von anderen bestärkt oder von der Gesellschaft bestätigt werden, können sie schnell zu Überzeugungen werden. Als die ersten Seefahrer am Horizont verschwanden, müssten sie eigentlich die Kante heruntergefallen sein. Obwohl sie unbeschadet zurückkehrten und nichts Schlimmes berichteten, waren völlig vernünftige Menschen weiterhin davon überzeugt, dass die Welt eine Scheibe sei. Zahlreiche Menschen glauben den Prinzipien des Katholizismus, andere wiederum an die des Islam. Wären diese

Menschen in die jeweils andere Kultur hinein geboren und in der entsprechenden Tradition erzogen worden, wären dann ihre Überzeugungen noch die gleichen? Sind Überzeugungen nicht weitgehend von Herkunft und Erziehung abhängig?

Krishnamurti wies darauf hin, dass Überzeugungen aus Angst, der Kehrseite des Verlangens, entstehen. Wir haben im Grunde Angst vor anderen, vor der Zukunft, vor dem Tod usw., und wir glauben, uns mit Überzeugungen gegen die wahrgenommenen Bedrohungen wappnen zu können. Ohne den Glauben an irgendetwas würden sich viele Menschen total verloren fühlen. Unglücklicherweise können Überzeugungen, selbst wenn sie uns ein Zugehörigkeitsgefühl und eine Einheit vermitteln, zu Meinungsverschiedenheiten führen oder sogar zu Kriegen gegen Menschen, die andere Anschauungen haben. Ein Geist, der mit Überzeugungen vollgepfropft ist, ist nicht frei, um auf neue Ideen zu reagieren, und kann gleichzeitig auch nicht voll in der Gegenwart sein, da alle Überzeugungen notwendigerweise der Vergangenheit angehören.

Wir meinen normalerweise, es sei gut zu denken und ohne Denken gäbe es Probleme. Wenn wir eine Aufgabe erledigen und etwas schief geht, sagen wir vielleicht, wir hätten nicht nachgedacht. Damit meinen wir, dass wir nicht präsent waren und wahrscheinlich an etwas anderes dachten. Und wenn uns jemand sagt: »Bedenke, was du tust«, meint er damit meistens: »Gib auf deine Arbeit Acht«, das heißt, »Denke *nicht!*«. Oder, wenn ich etwas Dummes tue, sage ich vielleicht: »Es tut mir Leid, ich hab' es nicht bedacht.« und meine damit in Wirklichkeit wieder, dass ich nicht achtsam war. Wahrscheinlich war ich »weit weg« (oder wünschte es) und in »müßige« *Gedanken* an irgendetwas ganz Anderes versunken.

In allen Situationen, die Konzentration erfordern, um optimal zu handeln, ist Nachdenken kontraproduktiv. Um es in den zuvor eingeführten Sanskritbegriffen auszudrücken wollen wir, dass *Manas* richtig funktioniert und die Information der Sinne kommentarlos an die *Buddhi* weitergibt. Dann ist es die *Buddhi*, die *in Stille* entscheidet, welche Handlung geschehen soll, wenn Handeln angesagt ist. Es ist unmöglich, klare, angemessene Entscheidungen zu fällen, wenn der Verstand in Überstunden Gedanken produziert: »Meine Wahlmöglichkeiten sind a, b oder c. Was würde mein Vater sagen? Was habe ich letzte Woche in der Zeitung gelesen?« und so weiter. *Ahankara* wird mit Sicherheit einwenden, die meisten Entscheidungen seien ohne Denken unmöglich und wir müssten auf das Gedächtnis zurückgreifen, Möglichkeiten abwägen und »Dinge berechnen«. *Das stimmt nicht!* Es mag notwendig sein, Informationen in einer Enzyklopädie nachzuschlagen, doch das Wissen, um sie umzusetzen, wird in dem Moment da sein, in dem das einwandfreie Funktionieren der *Buddhi* nicht durch das Denken behindert wird.

Ein anderer Ausdruck für »müßiges« Denken, der oft benutzt wird, wenn wir vom *Manas* sprechen, ist das »diskursive« Denken, das immer wieder um dasselbe kreist, beispielsweise wenn wir uns um etwas Sorgen machen. Man merkt, dass man immer wieder über das Gleiche nachdenkt und doch nirgendwo ankommt. Diese Gedanken, die man schon vorher gehabt hat, gehören der Vergangenheit an. Sie stehen in deutlichem Kontrast zu »kreativen« Gedanken, die neu, ursprünglich und sehr in der Gegenwart sind.

Wenn Sie merken, wie sich diese Gedanken aus der Erinnerung wieder in den Vordergrund drängen, betrachten Sie sie im gegenwärtigen Moment. Lassen Sie sich nicht von ihnen einnehmen und zur Tagträumerei, zu Sorgen oder diskursivem Denken verführen. Wenn Sie in der Gegenwart bleiben, werden Sie merken, dass die Gedanken wertlos sind und einfach verschwinden. Wenn Sie ihnen keine Kraft geben, indem Sie sich mit ihnen identifizieren, haben sie keine Alternative. Damit wird nicht gesagt, das Gedächtnis wäre nicht nützlich, das wäre natürlich so nicht richtig. Doch können Gedanken aus der Erinnerung nur im gegenwärtigen Moment auftauchen – es gibt *nur* die Gegenwart. Sehen Sie sie in der Gegenwart und wenn die Informationen von Bedeutung sind, wird die *Buddhi* angemessen in der Gegenwart darauf reagieren. Was allzu oft passiert ist, dass die Aufmerksamkeit davon gefesselt wird und das *Manas* in Erinnerungen an eine imaginäre Vergangenheit oder in Spekulationen über eine imaginäre Zukunft verfällt – eine völlige Zeitverschwendung!

Erinnerung

Erinnerung wird oft überbewertet; sie enthält im Grunde tote Information und nie lebendiges Wissen. Jemand, der ein gutes Gedächtnis hat, kann ganze Bände lernen und sie nach Belieben wieder reproduzieren. Im Hinblick auf das Thema dieses Buches kann Ihnen letztlich keinerlei erlernte Information dabei helfen, sich selbst zu verstehen. Sie wird höchstens einen »*Pandit*« aus Ihnen machen; so nennt man in Indien jemanden, der die Schriften rezitieren und das lehren kann, was uns die Weisen gesagt haben, ohne eine direkte Erfahrung von dem zu haben, worüber er spricht. Wissen selbst kann eine Last werden, ein Hindernis für die weitere Entwicklung, anstatt eine Hilfe. Der Weise, der eine direkte Erfahrung der *Wahrheit* hat, braucht weder Information noch braucht er sich Erinnerungen zuzuwenden. Sein Zugang zu jener *Wahrheit* ist hier und jetzt.

Es ist übrigens nützlich, sich die Unterscheidung von Information und Wissen klarzumachen. Der Weise, der die Wahrheit über das *Selbst* und die *Wirklichkeit* erkennt, hat davon sofort ein direktes Wissen. Das bedeutet *nicht*, dass er weiß, wie man eine Atombombe macht oder einen Rosinenpudding. Konkrete Information, die man in einem Nachschlagewerk lesen kann, steht ihm nicht augenblicklich zur Verfügung und er kann Fragen über solche Dinge nicht besser beantworten als irgendjemand anders. (Er weiß eigentlich, dass sie sowieso unwirklich sind.)

Erfahrung

Bryan Magee behauptet in seinem Werk *Sight Unseen*: »Die meisten großen Philosophen der vergangenen 300 Jahre lehrten, dass unser ganzes Wissen über die Welt, über das, was wirklich existiert, letztlich auf Erfahrung gründen muss.« Im dritten Teil dieses Buches werden wir lernen, dass unsere Erfahrung der Wirklichkeit von der Natur unseres Wahrnehmungsapparates abhängt. Anknüpfend an die obige Behauptung wäre somit jegliche Hoffnung auf die Erkenntnis »der Wahrheit« schlechthin vergeblich.

Erfahrung scheint der Prozess zu sein, durch den wir Information in Wissen umwandeln. Wenn wir etwas zum ersten Mal in einem Buch lesen oder von einem Lehrer gesagt bekommen, verstehen wir es nur auf der Ebene der Theorie oder vom Hörensagen her. Wir mögen bereit sein, es zu glauben, doch es fehlt das entscheidende Element persönlichen Erlebens. Wir »wissen« nicht wirklich, dass es so ist. Sobald wir es selbst erfahren, kommt das Aha-Erlebnis: »Ja, das ist damit gemeint.«

Und doch geht es noch um mehr. Oft sagen wir: »Ich weiß, dass das wahr ist«, doch später wird uns gezeigt, dass es falsch war. Haben wir die Sprache einfach falsch benutzt? Meinte ich wirklich: »Ich glaube, dass das wahr ist«? Die moderne westliche Philosophie benutzt etwa folgende Definition[8]: Wissen ist zu Recht wahrer Glaube, das heißt, Sie wissen wirklich etwas, wenn Sie

1. davon überzeugt sind, es
2. wahr ist, und Sie daher
3. zu Recht davon überzeugt sind.

(Wenn es sich als falsch erweist, haben Sie es nicht wirklich *gewusst*, sondern nur *angenommen*.)

Dennoch können Erfahrung und Wissen gefährlich und irreführend sein. Was letztes Mal noch stimmte, ist vielleicht jetzt unzutreffend. Beachten Sie durchaus, was die Erinnerung Ihnen sagt, doch sehen Sie es *jetzt*, im Kontext des gegenwärtigen Moments. Erfahrung an sich hat keinen Wert. Weder die Erinnerung noch die Gedanken daran nützen uns, sondern das Wissen, das wir daraus gewonnen haben.

Erfahrung führt nicht immer zu Wissen.[9] Wenn Sie einen Bleistift beobachten, der zur Hälfte in Wasser steht, so scheint er gekrümmt zu sein. Die meisten Menschen wissen wahrscheinlich, dass dies durch die Lichtbrechung der Flüssigkeit bedingt ist, die einen höheren Brechungsindex als die Luft hat. Doch wenn wir dies nicht wüssten, würden wir das Wissen auch nicht unbedingt dadurch erhalten, dass wir den Bleistift aus dem Wasser nähmen und feststellen würden, dass er nun gerade ist. Wenn wir den Bleistift dann langsam ins Wasser zurück tauchen, kann man tatsächlich sehen, wie er »sich biegt«. Ein Kind könnte durchaus folgern, das Wasser biege den Bleistift. Um also Erfahrung im Hinblick auf das Verständnis des Selbst korrekt zu interpretieren, brauchen wir die Führung durch jemanden, der das Wissen bereits hat, sprich einen Guru. Ohne ihn müssen wir uns auf Texte wie die Vedas verlassen, in denen dieses Wissen weitergegeben und über Tausende von Jahren immer wieder überprüft wurde. Haben wir einmal das Wissen erlangt, dass der Bleistift sich nicht wirklich biegt, werden wir nicht mehr von der Erscheinung getäuscht, auch wenn unsere Augen dem Gehirn noch die gleichen Botschaften übermitteln.

Wissen, Weisheit und Wahrheit

Wir bezeichnen etwas als wahr, wenn wir es, bildlich gesprochen, festgenagelt haben, sei es unter einem Mikroskop oder durch Computeranalyse. Dieses Wissen betrifft Fakten, objektivierte und tote Informationen. Wissen bezieht sich notwendigerweise auf die Vergangenheit und ist dualistisch – »ich weiß *dies*«. Wissen bläht das Ego auf; es ist der Lohn langjährigen Lernens. Es ist eine behagliche

Beziehung zwischen einem Subjekt (dem Erkennenden) und einem Objekt (dem Erkannten). Wissen ist vielleicht Macht, aber es ist weder Weisheit noch Wahrheit.

Jemand, der aus Wissen heraus handelt, bezieht sich auf die Vergangenheit, auf Erinnerungen an Ereignisse, die vielleicht Ähnlichkeit mit aktuellen Ereignissen haben, doch höchstwahrscheinlich wieder anders sind. In so einem Zustand kann man nur voll bewusst und total offen für die Ereignisse der Gegenwart sein, wenn die Aufmerksamkeit im Hier und Jetzt ist, frei von diskursiven Gedanken. Wenn jedoch ein Teil des Geistes all das Wissen über die vorliegenden Angelegenheiten in Betracht zieht, das er aus der Erinnerung abrufen kann, dann wird jener Teil der Aufmerksamkeit nicht zur Verfügung stehen. Und es gibt keine Garantie, dass die Information aus der Vergangenheit relevant oder zutreffend ist. Die Reaktion kann nur dann optimal sein, wenn wir voll gegenwärtig sind.

Osho, ein bekannter Weiser der jüngsten Vergangenheit, benutzt die Metaphern eines Photos und eines Spiegels.[10] Wenn wir handeln, indem wir uns auf die Vergangenheit beziehen, funktioniert unser Verstand wie ein Photo-Album, indem er Informationen nachblättert, um zu sehen, wie etwas in der Vergangenheit einmal war. Das Bild ist erstarrt und unwirklich; während sich die Welt weiterverändert. Erfahrungen der Vergangenheit und die Schlussfolgerungen daraus können uns blind für das machen, was *jetzt* geschieht. Wenn wir aber völlig in der Gegenwart handeln, funktioniert der Geist wie ein Spiegel, der das, was hier und jetzt ist, reflektiert. Dann werden Spontaneität und Kreativität möglich.

Im Advaita werden die Methoden, um Wissen zu erwerben, *Pramanas* genannt. Es gibt sechs *Pramanas*, aber die drei wesentlichen, auf die sich Shankara[11] bezieht, sind Wahrnehmung, Zeugnis und Schlussfolgerung. *Wahrnehmung* ist am offensichtlichsten. Ich sehe einen Stuhl, ich setze mich auf ihn und falle nicht durch ihn hindurch auf den Boden; deshalb bin ich wirklich davon überzeugt, dass es ein

Stuhl ist. Besonders wichtig in Anbetracht der kontra-intuitiven Behauptungen der Philosophie ist das, was uns die heiligen Schriften oder verwirklichte Menschen von heute sagen. (Das wird *Zeugnis* genannt, wobei Texte wie die Upanishaden besonders wertvolle Quellen darstellen.) Sie teilen uns mit, dass wir nicht unsere Körper sind. Wir denken darüber nach und stellen es irgendwann anhand unserer eigenen Erfahrung fest. Als Drittes gibt es die *Schlussfolgerung*: Wir folgerten beispielsweise, dass die Erde kugelförmig ist, weil wir sahen, wie Schiffe am Horizont »verschwanden«, noch bevor die Raumfahrt uns die Richtigkeit unserer Annahme bewies.

Weisheit ist die komprimierte Essenz aller Erfahrung und allen erworbenen Wissens. Wenn Weisheit heranreift, wird sie in unser Wesen integriert und nicht als bloße Information im Gedächtnis gespeichert. Die tiefste Weisheit ist das Wissen vom Selbst. Alle falschen Vorstellungen davon müssen jedoch zurückgewiesen werden, bevor die Wahrheit entdeckt werden kann. Bei der Wahrheit geht es nicht darum, mehr und mehr Wissen zu erwerben, bis ein Maximum erreicht ist und das Selbst verwirklicht ist. Im Gegenteil! Es geht darum, mehr und mehr von all jenen materiellen und geistigen Aspekten aufzugeben, an die sich das Ego gebunden hat, bis nichts mehr übrig bleibt – denn das Selbst ist keiner dieser Aspekte. Ramakrishna, ein Weiser aus dem frühen 20. Jh., verglich das Selbst mit einer Zwiebel: Sie entfernen immer mehr Schichten der Zwiebel (des Egos) und wenn die letzte Schicht entfernt ist, gibt es nichts mehr.

Die Wahrheit ist einfach das, was ist, hier und jetzt. Sie müssen sie nur annehmen und nicht versuchen, sie zu »verstehen« oder sie sogar zu beschreiben oder anderweitig festzulegen. Sie ist jenseits von Gedanken, Meinungen, Überzeugungen, Wissen oder Weisheit, und was am wichtigsten ist, sie ist jenseits des Ego. »Ich« (als Ego) kann keinen Anspruch auf die Wahrheit erheben. ICH (als Selbst) bin die Wahrheit. Sie ist das Licht »am ruhenden Punkt der kreisenden Welt« – »rasch, nun, hier, jetzt, immer«, wie T.S. Eliot in den Four Quartets *(Burnt Norton)* sagt. Es ist das Selbst, jenseits von Zeit, Raum und Ursache. Was solche Aussagen bedeuten, wird im dritten Teil klar werden.

Um zum Anfang zurückzukehren: Wir sagen oder denken, wir seien unwissend. Aber wer ist es, der unwissend ist? Nicht das Selbst, in dem wir uns noch gründen müssen, sondern das illusorische Ego. Wenn das Ego irgendwie entlarvt und aufgegeben werden könnte, würden wir erkennen, dass es in Wirklichkeit keine Unwissenheit gibt. Und die »Selbsterkenntnis«, die wir suchen, kann nicht das sein, was wir normalerweise »Wissen« nennen, denn sonst müsste das Selbst irgendwie außerhalb seiner selbst stehen, um es objektiv betrachten zu können. Ramana Maharshi sagt, es gibt weder Wissen noch Unwissen; das Selbst ist wahres Wissen an sich, ohne dass darüber hinaus noch etwas zu wissen wäre. Er sagt, auch der Weise sei insofern unwissend, da es nichts mehr gebe, was er noch wissen könnte.

Selbsterkenntnis

Selbsterkenntnis ist zwar das, worum es sich bei diesem Buch wirklich dreht, doch auch wenn darüber noch viel mehr gesagt werden wird, sollten Sie sich sofort einer deutlichen Einschränkung bewusst sein: Alles, was gesagt werden wird, sind letztlich nur Worte, die sich auf Ideen beziehen, und alle gehören zum Verstand. Das Selbst aber ist nicht der Verstand. Egal wie viel Sie denken und überlegen, Sie verlassen den Verstand nicht. Sogar in Augenblicken der Stille wird jede Beobachtung oder Reflexion vom Standpunkt des Verstands ausgehen, aber Sie sind jenseits des Verstands. Selbst die Wahrnehmung, dass ihr Verstand »still« ist, ist nur eine Idee *im* Verstand, die sich *auf* den Verstand bezieht. Jede Beobachtung von etwas erhält die Illusion der Dualität aufrecht und verhindert Selbsterkenntnis, weil es notwendigerweise noch einen Beobachter und etwas zu Beobachtendes geben muss.

Unglücklicherweise kann Ihnen Lesen und Lernen keine Selbsterkenntnis geben. Am Ende dieses Buches werden Sie viele wichtige Informationen haben, aber Sie sollten nicht erwarten, dass Sie sich dann »selbst kennen«. Ramakrishna sagte dazu: »Nur zwei Arten von Menschen können Selbsterkenntnis erlangen: Diejenigen, die überhaupt nicht mit Wissen belastet sind, das heißt, deren Geist also nicht mit geborgten Ideen überladen ist, und diejenigen, die alle heiligen Schriften und Wissenschaften studiert haben und dann erkannten, dass sie nichts wissen.«[12]

Doch – um auf die Gedanken zurückzukommen – wäre es ein Fehler zu meinen, wir müssten die Gedanken irgendwie »loswerden«; sie machen den Verstand aus und der ist ein Teil dessen, was die Person ausmacht. Wir sollten uns jedoch daran erinnern, dass wir, das wahre Selbst, weder »eine Person« noch »die Gedanken« sind. Sobald wir das wirklich erkannt haben, können wir uns an den Gedanken und allem anderen der scheinbaren Schöpfung einfach erfreuen, ohne das Problem, uns damit identifizieren zu müssen. Nur diese Identifikation ist es, die uns mitreißt und Probleme erzeugt.

Sprache

Ramesh Balsekar sagte: »Wenn Worte versuchen, das Absolute an seine wahre Natur zu erinnern, wird ihre Begrenztheit offensichtlich. Da sie nur der Ausdruck von Gedanken sind, vermögen sie weder die Unwissenheit aufzudecken, die nicht existiert, noch das Absolute zu offenbaren, dem sie ihre Existenz verdanken. Aus diesem Grund sind Worte so nutzlos wie eine Lampe am Mittag, die weder die Dunkelheit vertreiben kann, die nicht da ist, noch das Licht der Sonne offenbaren kann.«[13] Viele unserer Probleme bei dem Versuch, etwas davon zu verstehen, entstehen durch die Sprache. Und wir *sprechen* ja nicht nur in Sprache – viele von uns denken auch die meiste Zeit in Worten. Sie sind so sehr zu einem Teil unseres Lebens geworden, dass es schwierig zu erkennen sein mag, dass diese Worte nur Symbole für die Dinge, Konzepte, Gefühle und so weiter sind, auf die sie sich beziehen. Am Anfang waren sie einmal praktische Erfindungen, um vernünftig miteinander kommunizieren zu können, doch dann wurden sie zu mentalen Handschellen, die uns weismachen wollen, wir würden über etwas Wirkliches sprechen.

Was meinen wir beispielsweise mit dem Wort »Berg«, wenn wir sagen: »Ich sehe einen Berg«?

Stellen Sie sich vor, wie verschiedene Menschen diesen hypothetischen Berg sehen würden, beispielsweise ein Bergsteiger, ein Landschaftsphotograph, jemand, dessen Kind beim Bergsteigen ums Leben kam. Würden sie alle das gleiche »Bild vom Berg« sehen?

Worte werden nur als praktisches Mittel der Kommunikation benutzt, wenn wir uns auf Objekte beziehen. Sie sind nur Symbole zu diesem Zweck und bringen nur ein bisschen von all den unendlich vielen Informationen zum Ausdruck, die selbst mit dem unbedeutendsten Objekt verbunden sind. Manchmal führen die Versuche, ein Phänomen mit Worten zu erklären, tatsächlich dazu, dass die Dinge komplizierter werden, als sie wirklich sind. Sprache und Wissenschaft sind im Hinblick auf viele Aspekte dieses Themas letztlich unzulänglich. Es ist einfach nicht möglich, über das Selbst oder die Wirklichkeit zu sprechen. Der Philosoph Ludwig Wittgenstein beendete sein berühmtes »Tractatus Logico-Philosophicus« mit einem der berühmtesten Sätze der westlichen Philosophie: »Wovon wir nicht sprechen können, davon müssen wir schweigen.«

Die Antriebskräfte unseres Lebens

Glück

Wenn Sie die zuvor genannten Thesen zur Identifikation und Anhaftung akzeptiert haben, sind Sie vielleicht mittlerweile überzeugt von der Sinnlosigkeit vieler Wunschträume (reich/berühmt/schön/stark/klug/bewundert/unsterblich sein), aber würden Sie auch zustimmen, dass ihre Erfüllung Sie sowieso nicht wirklich zufrieden stellen würde?

Der Grund, warum diese Dinge uns nie völlig zufrieden stellen könnten, ist, dass sie verglichen mit dem Selbst alle *unbedeutend* sind. Und es gibt einen bekannten Ausspruch im Advaita, dass »das Große nie im Kleinen Befriedigung finden kann«.

Wonach suchen wir also eigentlich, wenn wir uns bemühen, diese scheinbar wichtigen, doch im Grunde unbedeutenden Ziele zu erreichen? Vielleicht sind sie alle nur Ausdruck eines grundlegenden Wunsches: einfach glücklich zu sein. Aber was meinen wir damit, wenn wir das sagen? Wissen Sie den Grund dafür, wenn Sie glücklich sind? Wie lang hält das Glück an und wodurch endet es?

Schauen Sie auf Ihr vergangenes Leben zurück. Gab es Dinge, über die Sie gesagt haben: »Ich wäre glücklich, wenn …«? Erreichten oder bekamen Sie das, was Sie wünschten? Hat es Sie glücklich gemacht? Hat das Glück angedauert? Warum nicht? Die letzte Frage ist nicht im Scherz gemeint. Ich bin sicher, dass Sie »Nein« auf die Frage nach der Dauerhaftigkeit des Glücks antworten werden. Glück ist nicht dauerhaft, es kommt und geht. Warum dies zwangsläufig so ist, ist eine interessante Frage.

Wahrscheinlich meinen die meisten Menschen, dass man früher

glücklicher war als heutzutage. Es scheint so eine Art wehmütige Sehnsucht nach den »alten Zeiten« zu geben, als das Leben noch einfach und friedlich war, draußen in der frischen Landluft, fernab von Stress und Hektik des Stadtlebens. Dabei ist für die meisten das Leben heute leichter ist als früher; im Westen zumindest müssen sich die meisten Menschen nicht mehr um ihre Grundbedürfnisse sorgen und viele praktische Haushaltsgeräte geben uns mehr Zeit für unsere Hobbys.

Wie vereinbaren wir die Tatsache, dass die moderne Technologie einerseits dafür sorgt, dass kaum Langeweile auftritt, weil sie uns eine unwahrscheinliche Vielfalt an Freizeitbeschäftigungen verschafft, mit der Tatsache, dass wir dennoch weniger glücklich sind als früher?

Ursprünglich bedeutete Glücklichsein etwas, das einem zufiel – einen Glücks-fall konnte man nicht »machen«. Das ersehnte Ziel scheint eng mit dem Glücksgefühl gekoppelt zu sein, das wir erwarten, wenn wir es erreicht haben. Die meisten Menschen würden zustimmen, dass wir glücklich sind, wenn wir etwas erreichen oder bekommen, was wir uns sehr gewünscht haben. Umgekehrt neigen wir dazu, unglücklich zu sein, wenn die dahingehenden Bemühungen fehlschlagen.

Manchmal denken die Menschen, eine bestimmte Sache wäre alles, was sie zum Glück brauchen, aber wenn sie sie einmal erreicht haben, fühlen sie, wenn überhaupt, eher einen Verlust, als wäre ihnen ein versprochener Preis weggeschnappt worden. Es kann auch passieren, dass ein Mensch sich vor etwas fürchtet, was einen anderen glücklich machen würde. Das Glück liegt also nicht in den Objekten, ansonsten könnten wir uns ja einfach einen Vorrat davon anlegen und immer ein neues aus der Schublade holen, wenn das alte nicht mehr wirkt. Und auch wenn uns ein bestimmtes Objekt vielleicht einmal Glück bringt, ist es nicht garantiert, dass es beim zweiten Mal genauso ist. Und mehr von einer glücksbringenden Sache schenkt nicht proportional mehr Glück – denken Sie nur an große Sahnetorten!

Dann gibt es auch noch die religiöse Anschauung, Glück käme durch Geben anstatt Nehmen – aus der selbstlosen Liebe zu anderen und dem Wunsch nach ihrem Wohlergehen. Warum sollte jemand anderen glücklich zu machen, den wir womöglich noch nicht einmal kennen, gleichzeitig uns glücklich machen?

Aristoteles war der Ansicht, dass Glück nicht etwas sei, was durch bestimmte Handlungen oder mit ihnen entsteht, sondern was die Handlungen selbst *ist*. Genau genommen sprach er eher von »eudaimonia« als von Glück, ein griechisches Wort, das die Fähigkeit, Glückseligkeit zu empfinden beinhaltet, ein nur in der Muße erreichbares höchstes Gut. Die westlichen Philosophen des 18. und 19. Jahrhunderts definierten Glück einfach als Freude, im Gegensatz zu Leid. Aber sagt das wirklich etwas aus? Was ist Freude anderes als ein Zustand, der Glück bringt? Manche definieren Freude eher physisch und Glück geistig, das heißt, auf die Vernunft bezogen und nicht auf Emotionen.

Dabei handelt es sich in der Tat um gegensätzliche Anschauungen, nämlich um die physischen Freuden (Hedonismus) im Gegenteil zu den eher verfeinerten intellektuellen Freuden (Eudämonismus), in denen der Mensch sein wahres Potential verwirklicht. Beide dieser Ansichten haben jedoch etwas gemeinsam – den Mangel. Vielleicht verlangt der eher physisch orientierte (rajasische) Mensch nach Alkohol, Sport, Urlaub und so weiter, während der intellektuellere (sattvische) Mensch Bücher, Musik und so weiter möchte. Doch beide verlangen nach einem Objekt oder Ziel. Wenn sie es bekommen, sind sie glücklich; wenn nicht, sind sie unglücklich.

Der Schlüssel zum Verständnis liegt darin, einen Schritt zurückzutreten und den Wunsch anzuschauen, der uns dazu treibt, das Objekt oder die Situation anzustreben, die uns vermeintlich glücklich machen wird. Wenn Sie ein Kind aufgezogen haben, wissen Sie, wie es zuerst eine Sache und dann schon die nächste will. Wenn es nicht im Guten bekommt, was es will, wird es seine Frustration und Wut ausdrücken.

Sobald Vater oder Mutter nachgeben und dem Kind die gewünschte Sache geben, herrscht scheinbar eine Weile Freude, Friede, Heiterkeit, bis unweigerlich Langeweile eintritt und das Kind nach einer neuen Ablenkung Ausschau hält.

Es gibt zwei Hauptpunkte, die man dabei beachten muss: 1. Sobald man die gewünschte Sache bekommen hat, wird der gestörte innere Zustand (der Eltern und des Kindes!) von einem ruhigen, zufriedenen Zustand abgelöst. 2. Wenn irgendein neuer Wunsch überhand nimmt, wird die erste Sache fallen gelassen, da sie nicht mehr für den erstrebten inneren Zustand sorgt.

Dieses Muster durchzieht unser ganzes Leben. Bauklötze werden von Spielzeugeisenbahnen ersetzt, diese von Rollschuhen und danach kommen Fahrräder und Computerspiele. Der Teenager bekommt schließlich Interesse am anderen Geschlecht und alle vorherigen Interessen sind total passé. Selbst wenn ein früherer Wunsch nicht völlig fallen gelassen wurde, findet ein Fortschritt vom Einfachen zum Anspruchsvolleren statt (darauf gehe ich später noch einmal ein).

Denken Sie auch mal einen Moment darüber nach, wie unglücklich man wird, wenn man das gewünschte Ziel *nicht* erreicht hat. Auch dieses unglückliche Gefühl ist nicht permanent, oder? Vielleicht sitzen Sie da und träumen vom neuesten Computer, den Sie sich nicht leisten können, und den Spielen, die Sie darauf spielen könnten, und sind deprimiert, dass Sie zwei Monate lang Überstunden machen müssen, bevor Sie ihn erstehen können. Doch dann kommt plötzlich Ihre Partnerin in einem gewagten Kleid ins Zimmer und plötzlich ist Ihre Enttäuschung völlig verschwunden. So wie also Glück nicht in dem Objekt selbst zu finden ist, so ist auch Unglücklichsein nicht zwangsläufig an die Abwesenheit des erwünschten Objekts gekoppelt. Sobald die Aufmerksamkeit auf etwas anderes gerichtet und der Mangel vergessen ist, hört auch das Unglücklichsein auf.

Aus einer anderen Perspektive gesehen handelt es sich um eine Identifikation mit Vorstellungen im Geist, wie wir es zuvor bereits erörtert haben. Ein Gedanke taucht auf, dass ein bestimmtes Objekt uns glücklich machen wird. Das Bewusstsein identifiziert sich mit dieser Idee, das heißt, seine Energie verstärkt also den Gedanken, und dieser Vorgang *ist* Verlangen – ein weiteres Beispiel für *Ahankara*. Und wenn das Glück scheinbar mal ganz von selbst kommt, fangen wir im Nu an, es zu analysieren, nach Ursachen zu suchen und folglich nach Möglichkeiten, es zu verlängern oder zu wiederholen. Wenn am Anfang auch keine Vorstellungen da sind, so lassen wir sie doch recht schnell einfließen und erzeugen somit Wünsche.

Freude und Leid werden als gegensätzliche Aspekte der Emotionen betrachtet, die durch Anhaftung entstehen. Sie gehören zusammen wie die Pole eines Magneten. Sie sind an das illusorische Ich gekoppelt und haben überhaupt nichts mit wirklichem Glück zu tun. Um die Unterscheidung noch klarer machen – denn oft gebrauchen wir das Wort »glücklich« ziemlich beiläufig: Diese Philosophie verwendet das Wort *Ananda* für »wahres« Glück, das oft mit »Glückseligkeit« übersetzt wird. Es ist ein Aspekt unserer wahren Natur, wie wir später erörtern werden.

Lassen Sie uns die Natur der Beziehung zwischen einem Wunsch und dem Glück näher betrachten. Glück ist nicht in einer Sache selbst begründet – ein und dieselbe Sache bringt demselben Menschen nicht immer Glück und einem anderen Menschen vielleicht immer Unglück (eine Sahnetorte würde einen Milchallergiker unglücklich machen).

Glück wird erlangt, wenn das Ziel erreicht wurde, wenn der Wunsch nach einem Objekt befriedigt ist. Verlangen beruht schließlich auf einem Gefühl des Mangels, weil wir glauben, wir brauchten etwas, das momentan nicht verfügbar ist. Hätten wir dies Gefühl nicht, wären wir erfüllt. Ein wirklicher Mangel lag wohl nicht vor, da sonst das Leid zu Ende wäre, sobald das erwünschte Objekt erlangt wäre. Und die Erleichterung ist erfahrungsgemäß nur vorübergehend; nur zu bald entdecken wir einen neuen Mangel.

Auch mit Angst ist es ähnlich – man kann sie sogar als die Kehrseite des Verlangens betrachten. Wenn Verlangen der Wunsch ist, dies und jenes sollte passieren, dann ist Angst der Wunsch, dies und jenes sollte nicht passieren. Glück entsteht sowohl, wenn eine Angst, als auch, wenn ein Wunsch verschwindet, auch wenn wir das vielleicht eher »Erleichterung« nennen.

Die Schlussfolgerung, die wir aus dieser Analyse ziehen können, ist einfach, wenn auch eher unbequem: Um glücklich zu sein, müssen wir unsere Wünsche und Ängste aufgeben. Das würde eine ungeheure Selbstdisziplin in Anbetracht dessen erfordern, dass unsere Gesellschaft darauf eingeschworen ist, so viele Wünsche wie möglich in uns zu wecken!

Ob es sich um Verlangen, Kummer, Angst oder was auch immer handelt – es sind alle eine Form von Bindung. Das Ich hat sich an ein Objekt, einen Gedanken oder ein Gefühl gehängt und das Bewusstsein steckt nun seine Energie darein. All solche Gefühle sind Projektionen eines Mangelgefühls oder einer Begrenzung. Darin liegt vollendete Ironie. Wir richten all unsere Anstrengungen darauf, außerhalb unserer selbst nach dem schwer fassbaren Objekt oder der Situation zu suchen, die uns dauerhaftes Glück schenkt. Doch der Akt des Suchens selbst entfernt uns vom Glück. Glück ist das, was bleibt, wenn die Suche aufhört und wir mit unserem *Selbst* – der vollkommenen Glückseligkeit – verbleiben. Sri Nisargadatta Maharaj sagte: »Nur etwas, was so weit und tief ist wie Ihr wahres Selbst, kann Sie wirklich dauerhaft glücklich machen.«[14] Was Sie vermeintlich wünschen, entspringt der Wahrnehmung eines Mangels oder einer Begrenzung. In Wirklichkeit ist Ihre wahre Natur frei von jeglichen Grenzen. Deshalb brauchen Sie in Wirklichkeit nichts und es sollte Ihnen nichts fehlen, da Sie bereits alles haben.

Obwohl diese Betrachtungsweise zunächst ungewohnt erscheinen mag, ist sie nicht kompliziert. Unsere wahre Natur ist Vollständigkeit, der es an nichts fehlt (siehe Teil 3). Das Problem beginnt, wenn sich das Bewusstsein »Ich bin« erst mit dem Körper, dann mit dem Verstand und so weiter identifiziert. Sobald dies geschieht, halten wir uns für getrennte Wesen in einem Universum aus lauter anderen Objekten, die zeitlich und räumlich voneinander getrennt sind. Daraus folgen Gefühle von Leiden – weil wir von anderen Dingen getrennt sind – und Verlangen, weil wir wieder mit ihnen vereint sein wollen.

In der Chandogya Upanishad (7.23.1) heißt es, nur im Unendlichen könne Glück liegen, nicht im Begrenzten. Alles, was nicht unendlich ist, ist zwangsläufig begrenzt. So kommt es, dass wir als Menschen immer suchen, uns ständig auf etwas Größeres hin bewegen und nach mehr streben. Auch wenn wir zeitweilig zufrieden sind, wenn wir ein Ziel erreicht haben, vergeht die Zufriedenheit doch früher oder später und die Suche beginnt von neuem. Wir werden die Suche unweigerlich fortsetzen, bis jene Fülle verwirklicht ist, die unserer wahren Natur entspricht.

Glück ist unendlich; letztlich wäre niemand von uns mit einem begrenzten Anteil an Glück zufrieden. Insofern könnte es nie in irgendetwas Begrenztem enthalten sein, weder in Objekten, noch im Mentalen oder in einer Kombination von beidem. Im Grunde existiert in diesem Universum nichts, was nicht endlich und durch Zeit und Raum begrenzt wäre. Die logische Schlussfolgerung ist, dass

Glück nicht in etwas gefunden werden kann, was von den Sinnen wahrgenommen oder vom Verstand erfasst werden kann. Das würde uns im Hinblick auf weitere Erklärungen in eine Sackgasse führen. Wir könnten nun zu jener spirituellen Abstraktion gelangen, die man verschiedentlich das Absolute, Bewusstsein, den Höchsten Geist oder Gott nennt. Das könnte als die einzige »Sache« angesehen werden, die in sich vollständig ist und daher den Bedingungen genügt, die wir an das Glück geknüpft haben. Unglücklicherweise ist das erneut ein von uns getrenntes Konzept, eine bloße mentale Vorstellung. Wenn es etwas »Objektiviertes« ist, kann es nicht Glückseligkeit sein. Wir müssen Glückseligkeit als etwas anerkennen, das jenseits des Denkens und des Intellekts liegt. Glückseligkeit liegt tatsächlich nicht in irgendetwas außerhalb unserer selbst. Wir selbst *sind* diese Glückseligkeit.

Der Grund, warum Objekte uns vorübergehend Glück schenken können, liegt darin, dass wir in dem Moment, in dem wir uns mit ihnen verbunden haben, gleichsam einen Moment lang das Gefühl von Vollständigkeit haben. Könnten Sie das, was im Augenblick der Wunscherfüllung passiert, aus etwas Distanz beobachten, würden Sie feststellen, dass das Denken in dieser Zeit völlig aufhört, und zwar jede Funktion der Sinne, des Denkens, des Intellekts und des Egos. Was dann übrig bleibt, ist das Selbst als solches, das sich in seinem natürlichen Zustand erfreuen kann ohne die Verwirrung und die Unwissenheit, die der Verstand und das Ego erzeugen. Das Verlangen, das bis dahin das Wissen überdeckte, dass wir vollständig *sind*, ist verschwunden und Verwirklichung ist möglich. Das Objekt kann diese Wirkung hervorrufen, da es selbst nur ein anderer Name und eine andere Form derselben Vollständigkeit ist. Doch ist die Erfahrung deshalb nur zeitweilig, weil der Verstand irgendwann bemerkt, dass keine »wirkliche« Einheit hergestellt wurde. Sogar der sexuellen Vereinigung, die vielleicht den Höhepunkt scheinbarer Ganzheit darstellt, folgt sofort wieder die Trennung. So hat es den Anschein, als ob bleibendes Glück letztlich unmöglich ist. Und das ist es tatsächlich so lange, bis wir erkennen, dass diese Trennung nur in unserem Denken stattfindet, dass wir in Wirklichkeit bereits vollständig sind, dass wir jene Wirklichkeit-Bewusstheit-Glückseligkeit sind, von der die Advaita-Philosophie spricht.

Tatsächlich sind die Objekte, nach denen wir verlangen, nur Spiegelungen unserer wahren Natur und es ist unsere wahre Natur, die wir in Wirklichkeit erreichen möchten. Das ist so, als würden wir beim Auftragen von Make-up versuchen, die Pigmente und den Lippenstift auf den Spiegel aufzutragen, anstatt auf unser eigenes Gesicht.

Wir müssen lernen, zwischen dem Ewigen und dem Vergänglichen, zwischen der Wahrheit und der Falschheit zu unterscheiden. Dies ist die Aufgabe der unterscheidenden Erkenntnis *(Buddhi)*, die nur aus der Stille möglich ist. Das Glück, das die kleinen, alltäglichen Ereignisse uns bescheren und selbst das Glück, wenn wir ein größeres Ziel erreicht haben – sie alle sind zu vorübergehend. Wir (das Ego) sind nie zufrieden und brechen bald wieder auf, um einen neuen Wunsch zu erfüllen. Wir suchen am falschen Ort! Es ist wie in der Geschichte von der Frau, die den Verlust ihrer Halskette beklagte und überall vergeblich suchte, da sie sie die ganze Zeit an ihrem Hals trug: Ebenso ist völliges Glück hier und jetzt vorhanden. Die wahre Natur des Selbst im Innern ist ewige Glückseligkeit.

Wenn das Denken ausgeschaltet ist, so wie im Tiefschlaf, wird dieser Zustand zeitweilig erfahren. Unglücklicherweise wird er nicht bewusst erkannt und beim Aufwachen glauben wir wieder an die Illusion unseres Alltagslebens, in dem wir uns der Willkür vermeintlicher Ereignisse um uns herum ausgeliefert fühlen. Wenn sich das Ego aufgelöst hat und die Einheit des Selbst erkannt wurde, werden wir erfahren, dass diese Glückseligkeit unsere wahre Natur ist, unser permanenter Zustand.

Angst, Zorn und Trauer

Angst ist nur die Kehrseite von Verlangen: Anstatt etwas sehr zu wollen, wollen wir etwas absolut *nicht*. Zorn entsteht, wenn ein Wunsch nicht erfüllt wird. Wenn wir als Kind rausgehen wollen zum Spielen und unsere Mutter sagt: »Nein, du musst deine Hausaufgaben machen«, werden wir zornig. Trauer wiederum fühlen wir, wenn das Objekt, an dem wir hängen, weggenommen oder zerstört wird. Alle Anhaftungen führen letztlich zu Leid und die Ironie dabei ist, dass wir unser Leid dadurch zu lindern versuchen, indem wir uns wieder an etwas Neues binden.

All diese Emotionen sind egoistisch. Ich bin eifersüchtig, weil ich etwas habe und nicht will, dass irgendjemand daran Anteil hat. Ein Flugzeugunglück oder ein anderer schwerer Unfall geschieht und ich bin heilfroh, dass mein Freund oder Verwandter gerettet ist, ohne mich groß um all die anderen zu kümmern, die ums Leben kamen. Fühlen wir uns betroffen, wenn wir eine Supernova am nächtlichen Himmel sehen, die ein Zeichen dafür ist, dass ein Stern und alle Planeten in seinem Umkreis zerstört wurden? Meine Anhaftungen bestimmen meine Emotionen und diese Emotionen werden unaufhörlich zwischen Glück und Leid, Freude und Kummer hin- und herschwanken. Was immer die Emotion des Moments sein mag, Sie wissen, dass sie nicht andauern, sondern irgendwann von ihrem Gegenteil abgelöst wird. Alle Ereignisse, egal wie schmerzhaft sie in dem Moment sein mögen, werden ebenso »verstreichen« – das Leben selbst ist nur ein vorübergehendes Signal auf dem Bildschirm der Ewigkeit. Permanenter Gleichmut kann sich nur entwickeln, wenn alle Anhaftungen aufgehört haben. Leid, Kummer und alle anderen negativen Emotionen werden nur enden, wenn die wahre Natur des Selbst erkannt wurde.

Liebe

Wir benutzen das Wort »Liebe« in vielen verschiedenen Zusammenhängen. Das wirft die Frage auf, ob das Wort überhaupt eine bestimmte Bedeutung hat. Die meisten inneren Zustände, von denen wir sprechen, scheinen eine frappierende Ähnlichkeit mit der Beschreibung von *Ahankara* zu haben. Sie beziehen sich auf die Identifikation oder Anhaftung an ein äußeres Objekt oder eine Person.

Liebe ist eine sehr komplexe Emotion und beinhaltet sehr viel mehr als »Ich liebe mein Auto/Kuchen/Griechenland/den Filmstar XY/meine Frau…«. Offensichtlich wissen die meisten Menschen nicht wirklich, was sie damit meinen, und benutzen das Wort auf äußerst unpassende Weisen. Wir haben gerade über Glück gesprochen, aber auch über einige negative Emotionen. Man könnte wohl zu Recht behaupten, dass viele dieser Emotionen, auch in ihrer extremsten Form, durch Liebe ausgelöst werden. So wie es die überströmende Freude zu allen Menschen gibt, denen der Liebende begegnet, gibt es auch den eifersüchtigen Zorn und das tiefste Elend dessen, der von seinem/r Geliebten zurückgewiesen wurde. Die Tatsache, dass die Liebe die schönsten Dichtungen aller Zeiten hervorgebracht hat, beweist, dass sie die Menschen zutiefst berührt.

Dennoch ist fast alles, was für Liebe ausgegeben wird, ganz klar ichbezogen. Es ähnelt dem, was wir über das Verlangen gesagt haben. Ein Mangel wird wahrgenommen und man glaubt, das geliebte (= begehrte) Objekt oder die Person würde den Bedarf irgendwie erfüllen. Eine Ehe, in der die Bedürfnisse eines jeden befriedigend vom Partner erfüllt werden, scheint aus diesem Grund gut zu funktionieren, das heißt, sie stellt letztlich ein gutes Zusammenspiel von Bedürftigkeiten dar. (»Noch zynischer«, sagen Sie jetzt vielleicht). Wenn die jeweiligen Bedürfnisse dann nicht mehr erfüllt werden, zerbrechen die Ehen und die Menschen suchen sich neue Partner, um den Mangel, den sie gerade spüren, auszugleichen.

Solange diese Menschen davon überzeugt sind, getrennte Wesenheiten zu sein, die in einer unfreundlichen Welt um ihr Überleben kämpfen, wie sollte es anders sein? Solange das Ego etwas für sich selbst will, muss die Liebe egoistisch und damit weit entfernt von ihrer wahren Bedeutung sein. Auf dieser Ebene bedeutet Liebe immer: ein Subjekt, das ein Objekt für sich haben will. Solange sich die Liebe nur auf der Ebene des Egos bewegt, ist es unmöglich, überhaupt eine wirkliche »Beziehung« zu haben, weil zwei Objekte nicht zueinander finden können. Nur wenn die Betreffenden sich nicht mehr als getrennt sehen, kann eine wahre Begegnung stattfinden.

Um die »wirkliche« Bedeutung des Wortes zu verstehen, muss man sich fragen: »Was ist es, was wir am meisten lieben?« Vielleicht antworten wir: das Leben, uns selbst oder »Gott«, was auch immer dies bedeutet. Erinnern Sie sich an das »reine Gefühl zu existieren«, wovon wir zuvor sprachen? Es wird gelegentlich erfahren, wenn wir aus einem tiefen, erfrischenden Schlaf aufwachen. Advaita sagt, dass wir dies am meisten lieben: unser wahres Wesen, das auch das Wesen *jedes anderen* ist. Ich habe die letzten Worte kursiv gesetzt, weil ich behaupten möchte, dass Liebe am ehesten wirklich Liebe ist, wenn dieselbe Essenz in einer anderen Person oder Sache wiedererkannt wird.

Das Gefühl der Liebe kommt nicht von außen durch das Objekt oder die Person, die man »liebt«, sondern aus unserer eigenen Natur. Es ist so, wie wir es auch in Bezug auf das Glück erörtert haben. Und mit Schönheit ist es ebenso: Wir betrachten etwas als schön, weil es eine verwandte Saite in uns anrührt, die im Einklang mit dem wahrgenommenen Objekt schwingt – beide lassen einstimmig das *Selbst* oder *Bewusstsein* erklingen.

Shri Poonja, der auch liebevoll Papaji genannt wurde und Ramana Maharshi ergeben war, sagte: »Wisse, dass das, was Liebe zu einem ›anderen‹ zu sein scheint, in Wirklichkeit Liebe zum Selbst ist, weil es keinen ›anderen‹ gibt. Diese innerste Liebe kann niemand ›anderem‹ gegeben werden. Die Liebe von Freunden existiert um des Selbst willen, nicht von Körper zu Körper. Wahre Liebe kennt keinen Liebenden und keinen Geliebten, da alle Liebe die Liebe zum Selbst ist.«[15]

Die »Liebe zu Gott« wird als höchster Ausdruck dieses Gefühls betrachtet, weil es die Existenz einer Wirklichkeit anerkennt, die alles umfasst und das Ego zunichte macht. Das Gefühl des »Ich« verliert sich in diesem größeren Zusammenhang. Und damit schwindet jeder Wunsch oder jegliche andere Liebe für etwas Getrenntes, das man für sich haben möchte. Es ist das Aufgeben von allem, um letztlich alles zu empfangen.

Handlungen und ihre Folgen

Ursache und Wirkung

Bevor wir versuchen, einen passenden »spirituellen« Pfad zu finden und uns auf den Weg zur Wahrheit und Selbstverwirklichung zu machen, sollten wir überdenken, was für Möglichkeiten zu handeln wir haben und inwieweit diese Möglichkeiten von unseren früheren Handlungen beeinflusst sind.

Die meisten von uns wurden schon lange von einer religiösen oder anderweitigen Weltanschauung zu einer wissenschaftlichen Sicht bekehrt und neigen dazu, so etwas wie Wunder mit Argwohn zu betrachten. Eins der scheinbaren Gesetze der Naturwissenschaft ist das von Ursache und Wirkung. Wir schalten den Lichtschalter an und es wird hell; wir essen verdorbene Nahrung und werden krank. Sogar so genannte Unfälle folgen diesem Gesetz. Jemand überquert eine Straße, ohne nach rechts und links zu schauen und wird überfahren. Du liest beim Essen und bekleckerst dein Hemd. Das gehört so selbstverständlich zu unserer Erklärung von Ereignissen, dass wir sogar eine Ursache erfinden, wenn sich eine Wirkung nicht auf etwas Bestimmtes zurückführen lässt.

Die Kette vor Ursache und Wirkung kann sehr kompliziert sein. Man spricht ja vom so genannten »Schmetterlings-Effekt«, demzufolge ein Schmetterling, der in einem Land mit seinen Flügeln schlägt, theoretisch auf der anderen Seite des Globus einen Orkan auslösen kann. Auch in unserem eigenen Leben gibt es viele Ereignisse, die wiederum entsprechende Wahrnehmungen, Vorstellungen, Überlegungen, Entscheidungen und mögliche Handlungen hervorrufen. Die Verkettung der Ereignisse, die zu unserem Handeln führt, kann sich durch viele Jahre hindurch ziehen und nur schwierig nachzuverfolgen sein. Oft behaupten wir »ich habe dies und jenes getan« und glauben, dass es wahr ist. »Gestern habe ich einen Bücherschrank gebaut« heißt wahrscheinlich, dass ich ein Paket mit zugeschnittenen Brettern geholt habe, in die ich ein paar Schrauben gedreht habe. Doch bevor ich sie überhaupt kaufte, haben schon viele andere Menschen dafür gearbeitet. Facharbeiter in der Möbelproduktion, Packer, Transporteure, Verkäufer, Maschinenbauer für die Möbelfabrik, Stahlarbeiter, Minenarbeiter für das Eisenerz, Holzfäller etc.. Und wenn wir dann noch bis zu den natürlichen Bestandteilen zurückgehen, hat die Natur Tausende von Jahren daran gearbeitet, bestimmte Substanzen zu erzeugen, und Sonne, Wind, Wasser und Feuer haben alle ihren Teil zu dem Endprodukt beigetragen. Und doch besitzen wir selbst angesichts all dieser »Vorarbeit« die Kühnheit zu behaupten: »Ich habe es gemacht.«

Es scheint, dass zumindest einige Handlungen ihre Wirkungen auch eine Weile durch Zeit und Raum schicken können, bevor sie sichtbar werden. Denken Sie beispielsweise an ein Ereignis aus Ihrer frühen Kindheit, vielleicht an etwas, was jemand gesagt oder Ihnen befohlen hat, das Ihr jetziges Verhalten wiederum auf bestimmte Weise beeinflusst.

Genetische Ursachen haben ihre Wirkung: Ein Gen für grüne Augen wird nicht zulassen, dass wir blaue bekommen; doch genauso wird unsere Erziehung (Ursache) Tendenzen zu bestimmten Verhaltensweisen (Wirkungen) fördern. So viele Kleinigkeiten in Ihrem Tun spiegeln den Einfluss Ihrer Eltern wider, selbst wenn Sie sich bereits bewusst sind, dass sie nicht besonders effektiv sind. In welche Richtung sie die Löffel im Besteckkasten legen oder in welcher Reihenfolge Sie sich waschen, ist wahrscheinlich durch Ihre Eltern geprägt. Jede Handlung haben Sie von jemandem gelernt, der es wiederum von seinen Lehrern lernte. Viele Handlungsweisen verändern wir, wenn die Unterscheidungskraft uns einen besseren Weg zeigt, doch viele andere behalten wir einfach aus Gewohnheit bei.

Karma

Hier können wir noch einmal auf das Beispiel des Puddings zurückkommen. Selbst wenn wir nur einmal heißes Wasser darauf tropfen lassen, wird die Tendenz dazu bestehen, sei sie auch noch so gering, dass es das nächste Mal in dieselbe Rille fließt. Die eine Handlung hat ihre Wirkung, die unausweichlich alle weiteren Abläufe beeinflusst. Viele östliche Philosophien glauben an das Gesetz, dass bestimmte Handlungen zu bestimmten künftigen Ereignissen führen. Dieser Vorgang wird auf Sanskrit »*Karma*« genannt und bedeutet Handlung. Sehr allgemein ausgedrückt bezieht es sich auf die »Reaktion«, die unweigerlich früher oder später auf eine Aktion erfolgt.

Das Gesetz des *Karma* sagt nicht, dass unsere Zukunft von der Vergangenheit in dem Sinne bestimmt wird, dass wir deren Wirkung ausgeliefert sind. Wir können durch unsere unterscheidende Erkenntnis mit einiger Unabhängigkeit handeln und es ist möglich, die Einflüsse zu überwinden, um die erwünschten Ergebnisse zu erreichen. Swami Chinmayananda verglich es mit einem Motorboot auf einem Fluss. Das Boot kann den Einfluss des Stroms *(Karma)* nicht vermeiden, doch ein intelligenter Bootsführer kann, wenn es notwendig ist, mithilfe des Motors auch gegen die Strömung steuern, um das Ziel zu erreichen. Wenn die Strömung jedoch stark ist, wird es sehr viel länger dauern, als wenn sie schwach ist – ebenso verhält es sich mit den Einflüssen der Vergangenheit: Wenn wir in unserer Kindheit sehr scheu waren, wird es einige Anstrengungen kosten, diese Veranlagung zu überwinden und ohne Hemmungen vor der Öffentlichkeit zu sprechen.

Diese Theorie gilt auch für die feinstoffliche Ebene der Motive und ihre geistig/emotionalen Konsequenzen. Auf der subtilen

Ebene besagt *Karma*, dass das Motiv die Natur der Handlung bestimmt. Ist es eigennützig, ist die Handlung »schlecht«. Wenn sie selbstlos ist und dem Wohl eines anderen gilt, egal wie die Wirkung auf uns ist, ist sie »gut«. Diese Handlungen wiederum werden irgendwann in der Zukunft Wirkungen zeigen. Eine gute Handlung wird uns Verdienste oder Annehmlichkeiten in der Zukunft bringen, während uns eine schlechte Handlung irgendwann Unannehmlichkeiten bescheren wird.

Es gibt jedoch eine dritte Art von Handlung, die so genannte »rechte« Handlung, Sanskrit *nishkama*, was wunschlos oder neutral bedeutet. Sie ist weder egoistisch noch selbstlos, sondern geschieht, weil die überbewusste Intuition aus der Stille heraus ohne mentale Einmischung entscheidet, dass dies die natürliche Reaktion auf ein wahrgenommenes Bedürfnis ist. Diese Art von Handlung erzeugt kein *Karma* und verursacht dem Urheber keine Folgen in diesem (oder weiteren) Leben. Diese Handlung sollten wir anstreben. Die Übung, unsere Handlungen zu beobachten und uns um »rechtes« Handeln zu bemühen, nennt sich *Karma Yoga*. Es ist eine Handlungsweise, in der wir kein *Karma* erzeugen. Praktisch besagt diese Lehre, dass wir die Freiheit haben zu entscheiden, wie wir handeln, doch dass die Konsequenzen oder »Früchte« unserer Handlung *(Karmaphala)* unweigerlich folgen, es sei denn wir gehen den Weg des »rechten« Handelns.

Sanskaras

Die Motive hinter unseren gegenwärtigen Handlungen beeinflussen unsere zukünftigen Handlungen durch *Sanskaras* oder Prägungen. Wenn wir eine Handlung mit einem Wunsch nach einem Resultat ausführen, erzeugt dies *Sanskaras*, die zukünftige Handlungen beeinflussen werden. Dadurch entstehen die *Vasanas*, über die wir schon gesprochen haben. Wir werden immer auf eine Weise handeln, die von unseren *Vasanas* bestimmt wird, und diese hängen wiederum von unseren *(Prarabdha) Sanskaras*[16] ab. Diese *Sanskaras* sind das Endergebnis all unserer vergangenen Handlungen in diesem und früheren Leben. Wenn unsere Aufmerksamkeit im Augenblick der Handlung präsent ist und wir nicht darüber nachdenken, ob oder wie wir handeln sollen, besteht eine Entscheidungsmöglichkeit. Entweder wir folgen der Gewohnheit, also unseren *Sanskaras*, was das betreffende *Sanskara* auch im Hinblick auf künftige Gelegenheiten stärken wird (wie das Wasser, das wir auf den Pudding gießen); oder wir reagieren aus dem Augenblick, ohne an ein Resultat zu denken. Das erfordert »eigene Bemühung« *(purushartha)*, um die gewohnten Tendenzen zu überwinden. In diesem Fall wird das *Sanskara* verringert, sodass die Tendenz zur automatischen Reaktion nächstes Mal schwächer ist.

Die Praxis von *Karma Yoga* bedeutet, unser Leben in »rechtem« Handeln zu leben und dadurch allmählich die Ansammlung von *Sanskaras* zu reduzieren. Nach einer ungewissen Anzahl von Leben wird diese irgendwann gelöscht sein und wir werden erleuchtet und brauchen nicht mehr wiedergeboren zu werden. Den Trugschluss daran werden wir in Teil 3 erörtern. Als ein Führer, der uns zeigt, wie wir unsere Handlungsweise einschätzen können, hat es dennoch einen nachhaltigen Wert, insofern es uns das Ego und sein eigennütziges Verlangen deutlicher vor Augen führt.

Das Ganze stützt sich auf zwei grundlegende Annahmen: 1) dass wir wählen können, auf bestimmte Weise zu handeln (der Annahme des freien Willens) und 2) dass wir überhaupt etwas »tun«. Beide Annahmen werden im Kapitel »Der Mythos des Handelns« in Frage gestellt.

Eigennützige und uneigennützige Handlungen sind mit den Auffassungen von Gut und Böse verbunden. Wir glauben nicht nur daran, dass es richtig ist, anderen helfen zu müssen, denen es schlechter geht als uns, und falsch, andere ohne gerechtfertigten Grund absichtlich zu verletzen; es geht dabei vielmehr um eine Art absoluter Wahrheit. Es ist jedoch interessant, sich einmal zu fragen, ob sich ein Mensch wirklich jemals zu einer Tat entschließt, die er selbst für schlecht hält. Ist es nicht so, dass der Betreffende, so irregeleitet wir ihn auch finden mögen, trotzdem meint, er tue etwas Gutes? Ermorden religiöse Fanatiker nicht mit Freude ihre vermeintlichen Feinde im Namen ihres Gottes? Unsere eigenen Handlungen halten wir nie für schlecht, nur die der anderen. Wir identifizieren uns mit unseren Zielsetzungen und verfolgen sie in dem Glauben, dass wir persönlichen Nutzen daraus ziehen, wenn wir sie dann erreichen. Wenn jemand uns davon abhalten oder daran hindern will, ist er schlecht. Die Erziehung eines Menschen bestimmt, ob er die Dinge so sieht wie wir. Was für den einen gut ist, braucht es für den anderen noch längst nicht zu sein. »Das ist gut« bedeutet nur, dass ich es gutheiße oder die Gesellschaft mich gelehrt hat, dass die meisten Menschen es für etwas befunden haben, das man gutheißen sollte.

Unser Geist hat eine angeborene Funktion, die *weiß* was richtig und was falsch ist: die *Buddhi*. Das Problem ist, dass wir ihr nicht immer zuhören, weil der Lärm des *Manas* sie übertönt. Wir sind so mit unseren Wünschen und Ängsten und den Identifikationen mit diesem und jenem beschäftigt, dass es nicht möglich ist, die einfache, ruhige Entscheidung für die Handlung zu treffen, die wir als richtig erkennen. Shakespeares Polonius sagte im Hamlet: »Dies über alles: Sei dir selber treu. Und daraus folgt, so wie die Nacht dem Tage, du kannst nicht falsch sein gegen irgendwen.« Wenn wir unserem Gewissen treu sind und den Anweisungen der unterscheidenden *Buddhi* folgen, können wir niemandem etwas Schlimmes antun.

Die Religionen haben meistens Schwierigkeiten, mit der offensichtlichen Tatsache des Bösen zurechtzukommen. Wie kann ein Gott, der seine Schöpfung liebt, das Böse zulassen? Der Gedanke, dass scheinbar unschuldige Menschen für die Sünden anderer bestraft werden, wird heutzutage nicht einfach so akzeptiert und es scheint sinnlos, die Existenz des Bösen zu leugnen, das heute anscheinend genauso verbreitet ist wie eh und je. In David Hume's »Dialoge über die natürliche Religion« sagt Philo: »Will er (Gott) das Böse verhindern und vermag es nicht? Dann ist er unfähig. Vermag er es und will es aber nicht? Dann ist er boshaft. Vermag er es und will es auch? Woher kommt dann das Böse?« Warum *gibt* es so wenig Glück und so viel Leid?

Simon Blackburn gibt uns in seinem ausgezeichneten Buch »Denken – Die großen Fragen der Philosophie« ein modernes Gleichnis für die Situation. Er sagt, angenommen, Sie sind ein Student, der im Studentenwohnheim der Universität leben will. Sie finden dort verheerende Zustände vor, das Gebäude ist heruntergekommen, überall liegt Dreck und Ratten treiben ihr Unwesen. Das Essen ist praktisch ungenießbar und einige Studenten sind wirklich am Verhungern. Die Leute, die das Wohnheim angeblich verwalten, leben hinter verschlossenen Türen. Wäre es logisch, aus den vorgefundenen Zuständen zu schließen, dass die Verwaltung a) sich dieser Zustände bewusst ist b) sich sehr um das Wohlergehen der Studenten kümmert und c) unbegrenzte Macht und Ressourcen besitzt, alles zu tun, was sie will, um die Situation in Ordnung zu bringen?

Jede Religion, die an einen getrennten Gott und eine reale Welt glaubt, hat zwangsläufig Schwierigkeiten, diese Fragen zu beantworten. Advaita geht nicht von einem getrennten Gott aus und behauptet, dass die Welt nur eine Erscheinung ist. Letztlich existieren weder Gut noch Böse wirklich. Die Wirklichkeit ist jenseits aller Dualitäten. Das *Bewusstsein*, das alles ist, was ist, ist die unberührte Grundlage von allem. Wenn wir es in religiöse Begriffe fassen, könnten wir sagen, Gott ist weder gut noch schlecht und ist auch nicht für Gut oder Schlecht in der Welt verantwortlich. Ebenso kann man das Benzin im Auto nicht für das »Schlimme«, das durch einen Unfall geschieht, verantwortlich machen, aber auch nicht für das »Gute«, was durch einen Rettungswagen kommt. Feuer kann uns vernichten, aber es kann uns auch warm halten und unser Essen kochen. »Gut« oder »Schlecht« richtet sich nach der jeweiligen Wahrnehmung und hat keinen absoluten Stellenwert.

Sollte all das vom Standpunkt der Tugend und Gerechtigkeit nicht akzeptierbar für Sie sein, denken Sie daran, dass alle Handlungen ihre gesetzmäßige Wirkung in der Welt haben werden. Unsere Freiheit, Böses zu tun oder nicht, wird von unserer eigenen Natur bestimmt und das Gesetz des Karma bedeutet, dass jeder irgendwann die Früchte seiner Handlung ernten wird.

Im Rahmen dieser Philosophie lassen sich Gut und Böse am besten folgendermaßen sehen: Gute Handlungen sind die, die uns zurück zur Wahrheit weisen, zur Erkenntnis des Selbst. Schlechte Handlungen ziehen uns tiefer in die Täuschung hinein und entfernen uns von »Gott«.

II

Der spirituelle Weg

Einige traditionelle Wege

Im Verlauf dieser Untersuchung haben wir viele Behauptungen darüber aufgestellt, warum wir in unserer gegenwärtigen Weltsicht irren. Was für Möglichkeiten gibt es, um Ihr Wissen zu erweitern und eine direkte Erfahrung des »Selbst« zu machen?

Es nutzt natürlich nichts zu sagen, das Selbst sei unbegrenzt und ewig glückselig und dergleichen, denn unsere momentane Erfahrung *ist* die der Begrenzung. Wir können wahrnehmen, dass wir mit dem Körper und dem Verstand identifiziert sind und die Unkenntnis unserer wahren Natur eingestehen, doch die Identifikation und die Unwissenheit bleiben. Was wir wissen müssen, ist a) auf welchen Wegen können wir weiterforschen und b) gibt es für den Beginn dieses Erforschens irgendwelche Voraussetzungen?

Unser letztliches Ziel bei all diesen Untersuchungen ist, »erleuchtet« zu werden oder das »Selbst zu erkennen«, auch wenn wir noch nicht genau wissen, was das bedeuten könnte. Wenn wir nicht mehr mit dem Körper und dem Verstand identifiziert wären, würden wir vermutlich nicht mehr von Schmerzen geplagt, wir würden uns keine Sorgen mehr über den Tod machen oder leiden, wenn unsere Freundin mit einem anderen Mann verschwindet. Vielleicht malen wir uns aus, dass wir jegliches Interesse an materiellen Dingen verlieren und unser ganzes Leben fortan in Meditation, Frieden und Einsamkeit verbringen. Bevor wir weitermachen, wäre es sinnvoll, all dies loszulassen – es sind nur Ideen und Konzepte und das sind wir auch nicht! Worum geht es also?

Über die Jahre hinweg und vor allem im letzten Jahrhundert hat die These an Einfluss gewonnen, dass wir immer weniger tun müssen um Erleuchtung zu erlangen. Die heiligen Schriften betonen sehr die Disziplinen, die einzuhalten sind, wenn man nach Verwirklichung strebt. In der ganzen Geschichte haben Weise diese Ansicht bestätigt. Shankara mag zwar behauptet haben, dass die Yogawege der *Bhakti* (Verehrung) und des *Karma* (Handlung) nur Vorbereitungen für den eigentlichen Vorgang von *Jnana* (Erkenntnis) sind, doch auch er bestand mit seinen so genannten »vier Fähigkeiten« (*Chatushtaya Sampatti*; siehe unten) auf einer angemessenen Vorbereitung.

Das erscheint nur logisch. Wir können intellektuell anerkennen, dass es keinen Pfad als solchen gibt, und wir können verstehen, dass wir bereits das sein müssen, was wir in Wirklichkeit sind. Doch wird diese Wahrheit in unserem identifizierten Zustand von Unwissenheit überdeckt und so wie wir erst die Schmutzschicht von der Wasseroberfläche eines Sees entfernen müssen, bevor wir Wasser sehen können, ebenso müssen wir die Unwissenheit beseitigen. In der heutigen Zeit jedoch scheint man den traditionellen »spirituellen Reinigungsprozess« zu umgehen. Ramana Maharshi sagt, wir brauchten uns nur immer wieder zu fragen, wer wir sind. Die Lehren des Direkten Weges weisen darauf hin, dass es nichts gibt, was wir tun *können*, und anscheinend behaupten in jüngster Zeit Lehrer wie Tony Parsons und Nathan Gill, es gäbe nichts, was wir wirklich tun *müssten*.

Osho war nicht dieser Meinung. Er erkannte an, dass wir uns in einem Zustand der Täuschung befinden, in dem wir den Schein für Wirklichkeit halten, und er sagte, für diesen Zustand müsse man Hilfe anbieten. In seinen Vorträgen zur Isha Upanishad* erläutert er das mit einer schönen Geschichte: Ein Mann, der eines Tages mit offenem Mund schlief, verschluckte eine Fliege. Davon wachte er auf und bemerkte, was geschehen war. Er machte sich wegen dieser Fliege völlig verrückt, da er glaubte, sie sei noch lebendig und würde sich in seinem Körper bewegen. Krank vor lauter Sorgen musste er sogar alle möglichen Ärzte deswegen aufsuchen. Schließlich verwies man ihn an Psychiater, da kein Arzt seinen Behauptungen glaubte. Doch auch sie konnten ihm nicht helfen, da sie darauf bestanden, dass die Fliege in seinem Körper unmöglich noch am Leben sein könne. Schließlich lag das Ereignis schon sechs Monate zurück und sie würde sich längst aufgelöst haben und ausgeschieden sein.

Zufällig brachte man den Mann zu Osho, der sich das Problem anhörte und ihm anbot, ihn zu behandeln. Osho bestätigte die Wahrheit der Situation sofort. Natürlich sei die Fliege noch am Leben und müsse aus dem Körper geholt werden, damit der Mann gesund werden könne.

Der Mann musste sich hinlegen und seine Augen schließen und ganz still bleiben, damit Osho die Fliege dazu bringen konnte herauszukommen, um sie zu fangen. Osho verließ anschließend den Raum und lief mit einem Glas durchs ganze Haus, um eine Fliege zu finden ... Das überzeugte den Mann, dass die Fliege aus seinem Körper heraus war, und er war geheilt.

Der Punkt ist, dass Osho sehr wohl wusste, dass der Mann sich etwas vormachte, so wie es die Ärzte und Psychiater auch festgestellt hatten. Doch die anderen hatten keine Heilung bewirkt. Osho behandelte den Mann auf der Ebene seiner Täuschung und bewirkte die Heilung. Er war auch der Meinung, dass es nichts nützt, uns zu sagen, dass wir bereits erleuchtet sind, wenn wir immer noch fest in der Täuschung stecken. Unwissenheit muss auf ihrer eigenen Ebene angegangen werden, bevor die Wahrheit erkannt werden kann. Diese Überlegungen zeigen, dass »spirituelle Wege« in der Tat durchaus ihren Platz haben, egal was manche modernen Weisen sagen mögen. Osho erwähnt auch, dass Buddha Wahrheit als »das, was funktioniert« definierte.

Damit soll nicht die letztendliche Wahrheit dessen bestritten werden, was die modernen Weisen sagen. Das Problem ist, dass sie momentan aus der privilegierten Position der Kenntnis jener Wahrheit sprechen. Das ist so, als würde ich sagen: Ich bin erwacht und interessiere mich nicht mehr für die Person aus meinem Traum, die ich sterbend in der Gosse fand. Ich weiß jetzt, dass diese Person in Wirklichkeit gar nicht existiert, weshalb sollte ich mich also darum kümmern?

Sadhana – Der Spirituelle »Weg«

Es gibt traditionell drei Stadien, durch die wir von unserem augenblicklichen Zustand der Unwissenheit zur Erleuchtung gelangen:

1) Das Hören der Wahrheit von einem Weisen oder (nur als Zweitbestes) das Lesen darüber in solchen Werken wie den Upanishaden. Dies wird *Shravana* genannt;[17]
2) das Nachsinnen über das, was man gehört hat (da man es nach einmaligen Hören noch nicht verstehen kann). Das ist das Stadium von *Manana*;
3) Meditation über die Essenz dessen, was jetzt intellektuell verstanden wurde, bis man völlig überzeugt ist. Dies wird *Nididhyasana* genannt.

Der wichtigste Schritt ist der erste. Das Hören oder Lesen der Wahrheit festigt das Wissen in unserem Geist. Das ist jedoch keine Garantie dafür, dass wir die Wahrheit erkennen werden. Ich gehe die Wette darauf ein, dass Sie als Leser am Ende dieses Buches umfangreiche und wertvolle Informationen erworben haben, ohne dass Erleuchtung eingetreten ist. Sie werden *Shravana* praktiziert haben, doch immer noch viele Zweifel und Ungewissheiten *(Samshaya)* über das empfinden, was Sie gelesen haben. Es wird notwendig sein, über das Gesagte nachzudenken und sich mit jemandem auszutauschen, der mehr weiß als Sie. Das ist *Manana*. Und schließlich gibt es noch das Problem der »Spuren«, die sich in Ihrem bildsamen Gemüt festgesetzt haben. Vielleicht haben Sie gute Absichten, aber es wird schwierig sein, diese Ideen in die Praxis umzusetzen und Ihre Erfahrungen im Licht des Erlernten zu interpretieren. Um das zu tun, müssen Sie *Nididhyasana* praktizieren, das von Monier-Williams als »tiefe und wiederholte Meditation« definiert wird.

Sadananda benutzt eine ausgezeichnete Metapher, um dies zu verdeutlichen (veröffentlicht im Internet unter www. geocities.com/advaitins/). Er sagt: Wir wissen, wenn wir das elektrische Licht einschalten, geht die Lampe sofort an und vertreibt die Dunkelheit. Angenommen die Dunkelheit bleibt, obwohl wir den Schalter betätigt haben. Wenn wir wüssten, dass der Stromkreis intakt ist und die Stromversorgung funktioniert, würden wir vor einem Rätsel stehen. Die Erklärung könnte jedoch darin liegen, dass eine lichtundurchlässige Schicht die Glühbirne bedeckt. Obwohl die Birne und alles andere perfekt funktioniert, wird der Raum so lange dunkel bleiben, bis alle Zweifel und Denkgewohnheiten beseitigt sind. Es ist zwar das Licht, das die Unwissenheit beseitigt, doch wird es nicht von selbst wirksam, wenn andere Hindernisse im Weg stehen. *Shravana* gleicht dem Anschalten des Lichts, und dies ist letztlich dafür verantwortlich, dass die Unwissenheit überwunden wird, doch *Manana* und *Nididhyasana* sind notwendig, um dieses Wissen zu festigen und es wirksam werden zu lassen. Dies entspricht der Beseitigung der Bedeckungen.

Voraussetzungen für den Suchenden

In seinem Werk *Tattvabodha* (Die Erkenntnis der Wahrheit)[18] beschreibt Shankara vier Eigenschaften, die der Suchende haben sollte, bevor er für die Befreiung bereit ist. Sie werden *Sadhana Chatushtaya Sampatti* genannt: *Sadhana* bedeutet »das, was direkt zu einem Ziel führt«, eine »Praxis«; *Chatushtaya* bedeutet »vierfältig«; *Sampatti* bedeutet »Erfolg« oder »Errungenschaft«. Die Beschreibung ist etwas irreführend, weil er anschließend insgesamt neun Eigenschaften beschreibt.

Die erste der vier Eigenschaften ist Unterscheidung *(Viveka).*

Dies ist die wahre Aufgabe der *Buddhi*: die Fähigkeit, zwischen dem Ewigen und dem Vergänglichen, dem Wirklichen und dem Unwirklichen zu unterscheiden. Die zweite Eigenschaft ist Loslösung oder Distanz *(Vairagya)*, Nicht-Anhaftung an die Ergebnisse unseres Handelns, vor allem Unbekümmertheit in Bezug auf die Freude des Erfolgs und die Enttäuschung des Misslingens. Die vierte Eigenschaft besteht darin, dem Wunsch nach Erleuchtung Priorität vor allen anderen Wünschen zu geben *(Mumukshutvam)*. Die dritte Eigenschaft bezieht sich auf sechs Fähigkeiten:

- *Shama* – wörtlich: Ruhe, Gelassenheit, Leidenschaftslosigkeit, aber es wird häufiger als geistige Disziplin oder Selbstbeherrschung übersetzt;
- *Dama* – Zurückhaltung, das heißt, Beherrschung über die Sinne;
- *Uparati* oder *Uparama* – Enthaltsamkeit von sinnlichen Genüssen; seine Freude an dem haben, was einem unmittelbar nah ist, also am eigenen Selbst; es wird auch mit »seinem *Dharma* oder seiner Pflicht folgen« übersetzt;
- *Titiksha* – Nachsicht oder Geduld;
- *Shraddha* – Glaube, das Vertrauen auf die Lehren der heiligen Schriften und des Gurus, bis Erkenntnis eintritt;
- *Samadhana* – Kontemplation, tiefe Meditation; meist eher als »Konzentration« übersetzt.

Diese Fähigkeiten sind unerlässlich. Natürlich muss man das Selbst auch wirklich finden wollen. Da das Ego das Haupthindernis ist, sind Selbstbeherrschung, die Fähigkeit, die Wünsche zu zügeln usw. ganz offensichtlich erforderlich. Da viele Aspekte der Lehre unseren Instinkten zunächst widersprechen, muss man losgelöst bleiben, um Unterscheidung üben zu können; anfangs ist auch Glaube an die Lehren notwendig, bis man die Aussagen selbst verifizieren kann. Ebenso natürliche Voraussetzungen sind Beharrlichkeit, volle Aufmerksamkeit und Geduld, wenn etwas nicht klappt.

Zum Beispiel überzeugt dieses Buch uns vielleicht davon, dass bestimmte Eigenschaften eine Voraussetzung zur Verwirklichung sind. Das bewirkt dann möglicherweise, dass wir Meditation praktizieren, aufmerksam für das sind, was gerade ansteht, mehr Zeit im Hier und Jetzt leben etc.. Vorausgesetzt, Wahrheit ist schon unser allerstärkster Wunsch, werden wir uns auf unseren fiktiven spirituellen Weg machen, selbst wenn es ihn in Wirklichkeit gar nicht gibt. Und sobald wir einmal aufbrechen, werden wir ihn weitergehen. Ramana Maharshi vergleicht diesen ersten Schritt damit, unseren Kopf in den Rachen eines Tigers zu stecken – sein Maul schließt sich und es gibt keinen Ausweg mehr.

Es gibt viele Methoden, die sich als Wege zur Wahrheit anbieten. Die bekanntesten von ihnen werden in der *Bhagavad Gita* erwähnt und heißen *Bhakti Yoga*, *Karma Yoga* und *Jnana Yoga*. Sie sind nicht zu verwechseln mit den Yogakursen, die man an der Volkshochschule macht und in denen man lernt, mit gekreuzten Beinen zu sitzen oder Kopfstand zu machen. Das ist *Hatha Yoga* und es bezweckt hauptsächlich, den Körper zu trainieren, was mit Erleuchtung noch wenig zu tun hat. Anderen Yogawegen wie *Kundalini Yoga* und *Raja Yoga* geht es schon um Erleuchtung, doch um den Umfang dieses Buches in Grenzen zu halten, werde ich diese nicht behandeln. Es gibt einen ausgezeichneten kurzen Artikel von Dr. Gregory Goode[19], in dem die bekannten Yogawege dargestellt werden.

In Wirklichkeit können diese drei Wege nicht völlig voneinander getrennt werden. Der *Jnana Yogi* wird unweigerlich ähnlich wie der *Karma Yogi* handeln und eine Haltung der Verehrung für die »Wahrheit«, die »Wirklichkeit«, oder »Bewusstsein« haben, was man auch »Gott« nennen könnte. Jeder Mensch hat die Elemente aller drei *Gunas* in sich, insofern ist immer ein bestimmter Yogaweg zu einer bestimmten Zeit angemessen.

Bhakti Yoga

Bei *Bhakti* geht es um Hingabe, um Verehrung und Demut. Dies mag zunächst ungewöhnlich erscheinen, da wir bereits festgestellt haben, dass es gemäß dem Advaita keine Dualität gibt. Es kann nicht das Selbst und einen davon getrennten Gott geben. *Bhakti* geht vom Herzen aus, nicht vom Verstand, und steht somit jedem offen. Obwohl dieser Prozess in der Dualität beginnt, wächst die Liebe des Verehrers für seine erwählte Gottheit irgendwann über diese Dualität hinaus; das Ego versinkt und »beide« verschmelzen zu Einem. Es ist eine Technik, die das Negative auslöscht – den Egoismus, die Angst und das Verlangen – und den Menschen zum Göttlichen erhebt. Ramana Maharshi sagt, bei *Bhakti* gebe man das »Mein« auf, bei *Jnana* das »Ich«. *Bhakti* wendet sich einer Gottheit zu, die wir noch als verschieden von uns empfinden, *Jnana Yoga* wendet sich nach innen zum Selbst. Der *Bhakta* sehnt sich nach Glückseligkeit, der *Jnani* nach dem Selbst.

Bhakti gilt als leichtester Weg für die, die einen Gott anerkennen und sich ihm hingeben können. All unsere Frustrationen und Leiden können durch den Glauben gelindert werden, dass Gott uns aktiv beisteht und für unser letztendliches Heil sorgt. So wie *Jnana Yoga* eine bestimmte Geisteshaltung erfordert, nämlich einen logischen und forschenden Verstand, um der passende Weg zu sein, so zieht auch *Bhakti* nur einen Menschen mit entsprechender Geisteshaltung an – jemanden, der sich selbst vergessen und seine ganze Aufmerksamkeit und Hingabe auf eine Gottheit richten kann. Der *Jnani* löst sein Ego durch die Vernunft auf, der *Bhakta* durch Liebe und Ergebung. Bei beiden Wegen spielt Hingabe eine Rolle, obwohl das »Objekt« jener Hingabe jeweils verschieden wahrgenommen wird. Und beide Wege beinhalten auch Entsagung. Diese ist ein wesentlicher Teil der Reinigung des Geistes und ist allen Methoden gemeinsam, da es der denkende Geist ist, der sich uns in den Weg stellt.

Obwohl dieser Prozess mit dem »kleinen Ich« beginnt, das den allmächtigen Absoluten von weitem verehrt, endet er damit, dass das »Ich« verschwindet, da erkannt wird, dass Gott und Ich eins sind. Alle Wege auf einen Berg enden am selben Ort, heißt es. Hingebungsvolle Verehrung Gottes im Sinne konzentrierter Ausrichtung der Aufmerksamkeit auf ein spezielles Objekt ist einfach eine andere Form der Meditation, unabhängig davon wie sehr der Praktizierende an die letztliche Realität Gottes als getrennt von sich glaubt.

Die Reinigung des Geistes

Wie bereits erwähnt gehört diese auf die eine oder andere Weise zu allen Methoden. Allerdings bedeutet das nicht, den Geist von allen Gedanken zu befreien. Es ist die Natur des Verstands, zu denken. Nicht alle sind dieser Meinung. Manche behaupten in der Tat, der Verstand *sei* die Gedanken. Das würde heißen, wenn wir den Verstand von Gedanken befreien, wäre der *Jiva*[20] auch vom Verstand entlastet. Ein leerer Verstand ist sehr angenehm und Meditierende können beispielsweise sehr mit sich zufrieden sein (und damit ihr Ego aufblähen), wenn sie einen Zustand ohne Gedanken erreichen. Dies führt zu einer Bewusstseinsqualität, die im normalen Leben selten erfahren wird. Doch auch das ist nur ein Zustand des Geistes – das Selbst ist nicht der Verstand und es ist notwendig, diese Identifikation aufzulösen, bevor die Wahrheit verwirklicht werden kann.

Greg Goode fasste die Ziele dieser Reinigung sehr klar in einem Austausch über dieses Thema im Internet (www.geocities.com/advaitins/)zusammen:

- Reduzieren Sie die Anzahl an Gedanken, aber nicht auf permanent Null;
- verbessern Sie die Qualität der Gedanken; denken Sie an Gott, an die heiligen Schriften usw.;

- ändern Sie die Richtung der Gedanken, nach innen, anstatt nach außen.

Das Ziel lautet, zu realisieren, dass ich nicht der Verstand bin, sondern ihn als ein Werkzeug in meinen Dienst stelle, ohne ihm die Herrschaft zu überlassen. *Jnana Yoga* wäre ungeeignet, wenn das Ziel wäre, den Verstand zu eliminieren; schließlich ist der Verstand das Mittel, mit dem wir verstehen. Eine andere Metapher dafür ist, einen Dorn mit einem anderen Dorn zu entfernen. Wenn sich ein Dorn im Fuß verfangen hat, ist ein zweiter Dorn ein unbezahlbares Werkzeug, um den ersten Dorn damit herauszuziehen, doch sobald man das geschafft hat, wirft man beide weg. Genauso ist der Verstand ein wesentliches Werkzeug im *Jnana Yoga*, um die nutzlose Betriebsamkeit des Verstandes abzustellen und ihn unter Kontrolle zu bringen.[21]

Eine andere Sichtweise bezieht die *Gunas* mit ein. Im Hinblick auf den Verstand und das Denken wäre dementsprechend die niedrigste Ebene von *Tamas* beherrscht und das Denken wäre von Natur aus selbstbezogen, arrogant, dogmatisch oder fanatisch. Für so einen Menschen wäre es sehr schwierig, seinen Geist der Wahrheit zuzuwenden oder auch nur seinen Mitmenschen. Ein *rajasischer* Mensch hat einen leidenschaftlichen und aktiven Geist, der sehr emotional, egoistisch und voller eigennütziger Wünsche ist. Für ihn besteht die Welt aus getrennten Objekten und Personen, deren Nähe er sucht oder die er vermeiden will. Somit sucht diese Person ebenfalls wohl kaum danach, die Wahrheit zu finden. Nur der *sattvische* Geist, der die Welt klar sieht, ohne seine Vorlieben und Abneigungen zu beachten, der wach und doch still ist und unterscheidungsfähig, kann darauf hoffen, die Einheit in der Schöpfung zu erkennen.

Ein einfacher Zugang zur Reinigung besteht also darin, die *tamasischen* und *rajasischen* Eigenschaften in sich selbst aufzulösen und die *sattvischen* Eigenschaften zu kultivieren. Daraus erklären sich die empfohlenen Übungen wie Meditation, Aufmerksamkeit und gute Gemeinschaft, auf die wir später noch eingehen werden.

Ramakrishna hatte eine schöne Geschichte, um zu veranschaulichen, wie wir in unseren Handlungen von den *Gunas* begrenzt werden.[22] Er erzählte von einem Mann, der durch den Wald reiste, wo er von drei Dieben überfallen wurde. Nachdem sie ihm all seine Habseligkeiten geraubt hatten, schlug der erste vor, den Mann nun zu töten, da sie ihn nicht mehr brauchten. Gerade als der erste Dieb ihn mit seinem Schwert durchbohren wollte, hielt ihn der zweite zurück und sagte, es sei nicht notwendig, so mit ihm zu verfahren. Sie könnten ihn doch auch einfach fesseln und sich dann aus dem Staub machen. Das machten sie. Später jedoch kam der dritte Räuber zurück, band den Mann los, führte ihn bis zum Waldrand und zeigte ihm den Weg nach Hause. Der Mann war sehr dankbar und lud den Dieb ein, doch mit ihm zu gehen, doch dieser wehrte ab und sagte, die Polizei würde ihn festnehmen, wenn sie ihn erwischen würde.

Der erste Dieb repräsentiert *Tamas*, das zerstörerische Prinzip; der zweite *Rajas*, das den Menschen in die Welt verstrickt und ihn durch die eigenen egoistischen Wünsche bindet. Der dritte ist *Sattva*, er ist voller Mitgefühl und Rechtschaffenheit und zeigt den Weg zurück zu Gott oder der Wahrheit. Es ist der höchste *Guna*, doch auch er muss transzendiert werden, bevor Verwirklichung eintreten kann.

Die Reinheit des Geistes bezweckt nicht einen Geist, der frei von Gedanken als solchen ist, sondern frei von Gedanken, die uns von der Suche nach der Wahrheit ablenken – beispielsweise Wünsche, Zorn, Angst, Sorgen oder Vorwegnahme. Jeder Gedanke, wir seien irgendwie getrennt oder begrenzt, entfernt uns im Grunde von der Wahrheit. Außerdem beziehen sich die meisten Gedanken auf »Objekte« in der Welt der Erscheinungen. Die Suche nach Wahrheit richtet sich nach innen auf die Wirklichkeit des Selbst, sodass all solche Gedanken keinen Wert haben.

Karma Yoga

Bei diesem Weg wird der Geist dadurch gereinigt, dass wir nicht an der Handlung haften. Dies führt nicht nur dazu, dass keine neuen *Samskaras* entstehen, sondern reduziert auch die bereits vorhandenen. Das lässt sich anhand der Gewohnheiten verstehen. Oft reagieren wir gewohnheitsmäßig auf bestimmte Situationen: Etwas passiert, das Unterbewusste erkennt sofort, dass es schon einmal stattgefunden hat, und ohne bewusste Entscheidung stellen wir fest, wir reagieren genau wie früher. Wenn wir jedoch auf das auslösende Ereignis in dem jeweiligen Moment achten, besteht kurz die reale Möglichkeit, genau zu erfassen, was abläuft und entsprechend zu reagieren. So eine Reaktion durchbricht unweigerlich die automatische Wiederholung. Auch wenn sich die Gewohnheit nächstes Mal wieder durchsetzt, ist es möglich, sie permanent aufzulösen, sobald der Kreislauf mehrmals unterbrochen wurde.

Es gibt in Wirklichkeit zwei Aspekte bei dieser Übung. Genau genommen bedeutet *Karma Yoga* Nicht-Anhaften an die Resultate unserer Handlungen. Das bedeutet, wir handeln nicht, weil wir ein bestimmtes Ergebnis für uns oder jemand anderen wünschen, sondern weil unsere innere Unterscheidung (*Buddhi*) erkennt, dass dies die angemessenste Reaktion in Anbetracht aller Faktoren ist. Doch all das ist nur möglich, wenn wir mit unserer Aufmerksamkeit hundertprozentig in der Gegenwart sind, da, wo die Handlung stattfindet. Nur so kann die *Buddhi* korrekt arbeiten, wenn das *Manas* ihr einfach nur die Informationen von den Sinnen weitergibt. Wenn *Manas* »denkt«, können wir nicht voll in der Gegenwart sein. Das bedeutet jedoch nicht, dass wir vergangene Erfahrungen nicht nutzen können. Diese Informationen stehen der *Buddhi* bereits zur Verfügung, ohne dass das *Manas* beteiligt ist. Sie werden im dritten Element des inneren Organs oder *Antahkarana* gespeichert: dem *Chitta*.

Swami Parthasarathy erzählt eine amüsante Geschichte, um uns von der Notwendigkeit der Loslösung zu überzeugen[23]: Ein Ehepaar nahm seine kleine Tochter das erste Mal mit ins Kino. Das Kind hatte bisher auch noch nie ferngesehen und hatte daher noch keine Erfahrung mit bewegten Bildern. Als in der Vorschau ein kurzer Tierfilm gezeigt wurde, bei dem die Löwen scheinbar auf die Zuschauer lossprangen, begann das Kind aus Angst zu weinen. Die Eltern erklärten, dies seien nur Bilder auf der Leinwand und in Wirklichkeit gebe keinen Grund sich aufzuregen. Der folgende Hauptfilm war ein langer romantischer Film mit vielen gefühlvollen Szenen und das Kind konnte nicht umhin zu bemerken, wie seine Mutter mitunter weinte …

Der springende Punkt dabei ist: Wenn wir noch nicht einmal einen Film anschauen können, ohne Anteil zu nehmen, obwohl wir genau wissen, dass es nicht real ist, wie können wir hoffen, in Situationen des Lebens losgelöst zu bleiben, an denen wir selbst beteiligt sind und die wir für wirklich halten? Die *Bhagavad Gita* ist vorrangig ein Handbuch über *Karma Yoga*. Die Essenz des *Karma Yoga* wird im 18. Vers des 4. Kapitels zusammengefasst: »Wer Nicht-Handeln im Handeln sieht und Handeln im Nicht-Handeln, ist weise unter den Menschen. Er ist ein Yogi, obwohl er allen möglichen Handlungen nachgeht.« Es ist möglich, den Geist so zu trainieren, dass er mit höchster Effizienz arbeitet, während der Körper äußerlich still und scheinbar untätig ist. Umgekehrt können wir konzentriert und produktiv beschäftigt und doch innerlich davon losgelöst sein und alles aus dem Hintergrund wie ein unbeteiligter Zeuge beobachten. Dies erfordert einen sehr hohen *sattvischen* Zustand und wird durch die Übung von *Karma Yoga* erlangt.

In dieser Welt der Erscheinungen befindet sich alles in einem Fluss ständiger Wandlung und doch ist das aktive Prinzip hinter allem, der *Atman*, selbst unbewegt und unberührt von allem. Der »Weise unter den Menschen«, der auf dem so genannten Weg zur

Verwirklichung fortgeschritten ist, kann dieses Nicht-Handeln im Handeln sehen. Wie T.S. Eliot sagt:

> Am ruhenden Punkt der kreisenden Welt.
> Weder Fleisch noch Nicht-Fleisch;
> weder hierher noch dorthin;
> am ruhenden Punkt ist der Tanz.
> *Burnt Norton (Four Quartets)*

Bewusstsein ist die Kraft, die allem Leben verleiht. Es ist der entscheidende stille Punkt, der Bewegung überhaupt ermöglicht, das Zentrum, um das sich der Tanz des geordneten, sinnvollen Lebens abspielt und ohne das es nicht möglich wäre. Osho spricht über die zentrale Achse, die unbewegt bleibt, während sich das Rad um sie dreht.

Wir müssen wie das Lotusblatt sein, von dessen Oberfläche das Wasser einfach herabläuft, ohne dass es im Geringsten nass davon wird. Wie Swami Parthasarathy sagt: Das Lotusblatt entsteht im Wasser, lebt im Wasser und stirbt im Wasser – und hat dennoch nichts mit dem Wasser gemeinsam.

Mehr über Sanskaras

Um die Theorie, die hinter *Karma Yoga* steht, zu verstehen, sollten wir die *Sanskaras* weiter untersuchen. Das Grundprinzip besagt, dass eine »schlechte« Handlung uns »schlechte« Wirkungen bringt, eine »gute« Handlung »gute« Wirkungen. Die Art und Weise, wie sich die Wirkungen zeigen, kann man Schicksal nennen. Wenn wir viele schlechte Handlungen begehen, wird unsere Zukunft düster und wenn wir auf einmal ohne Arbeit und ohne ein Dach über dem Kopf dastehen, könnten wir sagen, dies war so bestimmt, da wir viele schlechte *Sanskaras* angesammelt haben. Wenn unser Leben endet, bevor sich die *Sanskaras* erschöpft haben – keine Sorge, unser nächstes Leben wird da weitergehen, wo wir in diesem aufgehört haben. Ja, das nächste Leben, in das wir hineingeboren werden, wird von all diesen Faktoren bestimmt. Das Sprichwort »Wie du säest, so sollst du ernten« drückt dies treffend aus.

Bis dahin ist es ganz einfach, doch in Wirklichkeit gibt es drei Arten von *Sanskaras*. Was wir gegenwärtig erfahren, wird *Prarabdha Sanskara* genannt. Das bedeutet wörtlich: »begonnen« oder »angegangen«. Es sind die Folgen unserer vergangenen Handlungen aus diesem oder früheren Leben. Dieses *Prarabdha* kann als »Ursache« von allem betrachtet werden, was wir jetzt erfahren. Zum Zeitpunkt unserer Geburt bestimmt es die Umstände, in die wir geboren werden. Jede Erfahrung, die wir haben, zusammen mit der Freude oder dem Leid, die damit zusammenhängen, wird von unseren früheren Handlungen mittels dieses *Prarabdha Sanskaras* bestimmt. Diese Erfahrungen können wir nicht vermeiden, genauso wie eine abgeschossene Kugel nicht daran gehindert werden kann, ihr Ziel zu erreichen.

Die *Sanskaras*, die sich aus vergangenen Handlungen angesammelt, aber noch nicht ausgewirkt haben, heißen *Sanchita Sanskaras*, was wörtlich »gesammelt« oder »angehäuft« bedeutet.

Die dritte Art von *Sanskaras* erzeugen wir als Reaktion auf gegenwärtige Situationen und sie werden erst irgendwann in der Zukunft ihre Folgen zeigen. Sie werden *Agamin Sanskaras* genannt, was »bevorstehend« oder »sich nähernd« bedeutet. (Manchmal werden sie auch *Kriyaman* – was gerade getan wird – genannt.) Durch diese dritte Art von *Samskaras* können wir unsere zukünftigen Leben beeinflussen.

Die Situationen, in denen sich der Mensch befindet, werden vom *Prarabdha* bestimmt, ebenso wie seine Natur. Wenn er also mechanisch handelt, wird er von *Prarabdha Sanskaras* getrieben. Da eine solche Handlung die *Sanskaras* nur noch vermehrt, wird ihn das nicht sehr weit bringen. Wenn wir aufmerksam in der Gegenwart sind, kann die *Buddhi* arbeiten und sich für eine Handlung entscheiden, ohne dabei irgendeinen Wunsch nach Resultaten zu haben. Dies wird keine neuen *Samskaras* schaffen und das bestehende *Prarabdha Karma* im Zusammenhang mit der jeweiligen Situation erschöpft sich. Auf diese Weise kann *Karma Yoga* über eine längere Zeitspanne hinweg alle *Sanskaras* verbrennen.

Wenn die Verwirklichung erlangt wurde, lebt der so genannte *Jnani* von außen gesehen weiterhin ein normales Leben. Seine Handlungen erzeugen jedoch keine *Sanskaras* mehr, daher existiert kein *Agamin Karma*. Auch das *Sanchita Karma*, das noch nicht herangereift ist, wird aufgelöst. Nur das verbleibende *Prarabdha Karma* läuft weiter. Daher erscheint der *Jnani* dieselbe Person zu sein mit denselben Zuneigungen und Abneigungen wie zuvor. Doch vom Gesichtspunkt des *Jnani* aus existiert natürlich überhaupt keine Person mehr. Deshalb hinterlassen auch zukünftige Handlungen keinerlei Spur.

Einige Verfasser behaupten, dass auch das *Prarabdha Karma* nach der Verwirklichung verbrannt ist; sie benutzen die Metapher des Vaters, der stirbt und drei Söhne hinterlässt – wie könnten wir sagen, nur zwei der drei seien jetzt vaterlos? Ramana Maharshi behauptet, die Auffassung, der *Jnani* unterliege noch dem *Prarabdha Karma*, sei falsch; vielmehr werde diese Illusion nur deshalb noch aufrechterhalten, um uns anderen zu erklären, wie er immer noch wie zuvor im Leben tätig sein kann. Shankara sagt, es sei wie die Töpferscheibe, die noch einige Zeit weiter rotiert, nachdem der Töpfer bereits aufgehört hat, sie zu drehen. Doch kann das leicht zu einer nutzlosen akademischen Debatte ausarten.

Dharma

Die Hauptdefinition, die im Lexikon gegeben wird, ist »Brauch« oder »vorgeschriebenes Verhalten«, aber auch »Pflicht«, »Gerechtigkeit« und »Moral«. Es bezeichnet das Leben und Verhalten im Einklang mit der geltenden Moral und den Gesetzen und die »Pflichterfüllung« gegenüber Gemeinde und Gesellschaft wie auch gegenüber den unmittelbaren Freunden und der Familie. Die Bedeutung, die jedoch die meisten traditionellen Lehrer bevorzugen, ist »Natur, Charakter, grundlegende Eigenschaft«, was auch oft als »Essenz« übersetzt wird. So wie »Süße« die grundlegende Eigenschaft von Zucker ist, ist *Dharma* nach der Meinung von Swami Chinmayananda und seinem Schüler Swami Parthasarathy die »Essenz«. Die Wichtigkeit des *Dharma* erklärt sich wahrscheinlich daher, dass viele Stellen in den Veden – von denen die Upanishaden nur den letzten kleinen Teil bilden – die pflichtgemäße Ausübung der Zeremonien, Rituale und Opfer vorschreiben; dieser Abschnitt der Veden nennt sich *Karmakanda*.

Auch die *Bhagavad Gita* betont das *Dharma* sehr, vor allem im Hinblick darauf, dass wir unser eigenes *Dharma (Svadharma)* erfüllen und nicht das eines anderen. So sagt sie beispielsweise im 35. Vers des 3. Kapitels, dass es besser ist, das eigene *Dharma* schlecht zu erfüllen als das *Dharma* eines anderen gut. Dies war eine Aussage von *Shri Krishna*, der das Selbst repräsentiert. Er unterwies Arjuna, der für Menschen wie wir steht, in der Kunst des *Karma Yoga*. Arjuna war als Krieger erzogen und es war nun seine Pflicht, gegen die Kräfte der Ungerechtigkeit zu kämpfen. Er zögerte, in den Kampf zu gehen, da zur feindlichen Seite Verwandte und Lehrer von ihm gehörten, doch er musste es tun, weil es seine Pflicht war. So sehr er vorgezogen hätte, ein *Sannyasin* zu werden und aus der Welt »auszusteigen«, war das nicht sein *Dharma* und hätte ihm geschadet. Er hätte es später unweigerlich bedauert, die Folgen seiner Handlung hätten sein Gewissen belastet und er hätte sich als Feigling gefühlt. All das wäre geschehen, *weil* es sein *Svadharma* war, zu kämpfen. Beim *Karma Yoga* geht es auch darum, sein *Svadharma* zu erfüllen.

Es ist einsichtig, wie dies mit den *Sanskaras* übereinstimmt. Arjunas *Prarabdha Karma* hatte ihn zu diesem Kampf geführt und es war sein »Schicksal« zu kämpfen. Nur indem er dem zustimmte, konnte das *Sanskara* aufgelöst und ihm weiterer Fortschritt ermöglicht werden. Sich zu weigern hätte sehr viel *Agamin Karma* geschaffen. Dies hätte sich in künftigen Leben ausgewirkt, weil sein Handeln auf das Erreichen eines bestimmten Resultats gerichtet gewesen wäre, nämlich geistigen Frieden und Gewaltvermeidung, anstatt auf die Erfordernisse im Einklang mit seiner eigenen Natur zu reagieren.

Unser *Svadharma* wird aus vielen Elementen bestehen, je nach den verschiedenen Rollen, die wir im Leben annehmen. Wenn wir beispielsweise angestellt sind, haben wir mit unserem Arbeitgeber einen Vertrag abgeschlossen, eine bestimmte Aufgabe zu erfüllen, und ein Teil unseres *Dharmas* wird daraus bestehen, diese Aufgabe nach besten Kräften auszuführen. Selbst wenn die Aufgabe nicht mit dem übereinstimmt, was wir für unsere *Natur* halten, haben wir uns auf diese Aufgabe eingelassen und haben daher eine Pflicht, sie so gut auszuführen, wie es unsere Natur erlaubt. Sehr wahrscheinlich würde jemand, dessen Naturell unserer Ansicht nach besser mit dieser Aufgabe übereinstimmen würde, sie leichter bewältigen oder bessere Ergebnisse erzielen, aber all das spielt keine Rolle. Zusätzlich zu unserem Beruf haben wir vielleicht eine Familie und das bedeutet die Pflicht, je nach unseren Möglichkeiten der beste Vater oder die beste Mutter zu sein. Wenn wir also Vater oder Mutter kleiner Kinder sind, sollten wir beispielsweise nicht unbedingt mehrere Jahre den Dschungel von Borneo erforschen; es ist unsere Pflicht, die Kinder, so gut wir können, zu erziehen. Wenn wir unsere Pflichten nach besten Kräften erfüllen, haben wir inneren Frieden, selbst wenn etwas schief geht. Doch wenn wir etwas anderes tun – das *Dharma* von jemand anderem – dann fühlen wir uns schuldig, sorgen uns usw..

Unsere letztliche Essenz – unser eigentliches Wesen –, der Atman, ist natürlich eins; deshalb sprechen die heiligen Schriften auch vom Sanatana Dharma, dem »ewigen« oder »permanenten« Dharma. Dieser Ausdruck bezieht sich auch auf die traditionellen hinduistischen Gebräuche oder Verhaltensweisen, die im Einklang mit dem Wohlergehen des Universums und der Evolution des Individuums zu seiner letztlichen Verwirklichung standen. In der Umgangssprache wird der Ausdruck »Sanatana Dharma« auch allgemein für den »Hinduismus« gebraucht, wenn die Religion als solche gemeint ist.

Jnana Yoga

Shankara behauptet, dass andere »Wege« letztlich nur Vorbereitungen für *Jnana Yoga* sind, den Weg, der zur Verwirklichung führen wird. Wissen (*Jnana*) ist notwendig, um die Unwissenheit zu vertreiben. Sobald Selbsterkenntnis erlangt wird, folgt augenblicklich das Verstehen, so wie die Dunkelheit einer jahrelang finsteren Höhle unverzüglich schwindet, sobald wir eine Taschenlampe anknipsen. Doch müssen wir empfänglich für das Wissen sein, sonst kann es keine Wirkung zeigen. Wenn wir es mit alten Meinungen und Denkgewohnheiten in Frage stellen, wird es »auf steinigen Boden fallen«, wie die Bibel sagt. Wenn wir die Fensterläden vor unseren Fenstern schließen, kann das Licht der Sonne nicht eindringen.

So wie bei anderen Wegen auch finden wir hier ein Paradox: Da das Selbst oder die Wirklichkeit kein Objekt ist, ist es nicht möglich, Wissen »darüber« zu haben. Wissen kann nur die Unwissenheit beseitigen, die uns daran hindert, das Selbst zu erfahren, wobei das Selbst wie ein Licht ist, das sich selbst beleuchtet. Wir wissen, dass wir existieren und bewusst sind; was fehlt, ist das Wissen, dass wir Fülle sind *(Ananda)*. Wissen kann uns fast bis zum Ziel bringen, aber nicht ganz. Letztlich bezieht es sich ja immer auf »Objekte« und wir müssen es hinter uns lassen, um den letzten Sprung mit Hilfe der Intuition zu wagen. Es ist wie beim Stabsprung. Wir brauchen den Stab, um in die Höhe der Latte zu kommen, aber vor dem entscheidenden Sprung auf die andere Seite müssen wir ihn loslassen.

Jnana Yoga ist der Yoga der Weisheit. Bei ihm geht es darum, zu erforschen, zu analysieren, zu unterscheiden und alles zurückzuweisen, was der Hinterfragung nicht standhält; er ist die Methode der Verneinung. Häufig hört man den Sanskritausdruck »*neti, neti*«. Er bedeutet »nicht dies, nicht dies« und wird traditionell gebraucht, um sich klar zu werden, dass alles, was man sieht oder denkt, nicht das Selbst ist. Das Selbst ist vielmehr der Zeuge aller Dinge. Das bezieht sich natürlich auch auf das so genannte Wissen selbst; auch dies gehört letztlich nur der Kategorie der Erscheinungen an. Wie wir später feststellen werden, kann es kein Wissen über die Wirklichkeit geben. Eine ausgezeichnete klassische Metapher für *Jnana Yoga*, die diesen Aspekt verdeutlicht, stammt aus Shankaras Werk *Atmabodha* (»Die Erkenntnis des Selbst«, Vers 5). Sie benutzt das Bild der Kataka-Nuss, die auch als »Reinigungs-Nuss« bekannt ist und deren pulverisierte Form traditionell dazu verwendet wurde, Schmutz aus verunreinigtem Wasser herauszufiltern. Das Pulver wurde auf die Wasseroberfläche gestreut und bildete einen schleimigen Film. Die gelösten Unreinheiten wurden von diesem Film angezogen, der dann allmählich zu Boden sank. Das übrige Wasser war nun klar und konnte umgefüllt werden.

Der Schmutz steht für die Unwissenheit – die Gedanken der Getrenntheit, des Verlangens und so weiter –, während die Kataka-Nuss das Wissen vom Selbst repräsentiert. Dieses Wissen ist immer noch Teil der Unwissenheit *(Avidya)*, doch es hat die Kraft, diese Unwissenheit zu zerstören. Wenn sich das Pulver gesetzt und den

Schmutz in sich aufgenommen hat, wird beides fortgeworfen. Es gibt eine ähnliche Metapher vom Traumlöwen, der uns aus dem Schlaf weckt. Der Löwe ist selbst ein Teil des Traums und doch ist er imstande, uns aufzuwecken. Genauso gilt es zu erkennen, dass das Wissen, das Advaita uns gibt, nur von Nutzen ist, wenn es die Unwissenheit beseitigt. Wer dem *Jnana Yoga* folgt, kann leicht in all dem Wissen, das er ansammelt, stecken bleiben. Wenn das Wissen seine Wirkung getan hat und die Unwissenheit beseitigt ist, das heißt, wenn wir von den Inhalten dieses Buches wirklich überzeugt sind, sollten wir im Hinblick auf das ersehnte Ziel alles loslassen; es hat seinen Zweck erfüllt.

Glaube

Ungeachtet des eingeschlagenen »Weges« werden wir zu Anfang oft daran zweifeln, ob er irgendwo hinführt oder ob es überhaupt ein erreichbares Ziel gibt. Deshalb ist ähnlich wie in traditionellen Religionen Glaube *(Shraddha)* notwendig. Anfangs verstehen wir wahrscheinlich manche Dinge nicht einmal, die ein Lehrer uns sagt oder die wir lesen. Deshalb verlangt der Advaita nicht von uns, etwas ungeprüft zu glauben.

Glaube ist die Intuition, dass etwas so ist, selbst wenn es keinen stichhaltigen Beweis gibt. Es »fühlt« sich richtig an. Der höhere Intellekt akzeptiert es und billigt diesen unbewiesenen Glauben vorläufig, bis wir die Wahrheit wirklich erfahren. *Shraddha* ist kein »blinder Glaube«. Blinder Glaube akzeptiert *trotz* den Einwänden des gesunden Menschenverstands, der inneren Gefühle und des Intellekts. *Shraddha* ist die völlige Bereitschaft zu akzeptieren, was von den offenbarten Schriften *(Shrutis)* oder von einem anerkannten Lehrer ausgesagt wird, auch wenn wir diese Akzeptanz vielleicht nicht rational erklären können. Da die Wirklichkeit jenseits von Worten und Konzepten existiert, bereitet das keine Probleme, sobald man akzeptiert, dass die Informationsquelle unanfechtbar ist.

Gott und die Religionen

Bhakti Yoga setzt natürlich den Glauben an Gott oder Gottheiten voraus oder die vorläufige Bereitschaft, diese zu akzeptieren. Es wäre verfrüht, an dieser Stelle viel über das Thema »Gott« zu sagen – das muss bis Teil 3 warten –, doch es wird sich zeigen, dass sich die Auffassungen dieses Weges nicht sehr von den Auffassungen anderen Religionen unterscheiden.

Zweifellos haben alle Religionen dasselbe Ziel, nämlich den Suchenden zu Gott (zurück) zu bringen, und sie alle sind vielleicht durchaus von derselben Wahrheit inspiriert. Unglücklicherweise sind die Menschen (das heißt, die Egos), die diese Wahrheit empfangen, selber alles andere als vollkommen. Und schlimmerweise sind sie dann diejenigen, die dieses mittlerweile unvollkommene Wissen an andere weitergeben. Gandhi sagte: »Selbst Tropfen reinsten destillierten Wassers werden getrübt oder verschmutzt, sobald sie Mutter Erde berühren.« Wir werden im Kapitel »Die Grenzen des Wissens« noch über die Unfähigkeit sprechen, die Wirklichkeit zu verstehen oder zu beschreiben. Darum muss jeder scheitern, der versucht, über die Wahrheit zu sprechen, die jene Menschen angeblich kennen. Sie scheitern sogar dann, wenn sie selber direktes und sicheres Wissen über jene Wahrheit besitzen. Das Ziel der Religionen sollte folglich sein, dem Suchenden zu helfen, die Wahrheit selbst zu erkennen, ohne ihn mit ihren verdrehten Konzepten vollzupfropfen.

Scheinbar versuchen die Religionen jedoch genau das. Sie glauben, dass ihre verzerrte Sicht die Wahrheit ist und dass die verzerrten Sichtweisen aller anderen Religionen irren. Unter diesen Umständen scheint es unvermeidlich, dass diese Diskrepanzen zu Kriegen eskalieren. Selbst bei Religionen eines Ursprungs, wie in Nordirland, kommt es zu Blutvergießen. Welche Möglichkeit haben dann die Menschen in Israel und Palästina?

Wenn alle Religionen auf ihre unvollkommene Weise versuchen, die Wahrheit zu verstehen, warum können sie sich nicht zusammentun und ... tut mir Leid, das ist eine naive Regung, die ich lieber nicht zu Ende führe. Aber es gab tatsächlich eine Initiative, die auflisten wollte, was die Hauptreligionen in ihren heiligen Schriften in Bezug auf den menschlichen Geist, das Verhalten, das Bemühen und so weiter lehren, um zu zeigen, dass alle letztlich das Gleiche sagen.[24] Wenn Sie sich Auszüge aus den heiligen Büchern jener Religionen zu den wesentlichen Fragen anschauen, lässt sich meistens wirklich nicht sagen, aus welchem Buch sie stammen, es sei denn, Sie kennen die Worte genau. Sie sagen *wirklich* alle das Gleiche.

Osho hatte ziemlich negative Ansichten über Religionen. Er behauptete, ihre Anführer, Priester, Rabbis und Ayatollahs könnten unsere Natur bestenfalls etwas umformen. Und solche Veränderungen betreffen, wie Sie noch erfahren werden, nur den relativen Bereich und reichen nicht an das Ewige. Religionen können nur Information vermitteln. Nur die Begegnung mit einem wahren Weisen kann eine Transformation bewirken, die radikale Auflösung des Egos. Osho sagte, Religion sei wie ein blinder Mann, der Informationen über das Licht sammelt –, doch nur der Weise kann es wirklich sehen. Wahrer Religion geht es nicht um Verbesserung oder darum, ein besserer Mensch zu werden, um in den Himmel zu kommen, denn *wir* selbst sind die Krankheit und all das das könnte die Krankheit höchstens »lindern«. »Wir« – das Ego – müssen vernichtet werden, damit Transformation geschehen kann.

Ein anderer Punkt ist, dass die meisten Religionen einen Schöpfergott kennen; wir sind demnach – als Ebenbild der Schöpfers oder nicht – getrennt erschaffene »Objekte«, die Seinem Willen ausgeliefert sind. Entweder sind wir Marionetten und Gott ist der Marionettenspieler – das heißt, wir haben keinen freien Willen – oder wir haben die Verantwortung für unsere Handlungen, müssen aber tun, was Gott für richtig hält, um belohnt zu werden, meist mit dem ewigen »Himmelreich«.

Religionen erfüllen durchaus einen Sinn, doch nicht unbedingt den, den die meisten beanspruchen würden. Ihr Sinn liegt in der Vorbereitung oder der Reinigung des Geistes, die wir zuvor erörtert haben. Ihre Lehren tragen dazu bei, etwas von der Unwissenheit zu beseitigen, die uns davon abhält, das Höchste zu erkennen. Der 43. Vers von *Atmabodha* sagt uns, dass die Sonne keine Hilfe braucht, um aufzugehen. Die dichte Dunkelheit der Nacht wurde von der Dämmerung vertrieben, aber die wirkliche Erleuchtung entspricht dem vollen Erscheinen der Sonne am Horizont. Ebenso kann all unsere Unwissenheit von den Lehren der verschiedenen Religionen zwar teilweise erhellt werden werden, doch vollständig wird sie nur beseitigt, wenn die wirkliche Erleuchtung von selbst geschieht.

Als Jesus sagte: »Das Königreich des Himmels ist in dir«, meinte er genau das. Wenn Sie jedoch die meisten frommen Christen nach der Bedeutung fragen, können Sie sicher sein, dass Sie keine advaitische Interpretation zu hören bekommen. Wenn wir uns Gott als ein »Objekt« außerhalb von uns vorstellen, werden wir nie die Wahrheit entdecken. Und das mag zynischerweise das eigentliche Motiv bestimmter religiöser Führer sein: Sie sorgen für den Fortbestand dieser Religionen, indem sie den Suchenden genau die entgegengesetzte Richtung zur Wahrheit weisen. Nisargadatta fasste den Wert der Religionen folgendermaßen zusammen: »Was ist Religion? Eine Wolke am Himmel. Ich lebe im Himmel, nicht in den Wolken, die aus so vielen Worten bestehen. Nehmen Sie die vielen Worte weg und was bleibt? Die Wahrheit.«

Religionen dienen also als Mittel innerer Vorbereitung und um egoistische Ansprüche zu zügeln und uns die richtige Richtung zu weisen, vom Materiellen, Äußeren, zur Wahrheit im Innern. Diese Einschränkungen gilt es zu verstehen.

Aber was ist mit den heiligen Schriften, die die Grundlage der Religionen bilden? Man muss den Verfassern zugestehen, dass sie versucht haben, wichtige Informationen für die Nachwelt aufzuzeichnen. Es gibt viele Gründe, warum solche Versuche scheitern. Oft wird der geschichtliche Zusammenhang, in dem sie geschrieben wurden, unzureichend verstanden; Wahrheiten sind oft in schwer verständliche Begriffe gefasst oder verbergen sich hinter Belanglosigkeiten. Das hat möglicherweise seinen Grund darin, dass die Verfasser zur damaligen Zeit als Ketzer verfolgt wurden. Auch durch Übersetzungen geht unweigerlich etwas vom Inhalt verloren – oft die wesentliche Bedeutung! Und Geschichten, die erst niedergeschrieben wurden, nachdem sie mündlich durch viele Generationen weitergegeben wurden, entsprechen nicht unbedingt den Tatsachen.

Die hinduistischen Vedas mit ihrem philosophischen Teil, den Upanishaden, sind angeblich nicht von diesem Problem betroffen. Man geht davon aus, dass sie seit ihrer ursprünglichen Schau durch erleuchtete Weise mündlich weitergegeben wurden. Genau genommen haben sie keinen Verfasser – sie sind *apaurusheya*, das heißt »nicht von Menschen stammend«. Dieser Auffassung nach wurde dem Menschen zu Beginn der Schöpfung das Wissen gegeben und danach wurde es weitergereicht. Doch davon brauchen wir uns jetzt nicht verwirren zu lassen. Ebensowenig sollten wir mit der Bemerkung reagieren, dass alle anderen Religionen den gleichen Anspruch in Bezug auf ihre heiligen Schriften aufstellen. Die Wahrheiten der Upanishaden wurden durch die Jahrhunderte hindurch immer wieder von Weisen bestätigt und sie dienen nur als Wegweiser und Ansporn, damit wir dieselben Wahrheiten selbst entdecken – und zwar in diesem Leben und nicht im nächsten.

Meditation

Viele Bücher wurden bereits über Meditation verfasst. Sie versuchen hauptsächlich von einem wissenschaftlichen Standpunkt aus zu beschreiben, was Meditation ist und wie man sie üben kann. Die meisten Leute betonen dabei die geistigen und körperlichen Vorteile. Sie fragen: »Was kommt für *mich* dabei heraus?« und erzählen Ihnen alles Mögliche über die nützlichen Wirkungen wie Stressabbau, größeres Wohlbefinden, beruflichen Fortschritt und so weiter. Sehr wenige sagen Ihnen, dass das wahre Ziel der Meditation darin besteht, das »Ich« ein für allemal auszumerzen! Und was sie sagen, stimmt. Ob Sie den Ideen aus diesem Buch beipflichten oder nicht – Sie als Körper-Verstand-Person-Ego werden von der Meditation profitieren. Doch weil diese Aspekte nur das Ego betreffen, sind wir nicht wirklich daran interessiert und werden sie außer Acht lassen. Was dieses Buch betrifft, so wird Meditation als praktische Technik betrachtet, um besser zu verstehen, wer wir sind.

Was ist Meditation?

Bei der Meditation geht es im Grunde darum, dass die Aufmerksamkeit nur auf eine Sache gerichtet und alles andere ausgeschlossen ist. Normalerweise sind unsere Sinne und unser Verstand permanent in Aufruhr und alle möglichen Wahrnehmungen und Gedanken wetteifern um unsere Aufmerksamkeit.

Aber wenn es Ihnen gelingt, beharrlich bei einer Sache zu bleiben und die Aufmerksamkeit jedes Mal, wenn sie abschweift, zurückzubringen, wird dieser »Lärm« irgendwann weniger. Es kommt ein Zeitpunkt, auch wenn dies langer Übung und Ausdauer bedarf, in dem das erwählte Objekt der Aufmerksamkeit das *Einzige* ist, was wir wahrnehmen. Die anderen Informationen kommen weiterhin, doch sie prallen einfach an uns ab, ohne uns abzulenken. Sobald dieser Zustand erreicht wurde, kann der Inhalt, der als einziger übrig geblieben ist, auch allmählich losgelassen werden. Dann bleibt nur ein Schweigen, ein Friede und eine Stille, die wenige von uns jemals erfahren haben. Meditation ist wirklich für jeden wertvoll, ob er die Wahrheit sucht oder nicht, da sie uns Ruhe von dem Chaos schenkt, das unsere gewöhnliche Existenz im Wachzustand darstellt. Aus unserer Perspektive liegt der Wert der Technik darin, dass der Verstand in diesem Zustand nicht länger aktiv ist.

Der Verstand

Der wahre Zweck des Verstands besteht darin, die Informationen aus der Außenwelt, die wir über unsere Sinne erhalten, frei von Erinnerungen oder Meinungen dem Unterscheidungsvermögen weiterzuvermitteln. Wie bereits erwähnt, werden diese beiden Funktionen – die Vermittlung von Informationen und ihre Unterscheidung – in der Vedanta-Philosophie zwei ganz verschiedenen »geistigen Organen« zugeordnet – *Manas* und *Buddhi* genannt. *Manas* gibt Informationen weiter, *Buddhi* sieht, welche Aspekte von Bedeutung sind und trifft Entscheidungen. Diese Entscheidungen werden dann vom *Manas* wieder an die Hände, die Füße und so weiter weitergeleitet, um sie zur Handlung zu veranlassen. Was leider jedoch fast ständig geschieht, ist, dass die von den Sinnen vermittelte Information von *Manas* kommentiert wird. *Manas* kramt weitere damit verbundene Daten aus dem Gedächtnis hervor, fügt andere Gesichtspunkte hinzu und bringt für gewöhnlich Verwirrung in das Ganze. Bis die *Buddhi* schließlich Einblick erhält, ist es schwierig, sich überhaupt einen Reim darauf zu machen. Dann wundert es nicht, dass unsere Entscheidungen oft unklug und unsere Handlungen unangemessen sind.

Diese ständige Bewegung des Verstands trübt unsere Wahrnehmung. *Jede* Einmischung des *Manas* ist ein Hindernis, wenn wir versuchen, unsere wahre Natur zu finden. Deshalb haben wir in der Meditation, wenn all diese Aktivität aufhört, zumindest eine Möglichkeit zu sehen, wie die Dinge wirklich sind. Es ist möglich, die in diesem Buch angesprochenen Wahrheiten tatsächlich zu erkennen.

Osho hat viel über Meditation zu sagen. Er vergleicht das Denken mit der Zeit, da sowohl die Zeit als auch das Denken linear sind. Wir können nur eine Sache zu einem Zeitpunkt denken, so wie es immer nur einen Moment geben kann, der wieder einem anderen folgt. Beide Abläufe sind horizontal. Meditation jedoch ist vertikal, sie führt über das Denken und die Zeit hinaus. In der Meditation hören Zeit und Denken auf und der Verstand ist still. Der Verstand taugt nicht dazu, das Selbst zu verstehen. Um uns dem Selbst zu nähern, müssen wir in gewisser Weise zurücktreten und uns vom Verstand freimachen. Meditation ist ein Weg dahin.

Das Selbst sei still, so Osho, und müsse still sein, wenn es überall ist. Sie können es nicht im Laufen erreichen. Selbst die Geschwindigkeit der Gedanken, die in Sekundenschnelle das Sonneninnere erreichen mögen, hat nicht die Macht, das Selbst zu fassen zu bekommen. In gewisser Weise *ist* der Verstand Bewegung. Wenn wir in tiefer Meditation völlig still werden, hört er tatsächlich auf zu existieren. Der denkende Geist schaut immer in die Zukunft und läuft dem hinterher, wonach das Ego verlangt. Hat dieses sein Ziel erlangt, kommt der nächste Wunsch und schon ist der Geist wieder unterwegs auf der Straße seiner Träume und Wunscherfüllungen. In der Meditation jedoch erreichen wir jenen Zustand, in dem es keine Wünsche mehr gibt – unser Ziel.

Japa und Mantra

Klassischerweise beginnt Meditation mit dem so genannten *Japa*, der einfachen Wiederholung eines *Mantras*. Ein *Mantra* besteht aus einer Wortfolge, manchmal nur aus einer oder mehreren Silben, die traditionell eine mystische Bedeutung haben und in vielen Religionen einen Namen Gottes darstellen oder ein kurzes Gebet. Katholiken, die auf dem Rosenkranz ihr »Gegrüßet seist Du, Maria« beten, meditieren damit tatsächlich, auch wenn sie dies vielleicht heftig bestreiten. Nach Swami Satchidananda ist ein Mantra »das, was den Geist ruhig hält und die richtige Wirkung hervorruft«. Organisationen wie die TM-Bewegung (Transzendentale Meditation) weisen uns an, das *Mantra* geheim zu halten. Diese Verschwiegenheit bestärkt den Einzelnen in seiner Verpflichtung und sorgt insbesondere in diesem Zusammenhang dafür, dass das Mantra mit der Ehrfurcht betrachtet wird, die der Verbindung mit Gott (dem Selbst) gebührt.

Es gibt einen ausgezeichneten Beitrag über *Japa* von Swami Dayananda.[25] Er spricht darüber, dass unser Verstand normalerweise nonstop mit einem Gedanken nach dem anderen arbeitet. So wie Leute beim Psychiater freie Assoziation praktizieren, so kann uns ein Gedanke in die verschiedensten Richtungen ziehen. Swami Dayananda nennt diese Art des Denkens »Spaghetti-Denken«: Wir versuchen, ein Spaghetti zu nehmen und gleichzeitig hängen viele andere daran. Kaum jemals erfahren wir den Frieden, frei von Gedanken zu sein. Wenn wir schlafen gehen, ist die Situation noch schlimmer – das *Manas* macht sich selbstständig, ohne dass die *Buddhi* etwas Vernünftiges aus all den möglichen Gedanken auswählt, die wiederum von vorhergehenden Gedanken ausgelöst wurden, und schließlich träumen wir irgendeinen Unsinn. Nur der Tiefschlaf bringt dem Geist Ruhe und eine Gelegenheit, sich zu erholen – doch leider sind wir uns dessen dann nicht bewusst.

Der Grund für diese Art von Denken liegt nach Swami Dayananda darin, dass Gedanken so logisch und linear sind. Jeder Gedanke hat wahrscheinlich unzählige mögliche Assoziationen und je nachdem, worum es gerade geht oder wie wir gerade empfinden, wird mit größter Sicherheit automatisch ein neuer Gedanke ausgelöst. Da nicht festgelegt ist, welcher andere Gedanke auf einen bestimmten Gedanken folgt, wird dieser Mechanismus meistens so weitergehen.

Wenn ein Gedanke nicht Teil eines festgelegten Ablaufs ist, findet dieser mechanische Prozess nicht statt. Wenn wir beispielsweise ein Gedicht lesen oder rezitieren, steht das nächste Wort davon schon von vorneherein fest. Wenn wir ein Wort davon sprechen, haben wir danach keine Worte zur Auswahl. Das ist noch deutlicher, wenn wir nur ein einzelnes Wort als solches wiederholen. Wenn wir das *Mantra* innerlich sprechen und die Disziplin akzeptieren, dann besteht die einzige Möglichkeit, die uns dann zur Verfügung steht, darin, es erneut auszusprechen. Dies ist der Ablauf, den wir akzeptiert haben. Swami Dayananda nennt das »Nüsschen-Denken«. Wir nehmen ein Nüsschen und stecken es in den Mund. Wir nehmen noch ein Nüsschen … Jedes ist ein eigenständiger Akt, ohne dass andere Gedanken mit hineingezogen werden. Beim gewöhnlichen Denken wissen wir *nie*, was als nächstes kommt; bei Japa wissen wir es *immer*.

Der Wert der Technik liegt darin, dass im normalen Denken zwischen jeder Wiederholung des Mantras ein Zwischenraum der Stille liegt. Wir wiederholen das Mantra mechanisch und lassen das Tempo und die Intensität beliebig variieren, indem wir einfach beobachten und nicht versuchen, etwas zu kontrolieren. Irgendwann beginnt sich der innere Lärm zu beruhigen und wir hören nur noch den Klang des Mantras. Es wird langsamer und leiser, bis es schließlich verschwindet und Stille herrscht. In dieser Fülle des Friedens ist es nun möglich, dass sich das Selbst seiner selbst direkt gewahr ist und gleichsam eine Verschmelzung stattfindet. Diese

Vereinigung wird auf Sanskrit *Yoga* genannt und bedeutet »Einheit«. Die Stille ist das Entscheidende. Viele Menschen erfahren diese Stille nie – ihr Leben ist eine endlose Abfolge von Ereignissen, meistens von *Rajas* und *Tamas* bestimmt; man hetzt sich und irgendwann kommt der Zusammenbruch. Die Stille ermöglicht uns, dass wir *Sattva* auftanken und nur in *ihr* ist es möglich, die Wahrheit zu erkennen.

Wir sollten jedoch verstehen, dass die Stille immer nur *jetzt* ist. Wir können sie nicht in der Vergangenheit, im Gedächtnis finden. Stille kann auch nicht in der Zukunft, in den Wünschen gefunden werden, welche die gegenwärtigen Gedanken an das sind, was unserer Vorstellung nach passieren könnte. Stille wird gefunden, wenn wir all diese Gedanken losgelassen haben. Sie ist ein Aspekt unserer wahren Natur.

Es gibt einige praktische Überlegungen zur Übung der Meditation. Man sollte eine Zeit und einen Ort wählen, die förderlich für die Stille sind. Ein ruhiger Raum, frei von Ablenkungen, ist sehr wichtig. Die klassischen Texte weisen darauf hin, dass die halbe Stunde vor und nach Sonnenauf- und Sonnenuntergang besonders friedvolle Zeiten sind, da dann *Sattva* natürlicherweise vorherrscht. Übrigens ist *Sattva* auch in der Nähe von Flüssen stärker und kann deutlich in einer Kathedrale oder einem anderen heiligen Ort gespürt werden. Wir müssen nur unseren Geist von vorgefasster Kritik oder anderen Kommentaren freimachen und unsere Aufmerksamkeit offen halten – sonst entgeht uns die Erfahrung natürlich, weil der Geist beschäftigt bleibt und von *Rajas* verwirrt ist. Wenn wir nicht früh am Morgen meditieren und uns stattdessen gleich nach dem Aufwachen beeilen, uns fertig zu machen und zur Arbeit aufzubrechen, haben wir das Problem, dass *Rajas* bereits überhand genommen hat und es schwieriger ist, Raum für *Sattva* zu finden. Ebenso wird eine Meditation nach einer ausgiebigen Mahlzeit, in der *Tamas* dominiert, Sie wahrscheinlich einschlafen lassen.

Das Problem der Gedanken

Wenn die Menschen zuerst mit Meditation beginnen, stellen sie oft fest, dass eine Zeit lang alles sehr gut klappt. Wenn wir mit dem Studium und der Praxis von Advaita beginnen, hat es oft den Anschein, dass wir unserem wahren »Selbst« am nächsten sind, wenn der Geist still ist und die Wahrnehmungen und Gedanken die Klarheit von *Sattva* haben. Doch in Wirklichkeit sind wir natürlich immer das Selbst, egal was außerhalb des Körpers oder im Geist passiert. Es ist eine neue Erfahrung und der Ich-Verstand weiß nicht recht, wie er damit umgehen soll. Es ist so, als habe er mit allem aufgehört, was er sonst tut, und schaue einfach nur erstaunt zu. Die Übung scheint tatsächlich zu »funktionieren«, diese Meditation bringt uns wirklich zu einer gewissen Stille. Nach einer Weile jedoch enden die Flitterwochen und das mentale Geschwätz kann sogar noch schlimmer sein als zuvor.

Meistens geschieht dabei eins von drei Dingen:

1. Da der Geist im Allgemeinen viel ruhiger als gewöhnlich ist und die Aufmerksamkeit offener und verfügbarer, sind die Gedanken, die auftauchen, viel aufdringlicher;
2. da weniger Verwirrung und Ablenkung herrschen, ist der Geist klarer. Deshalb kommen Ideen und Lösungen für Probleme leichter. Der Geist stellt fest, dass er in diesem Zustand manch ein Problem leichter lösen kann als mit dem Alltagsbewußtsein;
3. der Ich-Verstand fasst die Übung als Bedrohung seiner Herrschaft, ja seiner Existenz als solcher auf. Er produziert noch mehr Müll als sonst, um den Angriff mit der Gedankenmunition abzuwehren, die die Ruhe des Geistes am meisten stört.

Wenn wir das beobachten, können wir es als Anlass zur Belustigung nehmen, statt uns zu sorgen. Es hätte auch keinen Sinn – jegliche Art von Selbstkritik ist nutzlos. Schließlich *kannst* du letztlich nichts daran ändern. Der ichgebundene Verstand war es ja, der zuerst die

Stille suchte und der diese Meditation praktizieren wollte. Und der ichgebundene Verstand ist die Wurzel aller Probleme, indem er diesen aufdringlichen Gedanken Aufmerksamkeit schenkt. Deshalb ist es logisch, dass dieser ichgebundene Verstand keine Lösung bewirken kann.

Swami Shantanand Sarasvati, der viele Jahre lang der Shankaracharya[26] des Nordens war, verglich es damit, in einem Raum zu sein, an dem draußen eine laute Straße vorbeiführt. Er sagte, wir würden nicht jedes Mal, wenn wir ein Auto vorbeifahren hören, nach draußen gehen und ihm hinterherlaufen. Wenn ein Gedanke vorbeizieht, lassen Sie ihn einfach in Ruhe und verfolgen Sie ihn auch nicht.

Swami Shantanand schlägt eine Technik vor, wie wir mit den Gedanken umgehen können; Sie können sich aber auch ihre eigene Technik ausdenken, sobald das Prinzip einmal verstanden wurde. Wir sollten uns vorstellen, dass wir über eine Brücke gehen. Wir starten an einem Ende, unserem normalen Wachbewusstsein, das voll mentalen Aufruhrs ist (Gedanken, Wünsche, Ängste und so weiter) und wir wandern zur anderen Seite, wo wir Frieden und Glückseligkeit, unsere wahre Natur, finden werden. Während wir hinübergehen, werden Gedanken und Sorgen aufkommen und uns bewusst werden. Sobald wir das bemerken, stellen wir uns vor, wir packen den Gedanken und werfen ihn über den Rand der Brücke hinab in den Abgrund. Irgendwann kommen keine Gedanken mehr und es ist still.

Andere Übungen

Außer dem grundlegenden »Weg«, also *Bhakti*, *Karma*, *Jnana* oder einem der anderen Systeme, die zusammen mit Meditation zum selben »Berggipfel« führen, gilt es eine Anzahl von allgemeinen »Fähigkeiten« zu entwickeln und Prinzipien, die man verinnerlichen sollte. Einige wurden bereits im Zusammenhang mit Shankaras Voraussetzungen für das Praktizieren eines spirituellen Wegs – *Chatushtaya Sampatti* erwähnt. Bei diesen Fähigkeiten geht es darum, das »Instrument« von Körper-Verstand-Intellekt zu »stimmen« und das Ego zu zügeln, indem wir das *Sattva* in uns vergrößern und *Rajas* und *Tamas* reduzieren. Wir können dieser Liste jede innere Haltung oder Umgehensweise mit der äußeren Welt hinzufügen, die diesen Prinzipien entspricht. Alles, was ihnen widerspricht, sollten wir meiden.

Aufmerksamkeit

Praktisch gesehen beziehen sich die meisten Übungen oder Techniken, die man im täglichen Leben anwenden kann, darauf, »in der Gegenwart« zu sein.

Scheinbar spielt es keine Rolle, nur zu wissen, dass immer wiederkehrende Gedanken und Tagträumerei nutzlos sind; wir geben uns ihnen dennoch hin. Wir sorgen uns um Dinge, die entweder unwahrscheinlich sind oder an denen wir nichts ändern können (oder beides). Wir wünschen uns Dinge, die wir nie erreichen können und die uns ohnehin nicht wirklich zufriedenstellen würden, wenn wir sie erreichen würden. Diese Dinge und viele andere mehr ziehen uns vom gegenwärtigen Moment, von der Wirklichkeit weg in eine Vorstellungswelt und entfremden uns von uns selbst, von der Wahrheit. Wir können erst etwas daran ändern, wenn wir uns des Vorgangs bewusst werden.

Genau in dem Moment, wo wir merken, wir sind abgeschweift, sind wir zurück in der Gegenwart. Es ist möglich, in diesem Jetzt zu bleiben, doch man verliert sich allzu leicht wieder. Ein Weg, es zu verlieren, besteht darin, dass wir uns unsere Unachtsamkeit vorwerfen. Sie können also tatsächlich nur in der Gegenwart sein und bleiben, wenn Sie auch in der Gegenwart sind – eine wirkliche Zwickmühle. Immer wenn etwas passiert und Sie richten Ihre Aufmerksamkeit darauf, sind Sie *gegenwärtig*.

Wie können Sie nun in der Gegenwart bleiben? Nun, der Schlüssel ist tatsächlich die Aufmerksamkeit: Sie können einer Angelegenheit nur Aufmerksamkeit schenken, wenn sie in der Gegenwart sind. Das bedeutet, das *Manas* muss korrekt arbeiten. Es muss kommentarlos die Informationen durch die Sinne weitergeben, das heisst, das Mentale, so wie wir es kennen, muss still sein: *ohne Denken*. Sobald irgendein Gedanke *über* die Erfahrung auftaucht und Ihre Aufmerksamkeit von dem Gedanken eingenommen wird, sind Sie nicht mehr in der Gegenwart.

Die Sinnesorgane selbst können uns zum Erfolg verhelfen. Wenn wir aufmerksam werden und die Sinne einfach das übertragen lassen, was gerade da ist, so ist das ein wirksamer Weg, um in die Gegenwart zu kommen. Unsere Augen und, wenn auch etwas weniger, unsere Ohren sind die ganze Zeit aktiv, obwohl uns dennoch viel entgeht und wir die eingefahrenen mentalen Mechanismen nur das erkennen lassen, was für das Überleben notwendig ist. Vielleicht ist es erstaunlich, aber es sind gerade die weniger oft benutzten Sinne, die uns besonders gut in die Gegenwart zurückbringen können. Wenn Sie die Oberfläche des Stuhls fühlen, auf dem Sie gerade sitzen (probieren Sie es jetzt!) so wird dieser Reiz des Neuen, der darin liegt, unsrere volle Aufmerksamkeit etwas so Selbstverständlichem wie der Beschaffenheit eines Stuhls zuzuwenden, den Geist sofort beruhigen und uns erlauben, ganz in der Gegenwart zu sein.

Wir haben fünf Sinne, sowie Denken und Fühlen. Diese bilden die »Objekte« unseres Bewusstseins. Normalerweise arbeitet keine dieser Funktionen allein ohne die anderen. Potenziell können wir unsere Aufmerksamkeit auf all das lenken, was die *Buddhi* als das Wichtigste erachtet. Dies wird meistens von Gewohnheiten bestimmt. Wenn wir uns für Autos interessieren, wird unser Blick direkt von einem seltenen Modell angezogen, das auf der Straße an uns vorbeifährt. Sind wir eher an anderen »Modellen« interessiert, wird uns vielleicht ein kurzer Rock ablenken. In solchen Augenblicken verengt sich unsere Aufmerksamkeit, die normalerweise ziemlich weit ist, auf etwas viel Kleineres. Wenn wir ein plötzliches Geräusch oder einen anderen Sinnesreiz empfangen, wird die Aufmerksamkeit »konzentriert« und alles andere wird für einen Moment aus unserem Gewahrsein ausgeschlossen.

Auch wenn wir uns scheinbar auf eine Sache konzentrieren, gibt es viele andere periphere Empfindungen, welche die Klarheit teilweise einschränken. Selten erfahren wir diese Schärfe der Wahrnehmung willkürlich.

In den heiligen Schriften gibt es eine Geschichte über einen Pfeilschnitzer, der so darin vertieft war, die Spitze des Pfeils zu schärfen, an dem er arbeitete, dass er noch nicht einmal den Lärm der königlichen Prozession hörte, die an seinem Haus vorbeizog. Diese äußerste Aufmerksamkeit entspricht dem meditativen Geist, der einem *Mantra* volle Aufmerksamkeit schenkt. Es ist eine Bewusstseinsebene, die nicht von unwichtigen Empfindungen und Wahrnehmungen getrübt wird. Die Aufmerksamkeit wendet sich voll der Handlung zu und bleibt doch leicht und mühelos. Das Bewusstsein ist nicht geteilt und das Ego ist recht unbeteiligt, das heißt, kein »Ich« richtet diese Aufmerksamkeit.

Der letzte Punkt ist sehr wichtig, denn wir sind nicht der »Handelnde«, wie wir noch sehen werden. Es *ist* schwierig für den Verstand diese Ideen zu verstehen, doch im praktischen Leben ist es einsichtig. Haben Sie jemals beobachtet, wie Sie etwas tun, zum Beispiel eine Tasse Kaffee kochen? Beobachten Sie einfach, wie es geschieht: Die Beine laufen, der Arm geht hoch, die Hand bewegt sich und so weiter. Selbst auf dieser Ebene herrscht eine unglaubliche Komplexität, doch wenn wir noch tiefer schauen als auf diese Impulse, die durch unsere Nerven gehen, die Blutgefäße, die unsere Muskeln kontrahieren und die Synapsen, die im Gehirn Impulse auslösen, tiefer als das Zusammenspiel der Enzyme und Proteine: *Machen* »Sie« all das? Hätten Sie überhaupt die geringste Idee, wo Sie anfangen sollten?

Wenn Sie aufmerksam bei dem sind, was Sie in jedem Moment tun, und einfach beobachten, was geschieht, können Sie es selbst verstehen und darum geht es im Advaita. Akzeptieren Sie keinen dieser Gedanken, solange Sie ihn nicht überprüft haben. Achtsamkeit kann somit als ein Teil jener Übung verstanden werden, die wahrscheinlich wichtiger als alle anderen ist: den gegenwärtigen Moment als einzige Wirklichkeit anzuerkennen und in ihm bleiben!

Stille

Wir haben die Bedeutung der Stille für die Meditation bereits hervorgehoben, so sollte es nicht verwunderlich sein, dass die Stille an sich unsere Bemühungen unterstützt. Damit ist in diesem Zusammenhang natürlich nicht nur die bloße Abwesenheit von äußeren Geräuschen gemeint, sondern die Abwesenheit des inneren, mentalen Geschwätzes. Um das Letzte geht es vor allem, denn nach einiger Übung ist es möglich, sogar mitten auf dem Marktplatz tief zu meditieren.

Ein Aspekt von Gegenwärtigkeit, den wir ansonsten nie verstehen können, ist Stille. Diese Stille ist das, was uns am meisten berührt, wenn wir begonnen haben, regelmäßig zu meditieren und gelegentlich erfahren, dass das Denken aufhört. Nur im Tiefschlaf herrscht diese Stille ganz natürlich, doch dann sind wir uns ihrer freilich nicht bewusst. Beim Träumen ist der Geist äußerst aktiv und wird noch nicht einmal von der *Buddhi* gebändigt. Und in den meisten Stunden des Wachzustands ist der Geist ständig geschäftig, als ob wir aufhören würden zu existieren, wenn er nur einen Moment innehält. Stille ist nicht so sehr die Abwesenheit von Geräuschen als vielmehr die Abwesenheit des zuhörenden Ichs. Deshalb lenken Geräusche außerhalb des Raums jemanden ab, der gerade erst lernt zu meditieren. Er glaubt, die Stille sei notwendig, um meditieren zu können.

Wenn Sie jemals in der Gegenwart eines Weisen waren, dann ist Folgendes das hervorstechendste Merkmal: Er ist unzweifelhaft hier und jetzt. Er scheint von einer Aura von Frieden und wacher Stille umgeben zu sein und ist sich voll all dessen bewusst, was um ihn herum geschieht – bereit, sofort auf ein Erfordernis zu reagieren. Gleichzeitig ist das jedoch nicht ein sprungbereites Kraftbewusstsein oder die Wachheit des agilen Unternehmers oder des Elitesoldaten. Sie ist völlig bescheiden – die reine Demut der Abwesenheit eines Ich.

Der denkende Geist ist ständig aktiv wie ein kleines Kind, das nach unserer Aufmerksamkeit verlangt. Wenn schließlich etwas unsere Aufmerksamkeit fesselt, kann ein vorübergehender Friede eintreten. Das ist einer der Gründe, warum schöne Dinge so eine tiefe Wirkung haben können. Aus sich selbst heraus besitzen sie diese Eigenschaft nicht; sie alle sind nur Erscheinungen, die wir mit Namen und Formen verbinden. Eher sind sie Hinweise, die uns erkennen lassen, dass Sein-Bewusstsein-Glückseligkeit unsere wahre Natur ist, und die uns dadurch für einen Augenblick zu jenem Wesensgrund zurückführen, der nur in der Stille wahrnehmbar ist.

Sri Nisargadatta sagt: »Der natürliche Zustand des Geistes kann nicht aus einem bestimmten Gedanken bestehen, sondern nur aus der Stille. Nicht aus der Vorstellung von Stille, sondern aus Stille selbst. Wenn sich der Geist in seinem natürlichen Zustand befindet, wendet er sich nach jeder Erfahrung spontan wieder der Stille zu oder exakter: Jede Erfahrung geschieht vor dem Hintergrund der Stille.«

Die Kraft der Stille ist so intensiv, dass einige Weise in der Vergangenheit tatsächlich nur durch Stille gelehrt haben. Wenn man erkannt hat, dass die Wirklichkeit nicht verbal ausgedrückt werden kann, da sie jenseits der Objektivierung ist, dann ist das gar nicht so absurd, wie es zunächst klingen mag. Catherine Ingram, eine zeitgenössische spirituelle Lehrerin, die Schülerin von Sri Poonja war, erzählt dazu eine schöne Geschichte. Sie handelt von der Premierministerin Indira Gandhi; sie befand sich damals scheinbar in einer Krise und beschloss, den Shankaracharya aufzusuchen und um Rat zu fragen. Ein Journalist, der sie begleitete, berichtete darüber: Die Premierministerin ging zum Shankaracharya hinein, während der Journalist draußen wartete. Nach etwa einer Stunde kam sie wieder heraus und sah sehr friedvoll aus; die Besorgtheit, mit der sie gekommen war, schien wie verflogen. Als der Journalist fragte, wie es gelaufen wäre, antwortete Frau Gandhi: »Es war wunderbar. Ich stellte alle meine Fragen und er hat jede Frage beantwortet, aber keiner von uns sprach ein Wort«.

Unterscheidung

Die höchste Instanz des Geistes ist die *Buddhi*, die bei der »spirituellen Entwicklung« des Menschen die wichtigste Rolle spielt, da sie alle übrigen Elemente von Körper und Geist steuern kann. Ohne die *Buddhi* sind wir nicht besser als die Tiere und werden von primitiven Instinkten und egoistischen, habgierigen Trieben bestimmt.

Die Katha Upanishad benutzt dafür die Metapher einer Pferdekutsche: Es gibt einen Mann, der in der Kutsche sitzt, und einen

Wagenlenker, der die Pferde zügelt, die die Kutsche ziehen. Wenn der Wagenlenker die Zügel nicht fest in der Hand hält, um die Pferde in die gewünschte Richtung zu lenken, sondern ihnen ihren Willen lässt, werden sie nach Lust und Laune herumlaufen. Die Kutsche ist der physische Körper, der von den Pferden, das heißt den launischen Sinnen, gezogen wird, die nach Belieben umherschweifen. Die Zügel stehen für den Geist, der die Sinne im Zaum hält, vorausgesetzt sie werden von der *Buddhi*, dem Organ der Unterscheidung, kontrolliert. Der Mann, der im Wagen fährt, ist der *Jiva*, das individuelle Selbst, der Zuschauer, der nicht wirklich beteiligt ist. Das Ego hat natürlich keine Existenz – es entsteht durch fälschliche Identifikation des Selbst mit den anderen Elementen.

Die *Buddhi* kann nur optimal arbeiten, wenn die Stille des *Sattva Guna* herrscht, ohne Einmischung des Manas, und im Moment der Gegenwart. *Manas*, der denkende Geist, kann selbst keine Entscheidungen treffen. *Chitta*, welches das Gedächtnis beinhaltet, kann Unmengen an Informationen aus der Vergangenheit abrufen, alles Mögliche, was man gehört oder gelesen hat etc., und *Manas* kann all das drehen und wenden, eine Logik hineinbringen u.ä.. Vor allem bedient es sich des Zweifels, um alle Möglichkeiten in Frage zu stellen. Auf sich alleine gestellt wird es nur die Verwirrung steigern, je mehr Variablen hinzukommen. Damit Unterscheidung *(Viveka)* aktiv sein kann, muss das *Manas* einfach still halten.

Ohne eine scharf unterscheidende Erkenntnis, Kontrolle des Geistes und Beherrschung der Sinne kann es weder Klarheit, Unterscheidung zwischen den Gegensätzen, Reinigung des Geistes noch Verwirklichung des Selbst geben. Dann wird der *Jiva* im endlosen Kreislauf von Geburt und Tod gefangen bleiben.

Sie heißt auf Sanskrit *Vairagya* und ist die zweite der vier Eigenschaften, die vom Schüler erwartet werden. Im Kapitel »Die Antriebskräfte unseres Lebens« wurde darauf hingewiesen, dass wir nach bestimmten Dingen (und Menschen) in der Welt verlangen, weil wir glauben, sie würden uns glücklich machen. Mittlerweile sollten wir jedoch erkannt haben, dass dies nicht der Fall ist. Wir sind bereits vollständig und vollkommen, doch sind wir uns dessen nicht bewusst und suchen deshalb die Erfüllung außerhalb von uns. Wir müssen Losgelöstheit gegenüber diesen Dingen entwickeln, um ihren Zauber zu durchbrechen und die Illusion zu durchschauen.

Ebensowenig haben wir es nötig, dass andere unsere Handlungen anerkennen. Viele Menschen unternehmen nichts, solange ihre Eltern, ihre Familie und ihre Freunde eine bestimmte Handlung nicht unterstützen und ermutigen. Schauen Sie sich die Bekleidungsindustrie an: Viele werden noch nicht mal ein bestimmtes Kleidungsstück tragen, solange die Medien nicht ihr Okay dazu gegeben haben. Wenn wir im Wissen handeln, dass unsere Reaktion zu diesem Zeitpunkt angemessen ist (weil wir in der Gegenwart sind und nicht aus irgendeinem egoistischen oder ähnlichen Grund handeln), sollte es uns nicht kümmern, ob andere es akzeptieren oder uns verurteilen. Wir *wissen* es, während sie nur eine Meinung bekunden, ohne wirklich Bescheid zu wissen.

Für viele Menschen ist es selbstverständlich, Wert auf Erscheinungsbild und Status zu legen: Die Nachbarn haben gerade ein Satelliten-TV installiert; Frank hat einen Geländewagen gekauft. Wir müssen Schritt halten und mehr Geld verdienen, um noch mehr materielle Dinge zu erwerben. Das ist natürlich Unsinn, nichts davon spielt wirklich eine Rolle. Wir lassen uns von den falschen Werten der Gesellschaft so täuschen, dass wir glauben, wir müssten jede neue Technologie, die auf den Markt kommt, haben; oder brauchbare Kleidung wegwerfen und durch neue zu ersetzen, die vielleicht sogar weniger zweckmäßig ist. Wir setzen uns einer Gehirnwäsche aus und müssen uns abrackern, um mit dem Tempo der Veränderungen Schritt zu halten. Viele haben dann nicht einmal die Zeit, ihre neuen Errungenschaften überhaupt zu genießen.

Wir müssen wieder nüchterner werden, um klar zu erkennen, was wir haben, was wir brauchen und was uns wirklich der Wahrheit und dem Glück näher bringt oder was einfach nur ein neues Stück Besitz ist, ohne wirklichen inneren Wert. Dieses objektive Sehen ist Neutralität, Gleich-Gültigkeit, Unbekümmertheit oder Losgelöstheit: *Vairagya*.

Shankara bestand auf der Notwendigkeit, zwischen dem Wesentlichen, nämlich dem unwandelbaren Selbst, und dem Unwesentlichen, den ständig wechselnden Angelegenheiten einer Welt zu unterscheiden, die letzten Endes nicht wirklich ist. In dem Werk *Aparokshanubhuti* sagte er, wir sollten von den Objekten des Vergnügens und den so genannten weltlichen Problemen genauso unberührt bleiben wie von den »Exkrementen einer Krähe« – das ist wahres *Vairagya*.

Der Zeuge

Unterscheidung zu praktizieren und die Dinge nicht mit unseren subjektiven Wertungen zu versehen, sind Schritte auf dem Weg zur völligen Loslösung vom weltlichen Geschehen. Zurückzustehen und einfach Zeuge der Ereignisse zu sein, wird auf Sanskrit *Sakshibhava* genannt: ein »Zeuge« zu »sein oder zu werden«. Doch sollten wir mit dieser Übung nicht zu ehrgeizig sein. Wir stecken so in unserem Glauben, der Handelnde, der Denkende und der Genießende zu sein, dass »Zurücktreten« und zu beobachten, wie diese Abläufe geschehen, wirklich sehr schwierig sein kann. Der Wert davon besteht letztlich darin, uns zu zeigen, dass wir in Wirklichkeit eben nicht die Handelnden, Denkenden und Genießenden sind – wenn wir sie wahrnehmen können, können wir sie nicht *sein*.

Die Übung, die wir zuvor bereits erwähnt haben – uns bei einer einfachen Tätigkeit wie Kaffeekochen oder Die-Straße-Entlanggehen zu beobachten – *ist* für kurze Zeit durchaus möglich. Uns selbst beim »Denken« zu beobachten, ist noch einmal etwas anderes. Setzen Sie sich daher in dieser Hinsicht zu Anfang nicht zu hohe Ziele und erlauben Sie der Übung, sich in dem Maße zu entfalten, wie das Verstehen Ihrer wahren Natur zunimmt.

Gute Gemeinschaft pflegen

Es ist wichtig, guten Umgang zu haben. Die genaue Bezeichnung dafür ist *Satsanga*, die Gemeinschaft mit guten Menschen. Das bedeutet nicht nur, eher mit spirituellen als mit triebbestimmten Menschen zusammen zu sein, sondern auch gute Bücher der Trivialliteratur vorzuziehen, klassische Musik der Rock-Musik und Kunst gegenüber Graffiti usw.: Wir geben Einflüssen den Vorrang, die unser Bewusstsein eher erheben und verfeinern, als dass sie es betäuben und vergröbern. Insofern ist es auch sehr nützlich, einer Gruppe anzugehören, da man sich mit anderen treffen kann, die die gleichen Werte teilen (die Liebe zur Wahrheit, das Streben nach Erkenntnis und dergleichen) und die uns in den unvermeidlichen schwierigen Phasen, die auf jedem spirituellen Weg auftreten, unterstützen können.

Es besteht eine Gefahr, diese Ansichten als Werturteile zu verstehen, wenn wir sagen, klassische Musik sei »besser« als Popmusik. Das ist keine Meinung; es bedeutet auch nicht, klassische Musik sei von Natur aus gut und Popmusik »schlecht«, sondern dass die meiste (nicht alle) klassische Musik mehr *Sattva* im aufmerksamen Geist erzeugt, während die meiste Popmusik *Rajas* oder *Tamas* erzeugt. Ebenso rufen »gute« Bücher ernsthafte und/oder spirituelle Gedanken in uns hervor, während Populärliteratur zwar unser *Manas* stimulieren mag, doch kaum unsere *Buddhi* anregt.

Solange die anderen Aspekte der »vier Eigenschaften« nicht verwirklicht sind, ist es sehr schwer, sich immer fest auf das Ziel auszurichten. Es ist viel leichter, im Bett liegen zu bleiben als früh aufzustehen und zu meditieren; es ist leichter, Fernsehen zu schauen als die Upanishaden zu studieren; leichter, zu einer Party zu gehen als zu einer Advaita-Studiengruppe. In dieser Hinsicht ist die Unterstützung von gleichgesinnten Menschen und von einem Lehrer ungemein wertvoll. Shankara sagte in seinem Werk *Bhaja Govindam*: »Durch Gemeinschaft mit Menschen, die auf Gott ausgerichtet sind, entsteht Befreiung von der Täuschung. Wo Freisein von Täuschung herrscht, dort ist die Unwandelbare Wirklichkeit; durch die Erfahrung der Unwandelbaren Wirklichkeit entsteht der Zustand von Jivanmukti, der Befreiung zu Lebzeiten.« (Vers 9). Im Vers 13 sagt er: »Nur die Gemeinschaft mit Gottsuchenden ist's in den drei Welten, die dir als Boot dient, um das Meer der Wandlung (Geburt und Tod) zu überqueren.«

Osho behauptet, dass wir uns meistens Menschen suchen, die weniger entwickelt sind als wir selbst. Wir werden beispielsweise niemanden heiraten, der intelligenter ist als wir, und wir mögen es nicht, wenn unsere Freunde mehr wissen als wir, weil das Ego sich unbedingt überlegen fühlen möchte. Doch die Arbeit, um die es hier geht, versucht uns in die entgegengesetzte Richtung zu führen, indem sie die Herrschaft des Egos vermindert und uns im Licht des Selbst verankert. Deshalb sollten wir die Gesellschaft von Menschen suchen, die weiser als wir selbst sind und deren Licht heller strahlt. Dieser Hinweis stammt aus seinem Buch »The Mustard Seed«, in dem er unsere Entwicklung zur Wahrheit mit dem Senfsamen vergleicht, der des richtigen Bodens bedarf, um zu wachsen und zu reifen. *Satsang* ist dieser Boden.

In diesem Kapitel haben wir einiges betrachtet, was wir tun können und müssen, um diese Gedanken besser zu verstehen und letztlich ihre Wahrheit zu verwirklichen. Es mag etwas streng und nicht so einladend klingen – Disziplin hat meistens diesen Beigeschmack –, aber oft herrscht das Missverständnis, ein »Erleuchteter« sei ein Asket, der sich nicht am Leben erfreue. Das kann überhaupt nicht stimmen. Da ein Erleuchteter *völlig* in der Gegenwart lebt, erfährt er alles in Fülle. Da er ohne Anhaftung ist, wird jeder Genuss/ jedes Leid völlig losgelassen, nachdem es erfahren wurde, und das »Instrument« ist völlig offen für die nächste Erfahrung. Da er außerdem verwirklicht ist, weiß er auch, dass er nicht der Genießende ist. Genau genommen geschieht Genießen im Körper-Geist-Gefüge und er ist Zeuge dessen.

Verwandte und Freunde erheben oft Einwände, wenn man sich intensiver mit diesen Dingen beschäftigt. Typische Fragen lauten dann: »Wie kannst du so viel Zeit für so etwas investieren? Es ist unglaublich eigennützig, die ganze Zeit zu studieren und zu meditieren. Wo bleibe denn ich (deine Familie)?« Oder auf einer altruistischeren Ebene: » … wo es doch so viel Leid auf der Welt gibt?« Es bringt natürlich nichts zu antworten: »Es gibt keine Anderen« oder »die Welt ist eine Illusion« oder sonstige kluge Bemerkungen – meistens kommt das nicht besonders gut an.

Swami Parthasarathy spricht von vier Ebenen, anderen zu helfen. Auf der untersten Ebene kann man Geld für einen sozialen Zweck geben. Das ist unpersönlich und sobald das Geld übergeben wurde, vergisst man es wahrscheinlich bald. Die nächste Ebene besteht darin, ein persönliches Eigentum zu verschenken. Beispielsweise könnten Sie Ihren Mantel einem Bettler auf der Straße geben. Auch dies ist nur eine kurze wechselseitige Beziehung und beinhaltet noch keine große persönliche Bemühung. Die dritte Ebene ist erreicht, wenn man sich persönlich engagiert, um auf positive Weise zu helfen. Beispielsweise verbringt man mehrere Stunden wöchentlich damit, bei einer örtlichen Wohltätigkeitsorganisation mitzuhelfen. Dabei geht es um aktive Beteiligung, ein Miteinander mit anderen Menschen und direktes Engagement. Die höchste Ebene jedoch ist die Suche nach Erleuchtung. Das ist der totale Verzicht auf das Ego und bedeutet, *alles* für den Dienst an der Wahrheit zu geben und letztlich allen zu nützen.

Um dies besser zu erklären, bedient er sich der Metapher der Wasserversorgung.[27] Wenn wir Wasser trinken wollen, denken die meisten von uns, wir bräuchten nur zu gehen und den Wasserhahn aufzudrehen. Es kommt uns nicht in den Sinn, dass dies gar nicht die Quelle des Wassers ist. Letztlich kommt das ganze Wasser von einem entfernten See oder einem Reservoir in den Bergen. Wenn neue Städte gebaut werden, müssen die Menschen zu dem Reservoir reisen und seine Ressourcen anzapfen, indem sie das Wasser zu den Häusern herunterleiten, sodass wir alle Nutzen daraus ziehen. Der See selbst tut nichts. Er ist einfach nur da und sammelt das Regenwasser aus dem Himmel. Wenn die Menschen feststellen, dass sie welches brauchen, müssen sie kommen und eine Verbindung herstellen. Der Verwirklichte, sagt Swami Parthasarathy, ist wie das Reservoir. Er sitzt einfach da (in seiner Höhle), er hat das Wissen über das Leben und das Universum verinnerlicht und die Menschen, die etwas lernen wollen, gehen zu ihm, um die Wahrheit zu finden. Er tut nichts und stellt doch das kostbarste Wissen zur Verfügung, das es gibt – für die, die danach suchen.

Der verbreitetste Grund, den die Leute wahrscheinlich als Entschuldigung vorbringen, warum sie so einer Lehre nicht folgen können, ist: »Ich habe keine Zeit!«. Das ist eine schwache Entschuldigung! Erstens bedeutet das in Wirklichkeit, dass sie Dinge zu tun haben, die sie für wichtiger halten; sie sagen damit also, dass diese Arbeit nicht vorrangig ist. Und letztlich bedeutet das, dass sie frohen

Mutes weiter in Unkenntnis der Wahrheit leben wollen. Sie kümmern sich nicht darum, dass sie in einem Traum fortfahren, in dem alle Dinge, die sie wertschätzen, imaginär sind; sie leben gerne in dem Wechselbad von Freude und Leid und vermeiden den Gedanken an den Tod und was danach geschehen könnte. Der zweite Grund, warum das eine schwache Entschuldigung ist, ist, dass das Umsetzen dieser Philosophie dem normalen Leben nicht abträglich ist – ganz im Gegenteil. In der Gegenwart zu sein, seine Aufmerksamkeit der unmittelbaren Aufgabe zu schenken, keiner Tagträumerei nachzuhängen, anderen wirklich zuzuhören (und sie nicht als »andere« aufzufassen) und ähnliche Übungen werten unser tägliches Leben auf! Das Wichtigste, was wir wahrscheinlich tun können, besteht darin, die Führung eines Lehrers oder einer Schule anzunehmen. Obwohl einige Weise gesagt haben, dies sei keine absolute Notwendigkeit, ist es praktisch unumgänglich. Ohne sich vorbehaltlos einem Lehrer unterzuordnen, dem wir vertrauen, wird es sehr schwierig werden, das Ego loszuwerden, das alles in Frage stellen will und bestimmen will. Das nächste Kapitel untersucht diese Frage eingehender.

Gurus

Was ein Guru ist

Spirituelle Lehrer werden oft »Gurus« genannt. Dieser Ausdruck wurde in den 60iger Jahren im Westen populär, doch im Osten wird er traditionell seit Tausenden von Jahren gebraucht. Theoretisch kann jeder diese Rolle übernehmen, sofern er etwas über spirituelle Wahrheiten weiß und bereit ist, sie anderen mitzuteilen. In letzter Zeit benutzt man das Wort häufig für jemanden, der viel in irgendeinem Bereich weiß – wir haben »Gurus« im Unternehmerbereich und »Popmusik-Gurus«. Doch meistens werden wir wahrscheinlich an einen asketischen Orientalen denken, der mit gekreuzten Beinen und ruhigem Gesichtsausdruck da sitzt und kurze vielsagende Worte der Weisheit von sich gibt.

Das Wort »Guru« kommt aus dem Sanskrit und bedeutet »schwer«; es wurde aber auch für die Eltern oder ältere Menschen gebraucht, denen man Ehrerbietung erweisen sollte. Bei der Aussprache von Sanskritworten heißt der betonte Teil eines Wortes *guru*, der unbetonte oder »leichte« *laghu*. Manche deuten den Ausdruck auch als »schwer mit Wissen«.

Die meisten Lehrer scheinen darin übereinzustimmen, dass es möglich ist, Erleuchtung ohne Guru zu erlangen. Schließlich hatte auch so ein unbestreitbar verwirklichter Mensch wie Ramana Maharshi selbst keinen Guru. Dennoch geht man allgemein davon aus, dass es ein ungeheurer Vorteil ist. Egal wieviel man liest und studiert, die Anhäufung von Wissen an sich nutzt wenig – bestenfalls wird man zu einem »*Pandit*« (Gelehrten). Und sobald man Selbstverwirklichung erlangt hat, nutzt einem das Wissen sowieso nicht mehr. Da unsere Natur selbst Wahrheit ist, hat jeder, der sie erfahren hat, direkten Zugang zu jener Wahrheit und kann jede Frage angemessen beantworten, ohne Rückgriff auf erlerntes Material. Beim *Pandit* bleibt das Wissen auf der Ebene der »Information« – beim Verwirklichten ist »Transformation« geschehen. Osho drückt dies noch vehementer aus. Er sagt, jemand, der nur die Worte versteht, wird hässlich, während derjenige, der den Sinn jener Worte versteht, schön wird.

Die physische Gegenwart des Gurus halten einige Lehrer zwar nicht für ausschlaggebend, doch zumindest für sehr vorteilhaft für den Suchenden. Man sollte zumindest einmal die direkte Erfahrung gemacht haben, wie es ist, in so einem einzigartigen Frieden und Bewusstsein zu verweilen. Natürlich ist es nur der Friede und das Bewusstsein unseres eigenen Selbst, doch ist dieses normalerweise bedeckt und die aktive Präsenz eines Verwirklichten verbreitet jenes Licht, welches diese Dunkelheit kurze Zeit durchdringen kann. Hat man diese Erfahrung tatsächlich einmal gemacht, kann man sich später an sie erinnern oder an sie erinnert werden, wenn der Guru nicht mehr da ist.

Francis Lucille vergleicht dies mit dem Geschmack einer exotischen Frucht. Wenn Sie beispielsweise noch keine Mango probiert haben, könnte ich versuchen, sie Ihnen zu beschreiben. Wahrscheinlich könnte ich die Farbe, Form und Beschaffenheit einigermaßen beschreiben, doch beim Geschmack und beim Geruch würde es schon sehr schwierig. Bestenfalls würden Sie einen vagen Eindruck bekommen. Ähnlich ist es mit den Beschreibungen von Erleuchtung, die sie vielleicht in einem Buch finden. Jemand, der wortgewandt ist und eine gute Auffassungsgabe besitzt – ein *Pandit* – könnte eine bessere Beschreibung liefern und Ihr Eindruck würde vielleicht recht genau sein. Haben Sie jedoch einmal selbst die Frucht gegessen, besteht kein Zweifel mehr und die Erinnerung daran wird lange anhalten – es wird keine Theorie oder Mutmaßung mehr sein, sondern eine direkte Erfahrung, an die wir uns erinnern können. So ist es, wenn Sie den Guru selbst »in Person« gesehen haben. Die westliche Philosophie spricht von dem Unterschied, Wissen durch Beschreibung, das heißt, konzeptuelles Wissen, zu haben, oder Wissen durch Erkenntnis oder eigene Wahrnehmung zu erlangen.

Was der Guru nun wirklich »macht«, ist von einem Lehrer zum anderen verschieden. »Macht« steht natürlich deswegen in Anführungszeichen, weil er in Wirklichkeit nichts macht. Einige Lehrer lehren nur durch Stille. Manche Aufenthalte mit modernen Meistern werden tatsächlich als »Stille Retreats« angekündigt. Die meisten dieser Lehrer sitzen einfach da und bleiben gerne still, doch sind sie genauso gern bereit, die Fragen zu beantworten, die man ihnen stellt. Äußerlich gesehen mögen sie widersprüchliche Antworten auf ähnliche Fragen geben, die von verschiedenen Fragestellern kommen, doch die Worte richten sich immer an den jeweiligen Zuhörer und sehen seinen/ihren mentalen und emotionalen Zustand. Sie geben eine Erklärung, die zum Verständnis beitragen soll – was letztlich scheitern muss, da der denkende Geist niemals die Natur des Beobachters des denkenden Geist verstehen kann: das wirkliche Selbst.

Wayne Liquorman hat die Aufgabe des Gurus sehr schön beschrieben, und Advaita Fellowship gestattete den Abdruck des folgenden Auszugs:

»Damit Verstehen erblühen kann, muss ein Same gepflanzt werden. Doch zuerst muss der Boden vorbereitet werden. Einige Schüler kommen mit festgefahrenen Vorstellungen. Diese Vorstellungen sind wie Zement über dem Boden. So gibt der Guru dem Schüler zuerst einen Vorschlaghammer, um den Zement aufzubrechen. Ist er einmal aufgebrochen, gibt ihm der Guru eine Schaufel. Die Erde kann nicht mit einem Vorschlaghammer umgegraben werden. Der Schüler muss diesen beiseite stellen, um die Schaufel effektiv einzusetzen. Beide Werkzeuge können nicht gleichzeitig benutzt werden.

Ist die Erde einmal umgegraben, muss ein ganz kleines Loch gemacht werden, bevor man den Samen hineinlegt. Eine Schaufel ist für diese Aufgabe ein zu grobes Werkzeug, deshalb gibt der Guru dem Schüler einen kleinen Spaten. Dieser kann nicht gleichzeitig die Schaufel und den Spaten halten, wenn er den Spaten präzise benutzen will.

Sobald der Same in das Loch gelegt worden ist, düngt der Guru ihn mit Kuhdung und bedeckt ihn dann mit Mulch aus toten und verrottenden Konzepten. Wenn die Umstände günstig sind, wird der Same keimen und wachsen. Wenn die Natur genug Sonne und Feuchtigkeit zur Verfügung stellt und der Trieb nicht gepflückt und von Vegetariern verspeist wird, kann der Spross weiterwachsen und schließlich erblühen.

Die unbestrittene Schönheit der Blume ist die Inspiration, weiter Samen zu säen.«

Gurus können erleuchtet sein oder nicht. Ihr Wert steht immer in Relation zum Schüler und es hat keinen rechten Sinn, über einen von beiden unabhängig vom anderen zu sprechen. Da der Guru lehrt, muss er/sie immer spirituell »fortgeschrittener« sein als der Schüler, doch wenn ein Schüler noch am Anfang steht, bedarf es nicht eines voll verwirklichten Lehrers, um nützliches Wissen zu vermitteln. Insofern können sogar Eltern oder Schullehrer Gurus sein, wenn sie Information weitergeben, die in dieser Hinsicht nützlich ist. Es heißt, dass ein echter Suchender immer einen echten Lehrer finden wird, doch dies scheint meistens viele Jahre zu brauchen. Es entspricht natürlich dem *Prarabdha Karma*, über das ich bereits gesprochen habe.

Ob die Gurus erleuchtet sind oder nicht – sie haben einen physischen Körper und eine Persönlichkeit. Diese Körper »wirken« ihr restliches Leben weiter, in Übereinstimmung mit dem, was einmal ihre Persönlichkeit war, selbst wenn diese mittlerweile transzendiert wurde. Nicht ihr Körper-Verstand spielt eine Rolle, sondern inwieweit sie die Wahrheit kennen und sie vermitteln können. Ein völlig verwirklichter Weiser kann sie in Stille jenen übertragen, die entsprechend aufnahmebereit sind. Deshalb können einige Gurus schweigsam sein oder exzentrisch oder irgendeinen anderen Charakterzug aufweisen, ohne dass dies ihren Wert als Lehrer mindert. Im Westen ist es sicherlich nicht üblich, dass ein Schüler den Weisen wie einen lebenden Gott verehrt. Gelegentlich mag es bei jemanden wie zum Beispiel Ramana Maharshi vorkommen, dass man ihn im Sinne von Bhakti zum Gegenstand der Hingabe macht, aber das ist selten. Es ist in Indien verbreiteter, wo ältere Personen und Lehrer immer ehrfürchtig behandelt werden.

Im Westen ist das Entscheidende normalerweise ihre Lehre und wie sie diese Lehre ausdrücken, und nicht ihre Persönlichkeit.

Der Wert eines Gurus

Die Chandogya Upanishad (6.14.1-2) sagt, nur jemand, der einen Lehrer habe, könne die Wahrheit erkennen. Dazu erzählt sie folgende Geschichte: Stellen Sie sich jemanden vor, dem die Augen verbunden wurden und der auf eine Reise mitgenommen wurde. Oftmals hat man eine andere Richtung eingeschlagen und das Transportmittel gewechselt, bis man schließlich inmitten eines Waldes allein gelassen wird. Die Augenbinde wird abgenommen und man sieht, wo man ist, doch man erkennt den Ort nicht und hat keine Ahnung, wie man wieder nach Hause kommen kann. Glücklicherweise trifft man jemanden und erklärt ihm die Situation. Der Fremde kann einem klare Anweisungen geben, welchen Wegen man folgen und nach welchen Erkennungszeichen man Ausschau halten soll. Indem der Mensch diesen Anweisungen folgt, kann er problemlos nach Hause finden.

Der Vergleich ist recht deutlich: Wir sind dieser Mensch, der von den Sinnen auf Abwege geleitet wurde und sich im Wald des Lebens verirrt hat, wo er nicht sehen kann, wie die Dinge wirklich sind. Der Fremde ist der Guru, der als Erleuchteter Hinweise zu dem spirituellen Weg geben kann, dem wir folgen sollten, um zu unserem wahren Selbst zurückzukehren. Unser Verstand und unsere Sinne allein nützen uns in unserer Unwissenheit nicht und das Wissen des Gurus ist unsere einzige Rettung. Der Rückweg erfordert große Anstrengung, doch es gibt die Wegweiser der heiligen Schriften, die uns den Weg zeigen.

Diese Metapher kann außerdem auch als Warnung davor verstanden werden, Sightseeing auf dem Weg zu betreiben. Wenn wir das Ziel nicht im Sinn behalten und nicht konzentriert auf dem beschriebenen Weg bleiben, werden wir nur allzu leicht von all den ablenkenden Sehenswürdigkeiten auf dem Weg aufgehalten und verirren uns erneut, wenn wir nicht wachsam bleiben. Alle Zerstreuungen der Sinne sind nur vorübergehend, so wie die Aussichtspunkte auf dem Weg, und wir sollten uns nicht von ihnen ablenken lassen, wenn wir das Ziel erreichen wollen.

Dennoch ist – paradox wie immer – die Vorstellung, dass ich als Unwissender Erleuchtung suche und der Guru mir als allwissender Lehrer den Weg zeigen kann, ein Teil des ganzen Problems. In Wirklichkeit ist es nicht ganz so. Das »Ich« als Körper, Verstand, Intellekt und Lebenskraft ist ein Teil der Illusion. Es wird scheinbar geboren, existiert einen unbedeutenden Moment lang, um dann wieder sterben zu müssen, ohne etwas erkannt zu haben. Wir haben uns einfach mit dieser Form identifiziert und unsere wahre Natur vergessen. Dann glauben wir, dass es ein getrenntes Individuum – den Guru – gibt, der nicht vergessen hat, und blicken zu ihm auf, um etwas zu lernen. Doch es kann, wie Nisargadatta sagt, so lange keinen Fortschritt geben, wie »Sie sich selbst als Wesenheit betrachten und vom Guru als einer anderen Wesenheit erwarten, dass er Ihnen eine Hausaufgabe aufgibt, und wenn Sie sie angemessen erledigt haben, Ihnen mit einer Art Urkunde ›Befreiung‹ bescheinigt«.[28]

Ramana Maharshi hatte wie gesagt keinen Guru und bemerkte mehr als einmal, es sei kein Guru notwendig. Es heißt, der Berg Arunachala war sein Guru, da er ungeheuer wichtig für ihn war und er den Großteil seines Lebens am Fuße dieses Berges lebte. Wayne Liquorman sagt, der Guru sei überhaupt keine Person, sondern »erscheine in der Resonanz zwischen dem Suchenden und einem anderen Objekt«.[29] Wenn Sie kein Suchender sind, wird es keine besondere Bedeutung für Sie haben, in der Gegenwart eines Weisen zu sein – er wird einfach ein anderer Mensch sein. Nach der Verwirklichung weiß man, dass es so etwas wie Schüler und Guru ohnehin nicht gibt. Andere haben diese Erkenntnis so ausgedrückt, dass der höchste Guru das eigene Selbst ist, der »*Sadguru*« (*sat* = wahr, wirklich).

Wenn Sie nach einem echten Weisen suchen, können Sie nach Indien fliegen und in den Himalaya trekken, das Internet durchsuchen oder bei Internetforen nachforschen. Doch wenn Sie noch nicht besonders lange suchen, würde ich Ihnen nicht raten, sofort nach einem Guru zu suchen. Denen, die das erste Mal auf diese Ideen stoßen, würde ich empfehlen, mehr zu lesen. Wenn man dadurch mehr Informationen über das Thema hat, wäre der nächste Schritt, Menschen mit ähnlichen Interessen zu finden und die Aspekte zu erörtern, die man nicht versteht. Es wäre ideal, wenn Sie eine Studiengruppe finden könnten, die von jemandem geleitet wird, der das Thema gut kennt. Wenn ihr Wohnort günstig liegt, wäre es noch besser, Sie würden einige Organisationen aufsuchen, die Advaita lehren. Wenn sie nach einer gewissen Zeit – meistens nach einigen Jahren, obwohl es auch Ausnahmen gibt – intellektuell von der Wahrheit dieser Philosophie überzeugt sind, dann sollten Sie überlegen, einen lebenden Weisen aufzusuchen. Bestimmt kommt so ein Lehrer auch einmal in eine größere Stadt Ihres Landes.

Und irgendwann – wenn auch nicht unbedingt in diesem Leben – ist Ihre Suche erfolgreich und sie finden: Ihr Selbst. Was aber ist die

Natur eines »Verwirklichten«? Damit befasst sich alles, was nun in diesem Buch folgt, aber denken Sie daran, dass sich alles nur auf der Ebene beschreibenden Wissens bewegt. Es stammt aus Texten hochgeschätzter Quellen. Lebende Weise können die grundsätzliche Authenzität dieser Aussagen verbürgen, *trotzdem* … kann die Wirklichkeit niemals objektiv *erkannt* werden, geschweige denn, durch unsere begrenzte Sprache ausgedrückt werden. Erst wenn sich die Worte durch unsere eigenen Erfahrung in Erkenntnis verwandelt haben, können wir sie voll verstehen. Entdecken Sie, was Advaita über »Das Wirkliche« zu sagen hat.

III

Das Wirkliche

Erscheinung und Wirklichkeit

Es gibt nur das Selbst

In der Einleitung wurde erklärt, dass die Advaita-Philosophie in der Aussage zusammengefasst werden könnte: »Es gibt nicht zwei«. Ein kritischer Leser mag sich bereits darüber gewundert haben, warum wir dann nicht einfach sagen: »Es gibt nur Eins«. Das lässt sich dadurch erklären, dass dieses »Eine« letztlich undefinierbar, ja unvorstellbar ist. Wir müssen uns ihm so annähern, dass wir eher sagen, was es *nicht ist*, als was es ist. Und wenn wir von »Einem« oder »allem« sprechen, setzt das die Existenz eines »Nichts« als seinem Gegenteil oder einem außerhalb davon gelegenen Punkt voraus, von dem aus man dieses »Eine« objektiv beobachten kann. Advaita sagt, es gibt keine Gegensätze, das Selbst transzendiert und versöhnt alle Gegensätze – es gibt einfach keine zwei getrennten Dinge mehr. Und es gibt kein *Außen*, von dem aus man einen objektiven Standpunkt annehmen könnte. Die Worte »innen«, »außen« oder »objektiv« haben im Zusammenhang von Advaita einfach keine Bedeutung.

Advaita ist nicht dasselbe wie Solipsismus (wonach nur mein – kleines – Ich existiert: alles und jeder sei eine Illusion, doch ich, die Person, die diese Worte schreibt, existiere). Advaita sagt, dass auch ich – als getrennte Person – nicht existiere, behauptet aber nicht wie der Nihilismus, dass gar nichts existiere: Nur das Selbst, das Absolute, Gott existiert und alles andere ist eine Erscheinung auf dem Hintergrund jener Wirklichkeit. Das Selbst kann insofern nicht wirklich »gekannt« werden, als Wissen einen Wissenden und ein Gewusstes erfordert, was bereits (mindestens) zwei Faktoren beinhaltet.

Advaita ist auch nicht dasselbe wie der Monismus, der behauptet, es gebe nur ein »Ding« (die vorsokratischen griechischen Philosophen behaupteten verschiedentlich, dieses eine Ding wäre beispielsweise Wasser oder Feuer oder Luft, um nur drei zu erwähnen). Advaita besteht darauf, dass das Selbst kein »Ding« ist; es ist keinerlei Objekt, sondern das universelle Subjekt. Selbst das ist nicht ganz präzise, denn ein »Subjekt« setzt notwendigerweise die Existenz von mindestens einem »Objekt« voraus und das leugnet Advaita – letztlich sind Worte und Konzepte einfach unzulänglich, um die Wirklichkeit zu verstehen. Advaita gehört auch nicht zu einer Richtung des Idealismus. Das Selbst ist weder eine Erscheinung noch ein Konzept (das in Wirklichkeit nur ein anderes Objekt ist, wenngleich ein subtiles) und es existiert nicht in irgendjemandes Geist, auch nicht in dem Gottes.

Es gibt *nur* das Selbst, also das Absolute, die Wahrheit, das Bewusstsein, Gott, um einige der anderen Namen anzuführen, die für diese Einheit benutzt werden; es gibt keine anderen. Wenn wir meinen, wir sähen »Dinge« da draußen in »der Welt«, wenn wir »Objekte« oder »andere Menschen« sehen oder wenn wir »Gedanken« im »Geist« bemerken oder »Gefühle« im »Körper« spüren, irren wir uns. Unsere Unwissenheit hindert uns daran, korrekt zu sehen. Sobald diese Unwissenheit beseitigt ist, erkennen wir, dass es in Wahrheit nur unser (wirkliches) Selbst gibt.

Wie können wir jedoch den offenkundigen Beweis unserer eigenen Sinne und die Logik unseres eigenen Verstands leugnen? Ich bin doch offensichtlich Ich und Sie sind Sie. Ich bin nicht dieser Tisch, auf dem meine Arme ruhen. Meine Gedanken sind nicht Ihre Gedanken. Sie gehen nicht zum Zahnarzt, wenn ich Zahnweh habe. Es wird nicht in Abrede gestellt, dass die Dinge so *erscheinen*. Diese Philosophie versucht zunächst nicht, mit Ihnen über diese Punkte zu streiten … zumindest nicht direkt.

Advaita weist jedoch darauf hin, dass Sie die falsche Schlussfolgerung aus Ihrer Wahrnehmung ziehen. Man kann es gut mit einem Zauberer vergleichen: Wenn ein Kind sieht, wie ein Zauberer eine Dame in zwei Hälften zersägt oder jemandem einen meterlangen Faden aus dem Ohr zieht, hält es dieses Geschehen für wirklich. Ein Erwachsener, der welterfahrener ist, sieht dieselben Vorgänge wie das Kind und weiß vielleicht nicht mal, wie die Tricks funktionieren; doch er weiß, dass sie auf Täuschung beruhen. Ebenso sehen wir die Schöpfung und glauben, sie bestehe aus vielen getrennten Objekten und anderen Menschen. Wer die wahre Natur der Wirklichkeit erkannt hat und »erleuchtet« oder »selbst-verwirklicht« geworden ist, sieht immer noch dieselben »Objekte« und »Menschen«, doch er weiß, dass dies eine Illusion ist. Er weiß, dass es in Wirklichkeit nur das eine Selbst gibt, dass die ganze scheinbare Schöpfung diesem Selbst überlagert ist, sodass es aussieht, als gäbe es getrennte Dinge. Beachten Sie, dass dies nicht nur ein intellektuelles Verständnis der Tatsache ist. Für den verwirklichten Menschen existiert im Hinblick auf die Wirklichkeit keinerlei objektives Wissen mehr; es gibt nur jene unerschütterliche Wahrheit.

Wir müssen Zuflucht zu Vergleichen und Metaphern nehmen oder lustige Geschichten erzählen, um diese Konzepte zu verdeutlichen, denn oft reichen rein logische Erklärungen einfach nicht aus. Wie bereits gezeigt wurde, kann der Verstand das Selbst letztlich nicht verstehen.

Name und Form
Die Metapher von Gold und Ring

Wir wollen das Gesagte mit einer der klassischen Metaphern verdeutlichen: der des Goldrings. Wir neigen dazu, einen Ring als etwas deutlich Abgegrenztes anzusehen. Doch gibt es »wirklich« so etwas wie einen Ring? Existiert tatsächlich der Ring oder gibt es nur das Gold?

Ist der Ring nicht nur ein *Name*, den wir jener besonderen *Form* des Goldes geben? Wenn wir das Gold erhitzen, wird die Form verschwinden, wir könnten die geschmolzene Substanz in eine Form gießen, dann würde es beispielsweise ein goldener Fingerhut. Ist das Objekt immer noch ein Ring? Natürlich nicht. Es ist jedoch immer noch Gold, so wie es Gold war, bevor der ursprüngliche Ring daraus gefertigt wurde, und so wie es Gold sein wird, selbst wenn der Fingerhut wieder geschmolzen wird. Nur unser eigener Geist misst einer Form mehr Bedeutung zu als einer anderen.

Sowohl der Ring als auch der Fingerhut waren Gold und werden immer Gold sein. Das ist seine Wirklichkeit, wenn Sie es so ausdrücken möchten. Die Formen, die dazwischen liegen, sind nur vorübergehend und willkürlich. Wir entscheiden uns, einer bestimmten Form einen besonderen Namen zu geben, doch beeinflusst dies nicht die wirkliche Natur des Goldes.

Der Sprung von Materie zu Energie oder »Bewusstsein«

Die vorige Metapher erklärt, warum unsere Körper nur vorübergehende Namen und Formen sind und keineswegs unsere wahre Natur. Doch wir wollen die Metapher noch tiefer ausloten. Könnten wir es nicht auch so sehen, dass das Gold selbst nur ein Name und eine Form für die wahre Realität ist, welche eine bestimmte Anordnung von Elektronen um einen Atomkern herum darstellt, der wiederum aus mehreren möglichen Kombinationen von Protonen und Neutronen besteht? Wenn wir schließlich das Gold verdampfen würden, sähen wir das amorphe, formbare Metall nicht mehr und könnten denken, es sei verschwunden, doch auf atomarer Ebene hätte es weiterhin dieselbe »wirkliche« Natur.

Wir könnten noch weitergehen und sagen, diese bestimmte Anordnung von Elektronen sei nur ein weiterer Name, eine weitere Form einer noch subtileren Realität. Und das ist so! Die Teilchenphysik hat gezeigt, dass Elektronen und Neutronen beispielsweise in Wirklichkeit keine eigenständigen Teilchen sind, sondern einander ähnliche Teilchen, die noch kleinere Teilchen, so genannte Mesonen, zwischen sich hin- und herschicken wie Tennisbälle. Und in letzter Zeit fand man an der Grenze zwischen Experiment und Theorie heraus, dass alle Teilchen aus verschiedenen Kombinationen mehrerer Arten von »Quarks« bestehen.

Es bedarf nur eines kleinen Schritts, um anzudeuten, dass dies nur ein anderer Name, eine andere Form ist, mithilfe derer wir mit unseren kleinen Hirnen versuchen, die grundlegende Natur der Wirklichkeit zu begreifen. Warum können wir nicht sagen, dass selbst diese (Quarks) in Wirklichkeit aus Energie bestehen, das heißt, aus Bewusstsein ... oder warum sollten wir es nicht das Selbst oder Gott nennen?

Die Metapher von Schlange und Seil – Maya

Die berühmteste Metapher, auf die Sie bei weiterer Lektüre sicher immer wieder stoßen werden, ist die Metapher von der Schlange und dem Seil. Stellen Sie sich vor, Sie betreten einen verdunkelten Raum und sehen undeutlich, dass auf dem Boden eine Schlange liegt, zum Angriff bereit. Bedenken Sie, dass die meisten dieser Metaphern aus Indien stammen, wo so etwas, vermutlich nicht so ungewöhnlich ist und entsprechende Beachtung erfordert! Anstatt dass Sie ruhig hineingehen, um das zu holen, was Sie holen wollten, werden Sie wahrscheinlich die Tür zumachen und wegrennen, während Ihnen das Herz bis zum Hals schlägt. Einige Zeit später schleichen Sie vielleicht behutsam mit einer großen Taschenlampe und einem noch größeren Stock zurück. Sie schauen vorsichtig hinein, beleuchten den Boden mit der Taschenlampe und siehe da, Sie sehen nur noch ein zusammengewickeltes Seil.

Was geschehen ist, ist offensichtlich. Sie sahen die Form des Seils und weil es dunkel war, weil Sie übersensitiv waren, eine Schlangenphobie hatten oder was auch immer, hielten Sie sie fälschlich für eine Schlange. Bei Tageslicht oder mit der Taschenlampe stellt sich jedoch heraus, was es wirklich war.

Genau so sehen wir aufgrund unserer Unwissenheit (der Dunkelheit) das, was eine Welt von eigenständigen Objekten zu sein scheint, die »Schöpfung« (die Schlange). Wenn wir mit unserer Taschenlampe kommen (Wissen erlangen, erleuchtet werden), stellen wir fest, dass wir dem, was in Wirklichkeit unser eigenes Selbst (das Seil) ist, irrtümlicherweise diese Namen und Formen überlagert haben. Die scheinbare Welt irrtümlicherweise für etwas anderes als unser Selbst zu halten, wird auf Sanskrit *Adhyasa* genannt und bedeutet der tatsächlichen Wirklichkeit eine falsche Erscheinung zu überlagern. Wir werden dies eingehender betrachten, da es grundlegend für die gesamte Advaita-Philosophie ist.

Sie sind das »Selbst«

Wie entsteht dieser gigantische Irrtum und was können wir tun, um ihn richtigzustellen? Um die letzte Frage zuerst zu beantworten: Es gibt eine gute Nachricht und eine schlechte. Die schlechte Nachricht ist, dass Sie nichts daran ändern können; die gute Nachricht, dass Sie nichts daran zu ändern brauchen. Oder um es anders auszudrücken: Die schlechte Nachricht ist, dass es keinen Schlüssel gibt, um das Tor zur Wahrheit oder Wirklichkeit aufzuschließen; die gute Nachricht ist, dass das Tor nie verschlossen war. Paradoxe gehören ebenso zu dieser Lehre wie Metaphern.

Die Erklärung dafür ist, dass Sie bereits das Selbst *sind*. Nichts, was Sie tun, kann daran etwas ändern. Das Wort »Selbst« steht für diese Wirklichkeit, die wir entdecken wollen. Wenn Sie dafür lieber »das Absolute« oder »Gott« sagen möchten, steht Ihnen das völlig frei. Man könnte tatsächlich sagen – wie manche es tun –, dass *jeder* Versuch, die Wahrheit zu suchen oder einem spirituellen Weg zu folgen, Sie von der Antwort eher *entfernt*, als dass er zu ihr hinführt. Sie *selbst* sind die Antwort. Die wirkliche Suche ist innen, nicht außen.

»Aber wenn das so wäre, weshalb wissen wir es nicht?« mögen Sie fragen. Die Antwort, die einige Religionen auf diese Frage geben, ist, dass wir zu Beginn tatsächlich die Wahrheit wussten. Wir alle lebten in dem Wissen, dass es in Wirklichkeit nur Eins gibt, und wir erfreuten uns an unserer wahren Natur, die als reine Existenz, reines Bewusstsein, reine Glückseligkeit beschrieben wird: *Satchidananda*. Sat bedeutet Existenz, Wirklichkeit, Wahrheit; *Chit* bedeutet Bewusstsein; *Ananda* bedeutet Glückseligkeit. Zusammen bilden sie das Wort *Satchidananda*. Doch eines Tages beschloss jemand, dass er all das für sich allein haben wollte, ohne es mit anderen zu teilen. Das ist tatsächlich die Erbsünde, von der die Bibel spricht. Es war der Anfang des Falls in unseren jetzigen bedauernswerten Zustand der Unwissenheit.

Aber das erklärt noch nicht, warum das Selbst all das tun *wollte*. Wenn unsere wahre Natur *Satchidananda* ist, warum sollten wir das sehr begrenzte Glück und das allzu häufige Leid dieser Existenz durchmachen und noch dazu daran glauben müssen, dass es wirklich ist und dass wir nicht mehr bekommen? Wie der Dichter in Macbeth sagt: »Ein Märchen ist's, erzählt von einem Dummkopf, voller Klang und Wut, das nichts bedeutet.« (Macbeth V, 5)

Lila – Das göttliche Spiel

Nun, sagt die Lehre, es ist alles ein Spiel, das unserer Freude dienen soll. Das Selbst spielt natürlich alle Rollen, da es gar niemand anderen gibt. Doch damit es funktioniert, darf sich kein Spieler dessen bewusst sein und muss sich vielmehr für ein individuelles Wesen halten: Die Unwissenheit ist eine Voraussetzung für ein erfolgreiches Spiel. Außerdem werden sowohl Bösewichte als auch Helden benötigt. Dies ist das Spiel, das alle Spiele beendet. Es ist Komödie und Tragödie, bedeutungsschwer und trivial gleichzeitig, alles, was wir uns nur vorstellen können. Wir glauben, es sei real, doch wir sind in Wirklichkeit nur Schauspieler auf einer Bühne. Letzten Endes wird niemand verletzt, niemand stirbt oder wird geboren; es ist einfach eine großartige Illusion und eine prima Unterhaltung für das Selbst. Das ist die Theorie von *Lila*, dem kosmischen Spiel.

Erscheinung

Eine klassische Metapher für Wirklichkeit im Gegensatz zu Erscheinung wird von Plato in seinem Werk »Der Staat« benutzt. Er fordert uns auf, uns eine unterirdische Höhle vorzustellen, in der Sklaven so gefesselt sind, dass sie ihre Köpfe nicht bewegen können; sie können nur geradeaus auf die glatte, hintere Wand der Höhle schauen. Hinter den Sklaven führt eine Straße entlang. Sie wird seitlich von einer Mauer gesäumt, sodass nur der obere Teil der Menschen und Dinge darüber ragen. Oben hinter den Sklaven brennt ein Feuer, dessen Flammen die Straße erleuchten und Schatten von allen möglichen Menschen und Objekten, die hin und hergehen, an die gegenüberliegende Wand der Höhle werfen. Die Gefangenen können nur diese Schatten sehen – weder die Objekte noch die Flammen, weder sich gegenseitig noch sich selbst. So geht es schon ihr Leben lang. Sie glauben, dass die Schatten die Realität sind und können nicht verstehen, dass Objekte existieren könnten, die diese Schatten werfen. Sie können auch nicht den Mechanismus verstehen, durch den die Phänomene entstehen. Wenn ein Passant etwas sagt und seine Stimme von der Wand der Höhle als Echo widerhallt, glaubt der Gefangene, der Schatten spreche. Wenn der Vorübergehende eine Sache trägt, kann der Sklave nicht erkennen, welcher Schatten spricht und was das Objekt ist. Er hält beides für intelligent.

Die Sklaven denken sich einen Wettbewerb aus, bei dem jeder versucht vorauszusagen, welche Formen als Nächstes erscheinen, denn sie beobachten die Gestalten und Bewegungen genau und erinnern sich auch an frühere Bilder. Je geschickter sie bei diesem Zeitvertreib sind, umso höher stehen sie in der Hierarchie und der Erfolgreichste wird zu ihrem Führer gewählt.

Genauso stellt sich uns unser gegenwärtiges Leben – die Erscheinungswelt – dar. Auf Sanskrit heißt sie *Vyavaharika* – der relative oder scheinbare Zustand der Existenz – ein Zustand völliger Täuschung.

Plato fordert uns sodann auf, uns die Gefühle eines solchen Sklaven vorzustellen, wenn dieser plötzlich befreit werden würde und sich umdrehen müsste, um zur Straße zu schauen. Da er sein Leben lang in derselben Position verbracht hätte, wäre jede Bewegung schmerzvoll. Der direkte Anblick des Feuers oder das Erblicken des Tageslichts hinter der Höhle wäre äußerst unangenehm, da er kaum Licht gewohnt wäre, und er würde kaum etwas genau erkennen können. Wenn man ihm sagen würde, dass die Dinge auf der Straße die »Wirklichkeit« sind und die Schatten, die er bis dahin für seine Welt gehalten hatte, eine Illusion, könnte er das nur schwerlich akzeptieren und würde eher den Menschen, der es ihm sagen würde, für verrückt halten. Würde man ihn zwingen, aus der Höhle heraus ans Sonnenlicht zu gehen, würde er lange brauchen, bevor er überhaupt etwas sehen und sich einen Reim darauf machen könnte.

Irgendwann jedoch könnten sich seine Augen anpassen. Er würde sich des Mechanismus bewusst werden, wie die Schatten überhaupt entstehen, und könnte die wirklichen Objekte von ihren Schatten oder Reflexionen unterscheiden, bis er schließlich eine Ahnung von der Sonne selbst bekäme, der Quelle all dieser Erscheinungen. Das entspricht der Art und Weise, wie die Dinge wirklich sind – dem Noumenalen (wie Plato das mit dem Geist zu Erkennende im Unterschied zu den mit den Augen zu sehenden Erscheinungen nennen würde) oder, wie es auf Sanskrit heißt, *Paramarthika*.

Dann, so Plato, würde die Zeit kommen, wo der Mann zur Höhle zurück wolle, um seine Freunde zu retten und ihnen die neu entdeckten Wahrheiten zu offenbbaren. Er stiege wieder in die Höhle herab, doch seine Augen hätten Schwierigkeiten, sich wieder an die Dunkelheit zu gewöhnen. Er käme fast blind in der Höhle an und wenn man ihn drängen würde, am Wettbewerb der anderen teilzunehmen, würde er schlechter abschneiden als der Unfähigste unter ihnen. Sie würden ihn nun als den Geringsten ihrer Gruppe betrachten und was er ihnen zu sagen hätte, würden sie höchstens als die Phantasien eines Verrückten abtun. Sie würden ihnen eher töten, als ihm zu erlauben, »sie zu retten« und ins Licht zu führen, um dort dieselbe Erfahrung wie er machen zu müssen. Vielleicht wäre er ja »erleuchtet«, doch sie würden es vorziehen, in der Dunkelheit zu bleiben.

Das ist die Situation, in der wir uns befinden. Da Sie immer noch dieses Buch lesen, sieht es nicht so aus, als seien Sie völlig glücklich damit, ihr ganzes Leben in den Tiefen der Höhle zu verbringen. Wollen Sie das Risiko eingehen, sich auf den Weg hinaus ins blendende Licht der Wahrheit zu machen?

Es wurde zuvor erwähnt, dass wir die Wirklichkeit tatsächlich nicht so erkennen können, wie wir es uns wahrscheinlich vorstellen. Wenn wir das Buch vor uns anschauen, bezweifeln wir normalerweise nicht die »Wahrheit« dessen, was unsere Sinne uns mitzuteilen scheinen, nämlich dass wir ein konkretes Objekt mit festgelegten Eigenschaften (Farbe, Beschaffenheit, Geruch usw.) vor uns haben und all diese Eigenschaften wären »wahr«. Wir mögen zwar die Täuschung im Höhlengleichnis verstehen, aber wir empfinden nicht, dass sich das auf *all* unsere täglichen Erfahrungen bezieht. Deswegen müssen wir dies als Nächstes in Frage stellen.

Die Grenzen des Wissens

Was können wir wissen?

Was ist wirklich und was ist nur scheinbar? Die westliche Philosophie hat seit vorsokratischer Zeit versucht, eine Antwort darauf zu finden. Immanuel Kant behauptete nachdrücklich, auch wenn uns das irritieren mag, wir könnten *niemals* wissen, wie die Dinge wirklich sind.[30]

Zunächst ist es ja so, dass unsere Sinne nur ein sehr kleines Spektrum erfassen, beispielsweise können wir nicht so hören wie Fledermäuse, riechen wie Hunde oder im Ultraviolettbereich sehen wie die Bienen. Ein Großteil unseres naturwissenschaftlichen »Wissens« besteht tatsächlich aus Schlussfolgerungen, die auf der Beobachtung von Wirkungen beruhen. So rührt praktisch unser ganzes Verständnis der subatomaren Physik daher, dass man die Teilchenbahnen in den Nebelkammern zurückvermaß um ein Bild der Vorgänge im Atomkern zu bekommen.

Zweitens sind wir uns nur vergangener Dinge gewahr, nie gegenwärtiger. Ein extremes Beispiel dafür ist das Licht des uns am nächsten gelegenen Sterns: Bis es uns erreicht – wozu es über zwei Jahre braucht – existiert der Stern womöglich gar nicht mehr.

Drittens ist das, was wir sehen, hören und so weiter, nie die Realität. Lichtwellen und Schallwellen sind zunächst ja ganz offensichtlich nicht das Objekt selbst. Das »Licht«, das wir wahrnehmen, existiert in Wirklichkeit nicht, es ist ein Effekt in unserem Gehirn, der durch die Aufnahme elektromagnetischer Wellen eines bestimmtem Frequenzspektrums auf unserer Netzhaut erzeugt wird. Unsere Sinnesorgane nehmen nur einen kleinen Teil der ganzen Information auf und verwandeln ihn in elektrische Impulse, die nun weit von der

»Realität« entfernt sind. Sodann interpretiert das Gehirn sie, um eine neue »Wirklichkeit« zusammenzusetzen. Die einzige Beziehung, die diese neue Wirklichkeit zu den ursprünglichen Objekten hat, besteht darin, dass wir mit ihrer Hilfe auf eine vermeintlich sinnvolle Weise mit den Objekten umgehen können.

Wir können uns der Dinge *nie* so bewusst sein, wie sie wirklich sind, sondern nur so, wie sie zu sein scheinen oder wie wir schlussfolgern, dass sie sind; ja, wie sie gewesen sein könnten und nicht, wie sie in diesem Moment sein mögen. Außerirdische mit anderen Sinnen und anderen körperlichen und mentalen Mitteln würden die Welt unweigerlich ganz anders »sehen« als wir. Die Welt der Erscheinungen kann nur so erscheinen, wie wir sie wahrnehmen können.

Das betrifft insbesonders die Konzepte von Zeit und Raum. Da wir nur Dinge wahrnehmen können, die in Zeit, Raum oder in beiden eine abgegrenzte Existenz haben, meinen wir, diese beiden Konzepte seien »real«. Unser Gehirn erschließt sich die Welt nur unter der Voraussetzung, dass ein Ding räumlich vom anderen getrennt ist oder den gleichen Raum, aber zu einer anderen Zeit, einnimmt. Wenn eine dieser Voraussetzungen nicht gegeben wäre, würden wir behaupten, es handle sich um das »gleiche« Ding.

Raum und Zeit sind tatsächlich konzeptuelle Filter, durch die wir die Welt sehen, und die so genannte »Wirklichkeit« entspricht unweigerlich dieser Sichtweise der Dinge. So arbeitet unser Gehirn, doch das Gehirn selbst gehört nicht der Wirklichkeit an. Die Tatsache, dass wir uns nichts außerhalb von Zeit und Raum vorstellen können, ist eine Reflexion *unserer* Begrenzung und nicht der Begrenzung der Wirklichkeit.

Dasselbe gilt für die anderen Kategorien, die der Verstand benutzt, um die Welt zu verstehen, beispielsweise die Kategorie der Kausalität. Die Metapher vom Fischernetz hilft uns, diese Ideen zu verdeutlichen. Angenommen wir fahren fischen und benutzen dabei ein Netz, das wir eigentlich nie gesehen haben, da es unter dem Boot befestigt ist. Wenn wir den Fang einholen und keine Fische darin finden, die kleiner als 5 cm sind, könnten wir zu Recht schlussfolgern, dass es solche Fische in dieser Gegend nicht gibt. Die Maschen des quadratischen Netzes sind aber 5 cm groß und jeder kleinere Fisch würde hindurchschlüpfen. Insofern entsprach unsere Schlussfolgerung überhaupt nicht den Tatsachen, sie entsprach der Beschaffenheit des Netzes. Vergleichbar spiegeln unsere Schlussfolgerungen über die Natur der Wirklichkeit lediglich die Natur unserer Wahrnehmungsorgane und die Konzepte, mit denen wir die Informationen unserer Sinne interpretieren. Wenn wir immer blaue Brillengläser tragen, ist es unvermeidlich, dass wir eine blaue Welt sehen.

Die Welt ist nicht wirklich so, wie wir sie wahrnehmen. Die Wirklichkeit IST, wie sie ist, doch wir können sie niemals direkt erkennen. Wir müssen die Konzepte von Raum und Zeit und Kausalität anwenden, um sie zu verstehen. Es liegt in der Natur dieser Konzepte, die Realität künstlich in imaginäre Objekte aufzuteilen, die räumlich und/oder zeitlich voneinander getrennt sind, damit wir die Dinge verstehen können. Die Konzepte haben ohne die Erfahrung keine Bedeutung. Unabhängig von den Konzepten und unseren Interpretationen gibt es nur die noumenale Wirklichkeit, in der es keine »Differenzierung« geben kann. Es kann keine Dinge als solche unabhängig von der Erfahrung geben. Was und wie auch immer die »Wirklichkeit« außerhalb der Erfahrung sein mag, sie muss ungeschieden sein. Sie kann »nicht zwei (oder mehr) Dinge« sein – und natürlich ist das Advaita-Philosophie.

Wie definiert Advaita also die Wirklichkeit? Sri Nisargadatta machte viele Aussagen zu diesem Thema. In Anbetracht seines völligen Mangels an ordentlicher Schulbildung und sogar seines Unvermögens zu lesen ähneln diese Aussagen auf erstaunliche Weise den Thesen von Kant und Schopenhauer. Natürlich sprach Nisargadatta mehr aus direkter Erfahrung als von der Theorie und Schlussfolgerung her.

»Existiert eine Welt außerhalb Ihres Wissens? Können Sie über das hinausgehen, was Sie wissen? Sie mögen behaupten, es gäbe eine Welt jenseits des Geistes, doch dies wird ein unbewiesenes und unbeweisbares Konzept bleiben.«

»In Wirklichkeit existieren Zeit und Raum in Ihnen und nicht Sie in Zeit und Raum. Beide sind Möglichkeiten der Wahrnehmung, doch keineswegs die einzigen. Zeit und Raum sind wie Worte, die auf Papier geschrieben sind; das Papier ist wirklich, die Worte sind nur Konvention.«

»In Wirklichkeit ist alles hier und jetzt und alles ist eins. Vielfalt und Verschiedenheit existieren nur im Geist.«

»In Wirklichkeit existiert nur das Endgültige. Der Rest ist eine Angelegenheit von Name und Form. Und solange Sie an der Auffassung festhalten, nur das existiere, was einen Namen und eine Form besitzt, wird Ihnen das Höchste als nicht existent erscheinen. Wenn Sie verstehen, dass Namen und Formen nur leere Hüllen sind, ohne jeglichen Inhalt, und das Wirkliche keinen Namen und keine Form besitzt und reine Lebensenergie und das Licht des Bewusstseins ist, dann werden Sie in Frieden sein – versunken in die tiefe Stille der Wirklichkeit.«[31]

Advaita unterscheidet drei »Abstufungen« der Wirklichkeit, und um sie zu verstehen, sollten Sie mit dem Begriff »*Badha*« vertraut werden, der oft als »Aufhebung«, »Widerrufung« oder »Entkräftigung« übersetzt wird. Dazu ein Beispiel: Stellen Sie sich vor, Sie wandern durch eine heiße Wüste, in der Sie weit und breit nichts als Sand sehen, und Sie sind sehr durstig. Wenn Sie durch die flimmernde Hitze von weitem plötzlich einen See sehen, umgeben von Palmen, frohlockt Ihr Herz vielleicht einen Moment vor Erleichterung bei dem Gedanken, dass das Wasser bald Ihren Durst löschen wird. Doch werden Sie sich vermutlich recht bald daran erinnert, dass es sich höchstwahrscheinlich nur um eine Fata Morgana handelt. Dann hören Sie eine Stimme in Ihrem Kopf, die Ihnen sagt, Sie sollten sich nicht aufregen. Wenn Sie sich bemühen, sich zu erinnern, wird Ihnen einfallen, dass Sie nirgendwohin gehen, ja, dass Sie gerade die neueste Simulation virtueller Realität ausprobieren – ist sie nicht unglaublich realistisch? Dann wachen Sie auf.

Bei jedem Stadium in diesem Beispiel findet ein Paradigmenwechsel in Ihrer Anschauung statt. Die Basis, von der aus Sie die Welt beurteilten, verwandelte sich radikal. Was Sie zuvor für »wirklich« hielten, war nun offensichtlich unwirklich und Sie hatten neue Urteilskriterien. Die vorherige Perspektive war nun »aufgehoben«. Eliot Deutsch definierte dies als »den mentalen Prozess, durch den man ein zuvor bewertetes Objekt oder einen Bewusstseinsinhalt entwertet, da er durch eine neue Erfahrung widerrufen wurde«.[32]

Der Begriff der »Aufhebung« ermöglicht uns einige klare Definitionen.

1. »Wirklichkeit« ist das, was nicht durch irgendeine neue Erfahrung aufgehoben werden kann – nur das Selbst gehört in diese Kategorie; das »Selbst« und die »Wirklichkeit« sind synonym und nur erfahrbar, wenn die Dualität von Subjekt und Objekt transzendiert und alles als Eins erfahren wird. Shankara nennt dies *Paramarthika*.
2. Eine »Erscheinung« kann aufgehoben werden – in diese Kategorie fallen all unsere phänomenalen Erfahrungen. Der Grund, warum wir viele dieser Erfahrungen für »wirklich« halten, liegt

darin, dass wir noch nicht die Erfahrung gemacht haben (das heißt, unser Selbst verwirklicht haben), die diesen Glauben aufhebt. Es ist möglich, mehrere »Ebenen« der Erscheinung zu bestimmen. Die niedrigste Ebene wäre so etwas wie eine optische Illusion, eine Halluzination und so weiter und Shankara unterscheidet diese illusorische Ebene von der Ebene unserer täglichen Erfahrung. Erstere nennt er *Pratibhasika* – eine Beispiel dafür wäre der Zauberer, der jemanden verschwinden lässt. Die »empirische« Ebene der Wirklichkeit – *Vyavaharika* – wurde schon erwähnt. Unsere Illusionen erweisen sich durchaus oft als falsch, beispielsweise wenn wir eine Taschenlampe (und einen großen Stock) bringen, um uns die Schlange näher anzuschauen, die in Wirklichkeit ein Seil ist, aber nur selten werden unsere gewöhnlichen Erfahrungen aufgehoben. Doch auch diese Erfahrungen sind letztlich illusorisch und Ursache für die Probleme des Lebens, da wir sie für »wirklich« halten. Sobald wir einmal wissen, dass sie nur Erscheinung sind, sind sie kein Problem mehr. Wir sehen sie immer noch und handeln weiter so, als wären sie real. Dies muss auch so sein, sonst wäre ein verwirklichter Mensch ja nicht mehr fähig, in der Welt zu funktionieren.

3. »Unwirklichkeit« ist alles, was weder »wirklich« noch »scheinbar« ist; dabei kann man nicht von Aufhebung sprechen. Die Schriften bringen dazu Beispiele wie »der Sohn einer unfruchtbaren Frau« oder »die Hörner eines Hasen«.

Der höchste Metaphysiker unter den alten Lehrern dieser Philosophie war Gaudapada, der eine berühmte *Karika* (eine Sammlung präziser philosophischer Aussagen in Versform) zur *Mandukya Upanishad* schrieb. Er sagte: »Das, was am Anfang und am Ende nichtwirklich ist, muss notwendigerweise in der Mitte nicht-wirklich sein. Obwohl die Objekte, die wir sehen, dieselbe irreale Natur besitzen, werden sie dennoch für wirklich gehalten.« (Mandukyakarika, II, 6)

Das könnte auch eine Aussage der modernen Physik sein. Jegliche Zeit ist relativ. Eine Eintagsfliege lebt nur einige Stunden lang, ein Mensch 70 Jahre oder mehr. Trotzdem ist die Menschheit an sich angesichts der Lebensdauer der Erde erst seit einem kurzen Augenblick auf der Erde und die Erde selbst ist noch jung angesichts der Zeit, die seit dem Urknall vergangen ist. Vielleicht entspricht das ganze Leben des Universums nur einem halben Tag im ewigen Kreislauf der *Yugas* (Zeitalter), die im Hinduismus beschrieben sind.

All das ist vergänglich. Die Wirklichkeit ist jenseits von Zeit, Raum und Kausalität. Sie kann sich nicht verändern – sonst würde sie nicht länger dieselbe sein und könnte daher nicht wirklich gewesen sein. All diese Metaphern von Gold und Ring, Ton und Gefäß und so weiter haben ihre Bedeutung. Der Ring ist nur ein Name und eine Form, die dem Gold überlagert wurde und hat insofern keine »Wirklichkeit« – nur das Gold ist wirklich. Ebenso ist die Welt Name und Form, die dem Selbst überlagert wurden. Es ist unbestreitbar, dass sie scheinbar wirklich ist und bleiben wird, bis unsere Unwissenheit aufgehoben ist. Und so lange können wir die Wirklichkeit, der die Welt überlagert wurde, niemals sehen. Es sollte nochmals betont werden, dass die Welt weiterhin gesehen wird, selbst wenn die Unwissenheit beseitigt *ist*. Der Unterschied wird darin liegen, dass man die Illusion der Getrenntheit dann versteht; sie wird als nicht verschieden vom eigenen Selbst erkannt.

Sie werden in allen Schriften der Weisen keine eindeutige Beschreibung der Wirklichkeit finden. Wie wir bereits öfter festgestellt haben, kann der Verstand dies nie verstehen; in gewisser Weise sind der Verstand und die Wirklichkeit inkompatibel, genauso wie die Welt und die Wirklichkeit. Solange wir die Welt als etwas von uns Getrenntes sehen, können wir die Wirklichkeit nicht erkennen. Die Welt ist die Schlange, die dem Seil durch Unwissenheit überlagert wurde. Alles, was Gurus und heilige Schriften tun können, ist, uns zu sagen, was die Wirklichkeit nicht ist.

Gaudapada kommt in seiner *Karika* zur *Mandukya Upanishad* dem vielleicht am nächsten:

»*Turiya*, der Vierte, kennt weder die innere (subjektive) noch jene äußere (objektive) Welt, noch zur gleichen Zeit diese und jene; er ist nicht eine ganzheitliche Bewusstseinseinheit, weder bewusst noch unbewusst. (Er wird) nicht gesehen (durch irgendein Sinnesorgan), er ist mit nichts verbunden, unbegreifbar, undefinierbar, undenkbar, unbeschreibbar; seine Wesensnatur ist Bewusstsein, das das Selbst ausmacht, ohne irgendeine Spur von Manifestation, der Friedvolle, die Fülle der Glückseligkeit ohne Dualität. Dies ist als der Vierte (Bewusstseinszustand – *Turiya*) bekannt. Er ist der *Atman* und ihn gilt es zu erkennen.«

Es wird für den Verstand niemals möglich sein, sich von der Welt, die er vermeintlich kennt, der Wirklichkeit, die er erkennen möchte, zuzuwenden. Der Verstand und die Welt sind Teil der Illusion; die Welt ist das Reich der illusorischen Objekte und der Verstand ist das Reich der illusorischen Konzepte. Sobald die Wirklichkeit erkannt ist, wenn das Selbst verwirklicht wurde, erkennt man, dass der Verstand und die Welt nicht mehr vom Selbst getrennt existieren. Daher sind solche Fragen wie »Wie kann ich (das Ego) die Wirklichkeit erkennen?« im Grunde ohne Bedeutung. Das wäre so, als würde einer der Akteure in unserem Traum fragen, wie er erfahren könne, was der Wachzustand ist. Jede Erfahrung bezieht sich auf das Veränderliche; die Wirklichkeit aber ist kein Ereignis und kann nicht wahrgenommen oder erfahren werden. Insofern muss alles, was wahrgenommen oder erfahren wird, als vergänglich und daher unwirklich gelten.

Eine Schöpfung bedarf eines Schöpfers. Wenn ein Schöpfer etwas ins Dasein gerufen hätte, gäbe es etwas anderes als den Schöpfer – also mindestens zwei Dinge. Wenn wir daher davon ausgehen, dass die grundlegenden Behauptungen von Advaita stimmen, kann die Schöpfung letztlich nicht als eine Entität existieren, die getrennt vom Selbst ist. Doch solange unsere Erfahrung auf der Ebene von *Vyavaharika* bleibt, existiert die Welt als getrennte Entität tatsächlich. Der Verwirklichte sieht die Welt immer noch, doch sie wird als nichts anderes als sein eigenes Selbst erkannt.

Wie gehen wir also mit dieser Idee um, dass alles, was wir sehen, nicht wirklich eine gesonderte Existenz besitzt, sondern nur eine Erscheinung ist, von Gott »vorgestellt«. Ramesh Balsekar sagte, das Selbst könne sich seiner Selbst nur bewusst werden, indem es sich als eine »getrennte« Wesenheit innerhalb einer scheinbaren Schöpfung manifestiere. Was das impliziert, ist natürlich immens und schließt alles ein, was wir wahrnehmen oder uns vorstellen können oder könnten. Es gibt scheinbare Individuen mit scheinbar verschiedenen Erfahrungen und scheinbaren Potenzialen zur Veränderung und so weiter. Sie alle, vom höchsten Intellekt bis zum geringsten Felsbrocken, werden von einem einzigen Bewusstsein imaginiert und aufrechterhalten. Daraus ergibt sich die Idee des *Lila*, in dem der Schöpfer dieses riesige Spiel zu Seiner Freude spielt. Das Bewusstsein identifiziert sich schließlich mit einem bestimmten Körper und hält sich für ein Individuum (deshalb sprach Alan Watts davon, dass Gott Verstecken spielt).

Mit dem Konzept von *Maya* kann man den Mechanismus »erklären«, durch den dies geschieht. Das Lexikon übersetzt diesen Begriff u.a. mit Magie und Zauberei, das heißt, einer Täuschung durch eine übernatürliche Kraft. Ein *Mayakara* ist einer, der »Magie ausübt«, ein Beschwörer oder Zauberer. Aufgrund unserer Unwissenheit verstehen wir den »Trick« nicht, so wie das Kind in seiner Unwissenheit glaubt, der Magier würde die Frau tatsächlich in zwei Hälften sägen und sie dann wieder zusammenfügen.

Advaita beschreibt zwei verschiedene Aspekte dieses Mechanismus der *Maya*. Die folgenden Zitate stammen aus einem weiteren kleinen Werk, das Shankara zugeschrieben wird, dem *Drigdrishyaviveka* (Die Unterscheidung zwischen dem Seher und dem Gesehenen), Vers 13–15:

»Die *Maya* hat fürwahr zwei Mächte: die der Projektion und die der Verhüllung. Vom feinstofflichen Körper bis zum grobstofflichen Universum wird alles von der Macht der Projektion erschaffen.« (Das heißt, sowohl die Welt als auch der denkende Geist).

»In *Sat-Cid-Ananda*, der Natur *Brahmans*, zeigt sich die Welt der Namen und Formen auf gleiche Weise wie die Wellen und Gischttropfen, die aus dem Ozean aufsteigen. Dieses Geschehen nennt sich Schöpfung.«

»Die verhüllende Macht verbirgt den Unterschied zwischen Seher und Gesehenem, die im Inneren des Körpers gelegen sind, und jenem zwischen *Brahman* und der Erscheinungswelt, die außerhalb wahrgenommen wird. Diese Macht ist die Ursache der phänomenalen Welt.«

In der Metapher von der Schlange und dem Seil hindert uns die verhüllende Kraft *(Avarana Shakti)* daran, die Wirklichkeit des Seils zu sehen, und danach überlagert die projizierende Kraft *(Vikshepa Shakti)* diese Wirklichkeit mit dem Bild einer Schlange. In Bezug auf das Universum hindert uns die verhüllende Kraft daran, die wirklichen Aspekte von Sein-Bewusstsein-Glückseligkeit zu sehen, während die projizierende Kraft uns zu dem falschen Glauben verleitet, die vergänglichen Namen und Formen seien die Wirklichkeit. Wir kennen unsere wahre Natur nicht – aufgrund der verhüllenden Kraft von *Maya*; wir halten uns für jemand anderen (einen Körper, bestimmte Erinnerungen und so weiter) – aufgrund der projizierenden Kraft. Die Unwissenheit, aus der diese Kräfte entstehen, ist weder wirklich noch unwirklich. Sie wird als wirklich erfahren, solange wir unter ihrem Einfluss stehen, doch sie schwindet, wenn wir die Wahrheit erkennen. Dieses Paradox wird damit »erklärt«, dass die Unwissenheit »ohne Anfang« *(anadi)* ist. (Das muss so sein, weil Zeit selbst Teil der *Maya* ist. Ebenso können wir die Wirklichkeit niemals beschreiben, weil auch die Sprache ein Teil der *Maya* ist.)

Jegliches Weltbild oder jede Erfahrung der Welt oder von etwas in ihr (auch von uns, unseren Gedanken oder Gefühlen) als getrennt von unserem Selbst, ist durch *Maya* bedingt. Die Kraft der Verhüllung bedeckt die Wirklichkeit mit Unwissenheit und die Kraft der Projektion überlagert unsere wahre Natur mit Begrenzungen. Alle Begrenzungen, einschließlich der Konzepte von Raum, Zeit und Kausalität, entstehen daraus.

Die Verwechslung von Wirklichem und Unwirklichem

Wenn wir sagen, die Unwissenheit lasse uns die Objekte getrennt von uns sehen, dann beantwortet das die eigentliche Frage noch nicht. Das Gedächtnis spielt eine Rolle dabei, warum das geschieht. Wenn wir ein Objekt zuerst sehen, findet keine Unterscheidung statt. Doch dann schaltet sich die Erinnerung ein und zwar so schnell, dass wir es gar nicht wahrnehmen. Die Wahrnehmung wird im Gedächtnis mit einer möglichst nahen Entsprechung verglichen und dann überlagern wir das gefundene Bild dem äußeren Objekt. Advaita nennt das *Adhyasa*, aber in der Umgangssprache sagen wir, wir »erkennen« das Objekt. Wir er-kennen es »wieder«, weil wir glauben, das passende Bild im Gedächtnis gefunden und ihm einen Namen gegeben zu haben. Genauso wird das Seil für eine Schlange gehalten. Wenn wir zuvor gar nichts über Schlangen gewusst hätten, dann wäre uns dieser Irrtum auch nicht passiert.

Mechanismus erklärt auch den Prozess von *Ahankara*. Wir ein Gewahrsein unserer Existenz – es ist unsere grundle- rfahrung, die selten in ihrer Reinheit erkannt wird, doch wir streifen sie gelegentlich beim Aufwachen. Dies ist das »Seil«, der undeutlich wahrgenommene *Atman*. Diesem überlagern wir jedoch all die anderen falschen Vorstellungen von »Ich bin Dennis Waite«, »ich bin ein Experte in Bezug auf Advaita« und so weiter. Dies sind die Begrenzungen (Advaita nennt sie begrenzende »Beifügungen« oder *Upadhis*), mit denen wir unsere wahre Natur bedecken. Man könnte sagen, dass in diesem Zusammenhang die Wurzel unseres Problems darin liegt, dass wir nicht in der Gegenwart leben: jede Wahrnehmung wird mit der Vergangenheit abgeglichen.

Shankara definiert *Adhyasa* auch als Vermischung von Wirklichem und Unwirklichem. Wenn wir ein Seil sehen und sagen »da ist eine Schlange«, stimmt es sicher, dass *etwas* da ist, das heißt, die Aussage »da ist« entspricht der Wirklichkeit. Doch dann holen wir das Bild einer Schlange aus dem Gedächtnis hervor und projizieren es darauf, und das entspricht nicht der Wirklichkeit. Auch wenn wir sagen »Ich bin ein Mann« oder was auch immer, dann ist der Teil »Ich bin« wirklich, doch »ein Mann« unwirklich. Das Ziel der Advaita-Philosophie liegt darin, die Natur des Selbst zu erforschen und das Wirkliche vom Unwirklichen zu scheiden. Haben wir das erreicht, dann haben wir »Ver-wirklichung« erlangt und sind für immer von den Leiden befreit, die durch diese Vermischung verursacht wurden.

Wir wissen, dass wir »sind« und wir wissen, dass wir »bewusst« sind. Insofern sind wir uns jener Aspekte unserer wahren Natur, die sich als »Existenz« und »Bewusstsein« ausdrücken, bereits gewahr. Den Aspekt der »Glückseligkeit« kennen wir noch nicht. Anstatt uns zu bemühen, dieses Element unserer Natur aufzudecken, verbringen wir all unsere Zeit auf der Suche nach verschiedenen Eigenschaften des unwirklichen Teils unserer selbst – wir erwerben unwirkliche Objekte in einer unwirklichen Welt, wir schmücken unwirkliche Körper, arbeiten an der Entwicklung eines unwirklichen Verstands und so weiter. Im Fall des nicht-erkannten Seils ist es so, als würden wir unsere ganze Zeit damit verbringen, die Giftzähne zu beschreiben, uns vorzustellen, wie giftig die Schlange ist und nach Gegenmitteln zu suchen.

Weil wir glauben, wir seien der Körper, glauben wir, wir könnten sterben. Wir sind in ständiger Unsicherheit. Wir werden verrückt nach Geld und glauben, es könne uns die Dinge kaufen, die wir brauchen, um unsere Sterblichkeit zu bekämpfen und unsere irregeleiteten Wünsche zu befriedigen. Weil wir glauben, wir seien in so vieler Hinsicht begrenzt, versuchen wir ständig, solche Dinge zu erlangen, die unsere wahrgenommenen Grenzen scheinbar aufheben. All unser Leiden rührt aus diesem fundamentalen Irrtum. Und es wird sich fortsetzen, bis die Unwissenheit, die die Ursache von *Adhyasa* ist, beseitigt ist.

Die Lösung liegt darin, die Unwissenheit über das Selbst zu beseitigen. Nur das kann die erforderliche Wirkung zeigen – jedes Studium eines anderen Gebietes wird uns nicht helfen. Der Irrtum bezieht sich auf das Selbst, daher muss man sich mit dem Selbst beschäftigen, um die Unwissenheit aufzulösen.

Objekte

Wenn es also nur das Selbst gibt, was können wir dann über »Objekte« sagen? Bei all unseren Wahrnehmungen überlagern wir irrtümlicherweise Teilen dieser scheinbaren Manifestation Namen und Formen und halten sie für getrennte Objekte. Wir sehen in der Tat nicht das »Objekt« selbst, sondern das mentale Bild, das sich aus Eindrücken der Sinne und unseren Gedanken, Ideen und Erinnerungen zusammensetzt, mit denen wir diese Eindrücke überlagert haben. Da unsere Natur und Erziehung sich immer von derjenigen anderer Menschen unterscheiden wird und auch die Schärfe und Funktionsfähigkeit unserer Sinne wahrscheinlich unterschiedlich sein wird, ist es sicher, dass das, was »ich« sehe, anders sein wird, als das, was »du« siehst.

Existiert da draußen also ein Objekt? Die Antwort hängt davon ab, wie Sie das Wort definieren. Da draußen ist nichts, was vom Selbst getrennt ist, doch es ist etwas da, das wir gesondert mit Name und Form gleichsetzen, auch wenn Sie es nicht ganz genauso sehen wie ich. Wie kamen wir zu der Schlussfolgerung, dass überhaupt ein Objekt da war? Das geschieht bis zu einem gewissen Grad willkürlich und in Übereinstimmung mit gesellschaftlicher Konvention, Sprache und so weiter. Wir beschließen, einen Teil einer Landschaft einen »Hügel« zu nennen, obwohl er in die übrige Landschaft übergeht. Dadurch können wir beispielsweise anregen, ein Schloss auf dem Hügel zu bauen, damit wir Angreifer bereits aus der Ferne erkennen können. Die Wirklichkeit ist nicht erfassbar. Die manifestierten, vergänglichen Formen werden aus der Wahrnehmung ihrer Eigenschaften abgeleitet, indem wir diese mit dem Gedächtnis abgleichen und benennen.

Ohne *Bewusstsein* würde die Welt tatsächlich nicht existieren. Da die Welt die Manifestation von *Bewusstsein* ist, könnte es keine Manifestation geben, wenn kein *Bewusstsein* existieren würde. Hört die Welt nicht auf zu existieren, wenn Sie schlafen gehen? Und erschaffen Sie sie nicht jedes Mal, wenn Sie aufwachen, neu?

Alle Wahrnehmungen sind nur Erscheinungen, sie sind nicht »wirklich«. Advaita nennt sie *mithya* – wörtlich »unrichtig« – was bedeutet, dass sie nicht völlig unwirklich sind, aber streng genommen auch nicht wirklich. Die Wirklichkeit, die die Wahrnehmungen auslöst, ist immer jenseits unserer direkten Erfahrung, da die Vermittlung durch die Sinne und das Gehirn dazwischenliegt. Die Wahrnehmungen sind nur Name und Form, die der Verstand aufgrund von *Adhyasa* der einen Wirklichkeit überlagert hat – wie die

Vorstellung der Schlange, mit der er die Realität des Seils überlagerte. Zeit, Raum, Ursache und Wirkung sind alles Konzepte des Geistes, damit diese Pseudo-Wirklichkeit einen Sinn für uns macht. All diese Konzepte lösen sich auf, wenn der denkende Geist nicht länger aktiv ist, so wie es im Tiefschlaf der Fall ist. Wenn wir aufwachen, wird das Gedächtnis aktiv und alle Denkmechanismen greifen wieder, zusammen mit den erlernten Konzepten, die wir anwenden, um den Erscheinungen, die unseren Sinnen begegnen, Sinn zu geben. So erschaffen wir *tatsächlich* jedes Mal auf sehr reale Weise unsere Interpretation des »Außen«, wenn wir aufwachen.

Der klassische Advaita sagt in der Tat, wenn wir Objekte sehen, kommt nicht etwas von den Objekten, beispielsweise Licht, Klang und so weiter in unsere Wahrnehmungsorgane hinein, sondern dass es genau umgekehrt sei. Unsere Sinne gehen gleichsam nach außen, greifen nach einem Teil der Schöpfung und machen ihn dadurch zu etwas Abgesondertem. Ohne den denkenden Geist und die damit verbundenen Sinnesorgane, die dies bewerkstelligen können, kann es daher keine Objekte geben, nur das ungeschiedene Selbst.

Im Bereich von *Vyavaharika* – unserem Wach-»Traum« – sind wir uns der Objekte ohne Zweifel bewusst. Es ist so, als träumten wir davon, über eine Ampel zu fahren und würden uns fragen, ob es Rot oder Grün ist. Im Traum selbst mag es Leben oder Tod bedeuten. Nach dem Aufwachen jedoch wird es nicht den geringsten Unterschied machen.

Bei einer Internet-Diskussion mit Teilnehmern des Advaitin-Forums ging es einmal darum, ob im Zustand des Tiefschlafs Objekte existieren. Die Frage war, ob die Objekte sofort vom Verstand geschaffen würden oder ob sie die ganze Zeit über da gewesen seien. (Wir lösen doch wirklich alle praktischen Probleme der Welt!) Ich beantwortete es so:

»Ist das nicht im Grunde dasselbe? Die Welt wird nur vom Verstand als etwas anderes betrachtet als das Selbst. Im Tiefschlaf ist der

Geist nicht aktiv, daher ist keine Erscheinung da. Doch das Selbst ist weiterhin da, wie immer. Wenn wir aufwachen, wird der Verstand aktiv und etwas Getrenntes erscheint. Aber es ist immer noch nur das Selbst, so wie es immer war. Nichts anderes hat sich verändert als der denkende Geist, der nun wieder aktiv ist und der ungeteilten Wirklichkeit Name und Form überlagert. Ob wir dazu sagen ›der denkende Geist erschafft die Objekte‹ oder ob wir sagen ›der denkende Geist erwacht zu den Objekten‹ läuft auf dasselbe hinaus. Es gab niemals Objekte und es gibt immer noch keine.

Es gibt nur das Selbst – den Hintergrund, *Turiya*, – auf dem die drei Bewusstseinszustände von Wachen, Schlafen und Tiefschlaf zusammen mit den Objekten und dem Verstand nur Erscheinungen sind. Im Tiefschlaf sind der denkende Geist und die Objekte nicht da. In den Zuständen des Träumens und Wachens, die wir bei dieser Erörterung als gleichbedeutend ansehen können, ist der denkende Geist da, doch er ist nur eine falsche Identifikation – ein weiteres subtiles Objekt. Und solange Objekte da zu sein scheinen (Gedanken, Emotionen, Wahrnehmungen), sind sie nur fälschliche Überlagerungen der unwandelbaren Wirklichkeit mit Name und Form.

Was für einen Sinn kann es jemals machen, eine Illusion durch eine andere zu erklären oder zu sagen, dass eine Illusion wirklicher ist als eine andere? Alles sind übereinander gelagerte Illusionen, wie ein komplexer Traum. Es übersteigt die Fähigkeiten des Träumers, im Traum selbst seinen eigenen Traum aufzudecken. Weshalb sollten wir also meinen, der wache Mensch könne seinen Wachtraum entschlüsseln? Vielleicht würde das tatsächlich zur Verwirklichung führen, doch dann wäre die Erklärung vermutlich genauso unerheblich, wie es der enträtselte Traum für den Wachenden ist …

Ohne den denkenden Geist können wir uns keiner Objekte bewusst sein. Und nur aufgrund des denkenden Geistes geht man überhaupt davon aus, dass es Objekte gibt, ob der Geist sie nun tatsächlich »erschafft« oder nicht.«

Schöpfung und Zeit

Schöpfung

Das im vorherigen Kapitel Gesagte bedeutet, dass es keine Schöpfung gibt. Dieser Begriff impliziert »jemanden«, der etwas Neues ins Dasein gebracht hat. Doch was »da draußen« ist, ist nur eine ständig veränderliche Erscheinung des Einen, das immer da gewesen ist – unser Selbst. In unserem jetzigen Zustand glauben wir, die Welt bestehe aus separaten Objekten und Wesen, und wir benutzen unsere mentalen Konzepte, um die Botschaften unserer Sinne zu (miss)interpretieren. Dieses völlig »ausgedachte« Bild ist das, was wir als die Welt »sehen«, und es unterscheidet sich nicht wesentlich von den Träumen, die wir im Traumzustand des Bewusstseins entwickeln.

In diesem Sinne erschaffen wir die Welt bei jedem Aufwachen neu. (Weil wir natürlich an ganz bestimmten Vorstellungen hängen – bestehend aus Erinnerung, Glauben, Ängsten, Hoffnungen und so weiter – werden wir sie ziemlich ähnlich wie gestern erschaffen). Die Welt, die wir tatsächlich sehen, ist das mentale Bild, das wir der Wirklichkeit überlagert haben. Dieses Bild wird aus einem Input von Sinnesinformationen und den Erinnerungen des Gedächtnisses zusammengesetzt und alles wird dann noch mit mentalen Interpretationen und intellektuellen Bewertungen überdeckt. Doch es ist eine imaginäre Welt, die sich auflöst, wenn wir wieder schlafen gehen.

Dies ist die advaitische Theorie von *Drishti-Srishti-Vada*. Die Anschauung des »gesunden Menschenverstands« – sie heißt umgekehrt *Srishti-Drishti-Vada* – ist, dass die Welt eine getrennte Ganzheit ist, die sich gemäß dem Gesetz von Ursache und Wirkung entwickelt (egal ob sie mit dem Urknall begann oder ob Gott sagte: »Es werde Licht«). Aber machen Sie sich nicht die Mühe, dies zu behalten – alle Theorien sind selbst Konzepte und daher nur Erscheinungen. Ramana Maharshi sagte: »Dieselbe Wahrheit muss verschieden ausgedrückt werden, um dem Verständnis des Zuhörers entgegenzukommen. Es existiert jedoch nur das Eine allein«.[33]

Es gibt eine buddhistische Aussage: »Jemand, der (die Wirklichkeit) nicht kennt, sieht Berge nur als Berge und Flüsse als Flüsse. Hat er sich einmal auf einen spirituellen Weg begeben, sieht er Berge nicht mehr als Berge und Flüsse nicht mehr als Flüsse. Wenn er schließlich die Wirklichkeit erkennt, sieht er Berge wieder als Berge und Flüsse wieder als Flüsse.« Im Laufe der Suche beschäftigen wir uns automatisch mit solchen Theorien und sagen dann »die Welt existiert nicht« oder »in Wirklichkeit existiert gar nichts«. Obwohl wir die Welt noch sehen, leugnen wir das Zeugnis unserer eigenen Sinne, weil wir uns der illusorischen und vergänglichen Natur der Schöpfung bewusst sind. Wenn Verwirklichung erlangt wurde, hört jede mentale Umtriebigkeit auf. Man kann die Wunder der Welt, einschließlich jener Formen, die wir Berge und Flüsse nennen wollen, als nicht verschieden von unserem eigenen Selbst wertschätzen und erkennen. Ramana Maharshi sagte: »Der Suchende beginnt mit der Definition, dass das wirklich ist, was immer existiert. Dann sondert er die Welt als unwirklich aus, weil sie sich ständig verändert. Schließlich erreicht der Suchende das Selbst und realisiert die Einheit. Dann wird das, was zuvor als unwirklich zurückgewiesen wurde, als Teil der Einheit erkannt. Wenn man in der Wirklichkeit aufgegangen ist, ist die Welt auch wirklich. Nur das Sein in Selbstverwirklichung existiert und nichts als Sein.«[34]

Der »Fortschritt« von einem getäuschten »Individuum«, das in der Welt befangen ist und an ihr leidet, ist ein Prozess fortlaufender Aufhebung, wie wir es bereits zuvor erörtert haben. Auf den verworrensten Ebenen laufen Tagträume und Halluzinationen ab. Sie werden aufgehoben und abgelöst von unserer täglichen Erfahrung von Objekten und Konzepten. Diese wiederum werden von spirituellen Bestrebungen aufgehoben und abgelöst, so wie der Verehrung eines höheren Wesens. All diese Dinge gehören jedoch zur Ebene relativer Existenz – *Vyavakarika* – und werden bei der Realisation von der Erkenntnis des Selbst – *Paramarthika* – aufgehoben. Dies ist die einzige Wirklichkeit, die nicht weiter aufgehoben werden kann.

Ob Sie es mögen oder nicht, in Wirklichkeit gibt es einfach keine Schöpfung. Die Welt und alles in ihr, einschließlich dieser Körper-Verstand-Erscheinungen, wurden nie »ins Dasein gebracht«. Dies ist das Prinzip von *Ajati* (a – nein oder nicht, *jati* – Schöpfung). Der Ursprung des Konzepts ist unklar und es ist schwierig, in den älteren Upanishaden irgendeinen offenen Hinweis darauf zu finden. Gaudapada sagt in seiner *Karika* zur *Mandukya Upanishad*, einer der jüngeren Upanishaden, die um das 7. Jh. n. Chr. geschrieben wurden: »Absolut kein Wesen wurde je geboren, weil es nie eine Ursache für eine solche Geburt gegeben hat. Dies ist die höchste Wahrheit: Nichts ist je entstanden«.[35]

Er sagt auch: »Es gibt weder Entstehung noch Auflösung, weder jemanden, der Befreiung sucht noch jemanden, der befreit oder in Gebundenheit ist. Das ist die höchste Wahrheit« (Vers 2.32). Und dieselbe Botschaft verkündet später Ramana Maharshi[36]: »Es gibt weder Schöpfung noch Zerstörung; weder gibt es jemanden, der gebunden ist, noch jemanden, der nach Befreiung strebt oder befreit ist. Es gibt keinen Verstand, keinen Körper, keine Welt oder eine so genannte »Seele«; das Eine allein existiert, die reine, stille, unwandelbare *Wirklichkeit*, die kein Zweites und kein Werden kennt.«

Nirguna und Saguna Brahman

Eine andere Weise, wie die advaitische Literatur Grade der Wirklichkeit unterscheidet, betrifft *Brahman*, das nur ein anderer Name für die *Wirklichkeit* oder das *Selbst* ist. Das Wort leitet sich aus der Sanskritwurzel *brh* ab, die »groß werden« oder »stark werden« bedeutet und als eine Substantivierung des Adjektivs »groß« verstanden werden kann, das heißt: das, was größer als alles ist. *Brahman* wird nicht als ein Gott verehrt (es ist nicht mit dem Hindugott *Brahma* zu verwechseln): Es gäbe niemanden, um *Brahman* zu verehren, da wir Es *sind*.

Wie wir zuvor bereits erörtert haben, ist das Selbst letztlich jenseits von aller Beschreibung. Die Sprache selbst ist Teil der Welt der Erscheinungen. Man kann nur auf dualistische Weise von Dingen sprechen: Wenn ein Objekt als »X« beschrieben wird, wird dadurch automatisch das ausgeschlossen, was »Nicht-X« ist. Insofern kann *Brahman* nicht als »etwas« beschrieben werden; es ist jenseits von Merkmalen oder Eigenschaften. Wir haben bereits über die Eigenschaften oder *Gunas* gesprochen, daher sollte es uns nicht überraschen, dass dieses Konzept von *Brahman* »eigenschaftslos« genannt wird: *Nirguna Brahman*. Mittlerweile werden Sie verstehen, dass sich über Gott nichts sagen lässt. Tatsächlich sagen wir *damit* aber bereits etwas, und das ist schon zu viel. Buddha hatte Recht. Als man ihn über Gott fragte, sagte er alles, was es zu sagen gab – er blieb still.

Es gibt aber auch den Ausdruck *Saguna Brahman*. Das bedeutet *Brahman* »mit Eigenschaften«. Innerhalb der Erscheinungswelt gibt es verschiedene Abstufungen, wobei niedrige Formen von höheren abgelöst werden. Die höchste Ebene innerhalb von *Vyavaharika* könnte man mit der reinsten spirituellen Erfahrung gleichsetzen. Daher wird *Brahman* in diesem Zusammenhang oft als *Ishvara*, der Herr, personifiziert. Dieser Begriff wird oft benutzt, speziell auf dem Weg des *Bhakti Yoga*, bei dem die traditionelle religiöse

Verehrung einer Gottheit praktiziert wird. Advaita bestreitet die Existenz eines getrennten Gottes und wir finden bei diesem Yoga der Erkenntnis nicht die üblichen religiösen »Anbetungspraktiken«. Doch denjenigen, der eher gefühlsmäßig als intellektuell oder physisch ausgerichtet ist, kann das Gebet und die Verehrung eines höheren Wesens auf die höchste Ebene der relativen Existenz bringen.

Die Illusion der Zeit

Das Selbst in seinem Aspekt der »Existenz« *(Sat)* wird *trikalatita* genannt: das, was Vergangenheit, Gegenwart und Zukunft transzendiert. Alles passiert zwar in der Gegenwart, doch da alles illusorisch ist, ist diese eine Quelle der *Maya* und daher letztlich *asat* – nicht-existent. Nur das, was jenseits aller Konditionierungen von Zeit, Raum und so weiter existiert, ist wirklich »*sat*«; was nur vorübergehend ist, wird als »*asat*« betrachtet.

Zeitbezogene Auffassungen wie »ich werde alt« resultieren aus der Identifikation mit dem Körper; raumbezogene Auffassungen wie »ich bin hier (und du bist dort)« sind dadurch bedingt, dass wir uns als getrennt sehen. In Wirklichkeit sind wir keine getrennten Wesen, die nur kurze Zeit in einem unbedeutenden Körper existieren. Wir sind das, worin Zeit und Raum entstehen. Wir sind keine unwichtigen Staubkörnchen im Universum; das Universum ist eine Erscheinung in uns.

Dinge, Gedanken und Gefühle kommen zu uns, bleiben eine Weile und verschwinden dann wieder. Diese Abfolge von Ereignissen wird zu Vergangenheit, Gegenwart und Zukunft gemacht. Doch unser Gewahrsein bleibt bei all dem unberührt. Wir als unser wahres Selbst haben keine Vergangenheit, keine Gegenwart oder Zukunft. Wir sind die *Präsenz*, in der alles andere »erscheint«.

Zeit ist ein Konzept, das uns erlaubt, unsere Wahrnehmungen

einzuordnen und mit anderen zu kommunizieren. Zuerst gibt es nur *Bewusstsein*. Dann entsteht der Gedanke »Ich bin«. Sobald ein weiterer Gedanke von »Ich bin X« eintritt, die Identifikation des Bewusstseins mit einem Namen oder einer Form in der Erscheinung der »Schöpfung«, so ist das ein zweites »Ereignis«. Jetzt kann das Konzept der Zeit greifen, um zwischen beiden Gedanken zu unterscheiden. Dabei gilt es zu beachten, dass dieser zweite Gedanke aufgrund von Unwissenheit auftaucht – damit beginnen all unsere Probleme. Weil Unwissenheit diesen Gedanken (Ich bin X) verursacht, muss sie logischerweise schon vor dem Gedanken existieren. Aber wir haben gerade gesagt, Zeit setze mit dem zweiten Gedanken ein. Also müssen wir zugeben, dass die Unwissenheit irgendwie bereits *vor* der Zeit existieren muss. Deshalb muss sie als »anfanglos« *(anadi)* bezeichnet werden.

Es ist wirklich – wie alles – ein Problem der Sprache. Wir gehen davon aus, dass diese »Unwissenheit« die »Ursache« für unser falsches Verständnis ist und das führt uns dazu anzunehmen, sie sei etwas Wirkliches, was als solches existiert (Advaitins nach Shankara nannten sie *Mulavidya* oder Ur-Unwissenheit, ein Konzept, das Shankara selbst sicherlich niemals vertrat). Was tatsächlich geschieht, ist, dass wir nicht zwischen dem Selbst und dem Nicht-Selbst unterscheiden, dass wir uns nicht des Prozesses von *Adhyasa* bewusst sind. Sobald wir die Wahrheit erkennen, verschwindet die »Unwissenheit« zusammen mit allem anderen und es wird erkannt, dass sie überhaupt nie existiert hat. Sie als »anfanglos« zu bezeichnen, verleitet uns dazu, sie als etwas Substanzielles aufzufassen, was jedoch niemals wirklich der Fall war. Nur unsere (fälschliche) Wahrnehmung und die anschließenden Versuche, die Dinge intellektuell zu verstehen, isolieren eigenständige Ereignisse aus jener Kontinuität heraus, die *Bewusstsein* ist. Wenn es keine »Ereignisse« gibt, gibt es keine Zeit.

Gedanken gehören notwendigerweise zur Vergangenheit. Sobald wir an etwas denken, das jetzt passiert, passiert es schon nicht mehr. Alles, was wir über uns selbst und unser Leben denken und fühlen, ist bereits vergangen. Wir sind jetzt und immer in der Gegenwart. Deshalb sind unsere *Gedanken* über sie unweigerlich unzutreffend. Das ist ein weiterer Aspekt, das Unwirkliche für wirklich zu halten – *Adhyasa* –, der zu Emotionen wie Langeweile, Unzufriedenheit und Depression führt, wenn sich unsere Erwartungen nicht erfüllen.

Normalerweise geschehen die Ereignisse in der Gegenwart und solche Aspekte, die uns besonders bedeutsam erscheinen, werden, bildlich gesprochen, in einer Art Datenbank namens Gedächtnis gespeichert. In »auslösenden« Momenten in der Gegenwart kommen uns Gedanken in den Sinn, die unserer Meinung nach mit jenen gespeicherten Gedanken assoziiert sind. Wir nennen diese neuen Gedanken »Erinnerungen« und glauben, sie bezögen sich auf eine »Vergangenheit«. Doch sie sind nur eine bestimmte Art von Gedanken, die jetzt, in der Gegenwart, auftauchen. Die so genannte »Vergangenheit« ist nur eine Schlussfolgerung, die auf dem Inhalt dieser gegenwärtigen Gedanken beruht. Jegliche Aufmerksamkeit, die man diesen Erinnerungen widmet, wird an diese imaginäre Vergangenheit verschwendet und dann steht das Bewusstsein, das auf diese nutzlose Aktivität gerichtet wird, nicht mehr dem Hier und Jetzt zur Verfügung.

Erinnerungen besitzen nichts von der Intensität, die im gegenwärtigen Moment erfahren werden kann, wenn die Aufmerksamkeit nicht von einer imaginären Vergangenheit oder Zukunft abgelenkt ist.

Zukunft und Vorstellung

Blaise Pascal sagte Folgendes über Vergangenheit, Gegenwart und Zukunft (Gedanken 172):

»Wir bleiben nicht zufrieden mit der Gegenwart. Wir nehmen die Zukunft voraus, als wäre sie zu langsam und als müssten wir sie antreiben, oder wir rufen die Vergangenheit zurück, um sie anzuhalten, als wäre sie zu eilig. Wir sind so unverständig, dass wir in den Zeiten herumschweifen, die nicht unser sind und an die Einzige, die uns gehört, nicht denken, und wir sind so eitel, daß wir uns in die Zeiten vertiefen, die nicht mehr sind, und die Einzige, die ist, gedankenlos übersehen. Das kommt daher, weil die Gegenwart uns gewöhnlich schmerzt. Wir verbergen sie vor unserem Blick, weil sie uns betrübt, und wenn sie uns angenehm ist, bedauern wir, sie entfliehen zu sehen. Wir versuchen, sie festzuhalten durch die Zukunft, und wir denken, die Dinge, die nicht in unserer Gewalt sind, für eine Zeit zu planen, die zu erreichen wir gar keine Gewissheit haben. Jeder prüfe seine Gedanken, und er wird sie immer mit der Vergangenheit und mit der Zukunft beschäftigt finden. Wir denken fast gar nicht an die Gegenwart und wenn wir an sie denken, geschieht es nur, um von ihr Licht zu nehmen für die Anordnung der Zukunft. Die Gegenwart ist nie unser Ziel, die Vergangenheit und die Gegenwart sind unsere Mittel, die Zukunft allein ist unser Zweck. Also leben wir nie, aber wir hoffen zu leben und da wir uns immer darauf vorbereiten, glücklich zu sein, ist es unausweichlich, dass wir es nie sein werden.« – In gewisser Weise ist es das, worum es in diesem Buch geht, jedenfalls in Hinblick auf das Ego, das nach »etwas« sucht.

Wo wären wir ohne Zukunft? Ohne all die Dinge, die wir anstreben, Ziele, die wir noch erreichen möchten, Wünsche, die wir befriedigen und Ängste, die wir überwinden möchten? So viel Energie wird vergeudet, indem wir unsere Gedanken auf eine imaginäre Zukunft projizieren. Wir bemühen uns, solche Ereignisse herbeizuführen, die unsere Erinnerungen für angenehm halten, und jene zu vermeiden, die mit unangenehmen Erinnerungen verbunden sind. Wie sinnlos! Erwartungen bringen selten etwas anderes als Enttäuschung. Wenn unsere projizierten Hoffnungen sich nicht erfüllen, ist die Folge erneutes Unglück. Enttäuschung ist das Resultat unvernünftiger Erwartungen.

Es ist auch interessant, sich daran zu erinnern, dass viele (die meisten oder alle) jener »guten« Zeiten in der Vergangenheit so erfahren wurden, weil sie besonders bedeutsame Phasen inmitten trauriger oder leidvoller Zeiten waren. Wenn wir sie wiederhaben möchten und sie die gleiche Wirkung haben sollen, müssen auch die schwierigen Zeiten wieder mit zurückgeholt werden. Glück und Leid sind zwei Pole derselben Kraft: Sie können nicht einen ohne den anderen haben; beide müssen sich abwechseln. Erst wenn wir die Einheit entdecken, können wir der Dualität beider entrinnen.

Die Zukunft ist sicher – sie existiert noch nicht. Für das, was wir in der Zukunft tun könnten, gibt es keine Grenze. Wir können weiterhin die Wirklichkeit und das Hiersein vermeiden, indem wir das Handeln aufschieben. Vor einigen Jahren starb der spirituelle Führer der Organisation, zu der ich gehörte, und man suchte nach einem Ersatz. Jemand schlug vor, es wäre ideal, wenn ein Angehöriger des Lehrkörpers ernannt werden könnte. Leider gab es keine erleuchteten »Individuen«, deshalb war das nicht möglich. Aus welchen Gründen auch immer, jedenfalls wurden Lehrer der höheren Klassen halb scherzhaft oder einfach interessehalber gefragt, ob sie annehmen würden, wenn man ihnen sofortige Erleuchtung anböte. Sie dachten viel darüber nach und die meisten erkannten überraschenderweise, dass sie zwar durchaus ihr Selbst verwirklichen wollten … aber nicht genau jetzt! Es gab viele Dinge, die erst noch getan werden mussten, viele Wünsche, die erfüllt werden wollten, bevor diese Menschen wirklich bereit sein würden, all das aufzugeben.

Das zeigt, wie wir in selbstgeschmiedeten Bindungen leben. Wir entscheiden uns dafür, die Unwissenheit aufrechtzuerhalten, die uns an diese Identifikationen bindet und uns von der Erkenntnis abhält, dass wir bereits frei sind. Die »Befriedigung« eines Wunsches nährt das Feuer nur noch mehr. Weil die Wünsche letztlich nicht zu befriedigen sind, wird so viel Wert auf die Zukunft gelegt. Deshalb verheißen und planen wir die Erfüllung, drängen zu ihr hin und erreichen das Glück so selten. Das Glück liegt in der Gegenwart und wir können gar nicht lange genug in ihr bleiben, um uns daran zu erfreuen. In unserem Wunsch, das Glück zu verlängern, müssen wir ständig dafür kämpfen, dass die Zukunft auch sicher die vermeintlich dafür notwendigen Bedingungen erfüllt. Was für eine Ironie!

Nur die Gegenwart

Osho benutzt die Metapher eines Mannes, der immer in einen Raum gesperrt war und durch ein Schlüsselloch schaut. Während er sein Auge bewegt, »verschwinden« zuvor sichtbare Objekte und neue »entstehen«, während er es weiterbewegt. Für den Mann sind diese aufeinander folgenden Objekte Vergangenheit, Gegenwart und Zukunft. Er meint, das vergangene Objekt existiere nicht mehr und die Zukunft habe noch nicht begonnen. In Wirklichkeit sind alle Dinge für jemanden außerhalb des abgeschlossenen Raums, dessen Sicht nicht von dem Schlüsselloch begrenzt ist, die ganze Zeit über da. Es gibt keine Bewegung von Zeit, kein Auftauchen von etwas Existierendem aus der Zukunft, das einen Moment lang dauert und dann zur Vergangenheit wird. Unser Verstand ist es, der sich bewegt. Wie könnte die gegenwärtige Existenz in einem Moment nicht mehr existieren? Wie könnte eine nicht-existente Zukunft plötzlich entstehen?

Die Konsequenzen dessen sind enorm. Wenn es nur »Jetzt« gibt, kann keine »Veränderung« von einem Zustand zum nächsten passieren. Dafür hätte es einen Zustand in einer »Vergangenheit«

geben müssen und einen Zustand in der Zukunft. Wenn es keine »Veränderung« gibt, kann es keine »Ursache« geben, um eine Veränderung zu »bewirken« und kein »Handeln«, um sie herbeizuführen.

Der Mythos des Handelns

Nur die Gunas handeln

Die meisten Menschen glauben, dass wir im täglichen Leben als Individuen mit einem freien Willen innerhalb einer Welt getrennter Objekte existieren und wir leben in dem *Wissen*, handeln zu können. Sie könnten beispielsweise jetzt dieses Buch nehmen und es wieder aus dem Fenster werfen. Advaita behauptet, von der Ebene der Wirklichkeit aus gebe es »nicht zwei«: Demnach sind Bücher und Fenster Namen und Formen einer unwandelbaren Einheit und die Auffassung eines »Handelns« macht keinen Sinn. Solche Theorien dienen uns als Werkzeuge, um uns intellektuell zu helfen, aus der totalen Unwissenheit zur vollen Erkenntnis zu kommen. Nachdem das letzte Kapitel mit der Behauptung endete, es gebe kein wirkliches Handeln, präzisieren wir es in diesem Teil inhaltlich: »Nur die *Gunas* handeln«.

Die meisten von uns benutzen dann und wann ein Auto, um von A nach B zu fahren und das Auto bewegt sich. Wenn man uns fragen würde, woher das Auto die Energie zum Fahren bekomme, würden wir sagen: durch Benzin. Aber so, wie wir das Wort normalerweise benutzen, ist es nicht das Benzin selbst, das das Auto bewegt. In gleicher Weise werden viele Geräte von Elektrizität angetrieben. Kühlschränke werden gekühlt, doch Elektrizität ist nicht kalt; Herde werden erhitzt, doch Elektrizität ist nicht heiß; Ventilatoren, CDs und so weiter werden gedreht, doch die Elektrizität dreht sich nicht. Diese Metaphern werden ausgiebig von Swami Parthasarathy[37] verwendet. Ebenso ist der Körper ohne das Bewusstsein, das Selbst, was ihn antreibt, nur eine aus Nahrung bestehende Masse. Der Körper bewegt sich, doch nicht das Selbst.

Die drei Eigenschaften der Natur, die *Gunas*, aus denen sich die ganze Natur zusammensetzt, sind in ständiger Bewegung, und das ist die einzige »Handlung«. Ja, der *Körper* handelt – er besteht aus den drei *Gunas* –, doch nicht wir. Dafür ein nützliches Beispiel: Vielleicht fahren Sie gelegentlich Fahrrad. Ich fahre gerne im New Forest, wo ich auch lebe – Bewegung in schöner Umgebung und frischer Luft. Doch es gibt auch einige Hügel auf den Routen und manchmal muss man mehr bergauf als bergab fahren. Viele Leute steigen einfach ab und schieben ihr Rad hoch. Andere nehmen die Herausforderung an und bestehen darauf, nach oben zu fahren, ohne abzusteigen. Wenn das Fahren immer schwieriger wird, strengen Sie sich innerlich noch mehr an, indem Sie sich etwa sagen: »Ich werde es schaffen, hochzukommen, selbst wenn es mich umbringt!« Das ist der harte Weg!

Immer wenn ich mich in so einer Situation befnde, denke ich an einen Vers, den meine Klasse an der School of Economic Science aus der Bhagavad Gita lernen musste. Er lautet:

> *Nai 'va kimcit karomi 'ti yukto manyeta tattvavit/*
> *Pashyan shrnvan sprshan jighrann ashnan gacchan svapan shvasan//*
> *Pralapan visrjan grhnann unmishan nimishann api/*
> *Indriyani 'ndriyartheshu vartanta iti dharayan//*
> *(V. 8–9)*

Und während ich mich daran erinnere und ihn innerlich hersage, bin ich auf dem Berg angelangt! Nein – das war ein Scherz. In Wirklichkeit habe ich mir eh noch nie die ganze Reihenfolge der Worte ab der zweiten und dritten Zeile gemerkt. Doch die komplette Übersetzung dieser zwei Verse der Gita lautet:

»Ich tue gar nichts« – so denkt der Mensch, der im Yoga verankert ist und die Wahrheit kennt, obwohl er sieht, hört, berührt, riecht, isst, sich bewegt, schläft und atmet. Denn während er spricht, etwas nimmt oder loslässt, seine Augen öffnet oder schließt, weiß er, dass sich nur die Sinnesorgane unter den Sinnesobjekten bewegen.«

Wenn wir das voll verstanden haben, ist der Effekt ziemlich bemerkenswert. Die Person, die zähneknirschend und entschlossen den Berg hochackert, mit der Überzeugung »ich werde es schaffen«, schafft es wahrscheinlich nicht. Wenn Sie hingegen wirklich glauben, dass Sie nichts tun und einfach zuschauen, wie Ihre Beine sich bewegen, Ihr Herz pumpt und so weiter, stellen Sie fest, dass jedes »Tun« aufhört. Die Beine bewegen sich wie zuvor, doch es ist keine Willenskraft beteiligt. Sie sind fast ein Zuschauer und die Ergebnisse sind einerlei. Sie machen sich keine Sorgen mehr darum, ob Sie es bis oben schaffen oder nicht. Der ganze Vorgang wird mühelos und – das ist noch erstaunlicher – es ist viel wahrscheinlicher, dass Sie oben ankommen, ohne abzusteigen. Das habe ich selbst immer wieder beobachtet.

Das Selbst ist das, was hinter allem steht und doch selbst nichts tut. Die *Kena Upanishad* (I. 1 und I. 3) befasst sich ausführlich damit. Sie beginnt mit den Worten: »Wer treibt und lenkt unser Denken zu den Objekten? Wer veranlasst die Bewegung unserer Lebenskraft, der ersten Ursache? Wer ermöglicht unser Sprechen? Welche Kraft lässt die Augen sehen und die Ohren hören? … Dorthin vermag das Auge nicht zu schauen und auch mit der Sprache und dem Denken können wir es nicht erfassen. Daher wissen und verstehen wir nicht, wie es dann überhaupt jemand lehren kann. Es liegt jenseits von allem, was wir wissen und nicht wissen.«

Das Selbst ist die Wirklichkeit hinter allen Erscheinungen und kann selbst nicht erkannt werden. Es handelt nicht, doch alle scheinbare Aktivität geschieht durch seine Kraft und vor ihm als Hintergrund. Wir sind das *Bewusstsein*, welches durch dieses Körper-Verstand-Instrument sehen, hören, sprechen kann und so weiter. Der Körper-Verstand sieht, hört, spricht und handelt, doch nicht »wir«.

Alles geschieht in diesem Gewahrsein, doch das Gewahrsein selbst, das wir in Wahrheit sind, ist jenseits von aller Bewegung, jenseits von Raum und Zeit.

Shankara verwendet in seinem Werk *Atmabodha* eine nützliche Metapher. Er vergleicht es damit, in einer monderleuchteten Nacht der Bewegung der Wolken zuzuschauen. Solange wir die Wolken anschauen, scheint sich auch der Mond zu bewegen. Doch sobald wir den Mond direkt anschauen, erkennen wir, dass sich nur die Wolken bewegen und der Mond selbst stehen bleibt. Ebenso ist es, wenn wir unsere Aufmerksamkeit auf den Körper, den Verstand und den Intellekt richten – dann glauben wir, »wir« würden handeln und uns bewegen. Sobald wir vom Standpunkt des *Atman* aus schauen, erkennen wir jedoch, dass alle Aktivitäten nur zum Körper und so weiter gehören, während wir, der *Atman*, still und losgelöst bleiben. Und ebenso wie die Wolken selbst zunächst nur mithilfe des Mondlichts sichtbar sind, so sind auch wir uns des Körpers und des Verstands nur durch die belebende Kraft des Selbst bewusst.

Alles ist immer jetzt. Wissen und Erfahrung beziehen sich auf die »Vergangenheit«. Wenn wir meinen, »*wir* denken« oder »*wir* tun etwas« gibt es in Wirklichkeit nur »Denken« oder »Tun«. Erst wenn die Erinnerung später auftaucht, kommt der Gedanke »ich habe gedacht oder gehandelt«. Im Moment des Tuns gibt es keinen Handelnden, keine Dualität. Diese Tatsache ist der Kern der Lehren jener, die dem Direkten Weg folgen, der auf Nisargadatta, Krishnamenon und andere zurückgeht. Weil wir denken, wir seien die Handelnden, erwarten wir Ergebnisse von unseren Handlungen, um auch die »Nutznießer« zu sein. Dies ist ein Missverständnis, das beim *Karma Yoga* auftreten kann, über das wir zuvor gesprochen haben.

Theoretisch und vorausgesetzt, es ist legal, steht es uns frei zu tun, was wir möchten. Die ganze Gesetzgebung in zivilisierten Ländern beruht auf diesem Grundsatz. Hätte ein Mörder nicht die Wahl, sich für oder gegen seine Tat entscheiden zu können, wie könnten wir ihn dann dafür verantwortlich machen? Wir machen einen Tiger nicht moralisch dafür verantwortlich, sein Opfer getötet und aufgefressen zu haben – es ist die Natur eines Tigers und wir glauben nicht, dass es sich dabei um eine freie Entscheidung handelt. Doch wir würden vermutlich darauf bestehen, dass wir Menschen nicht so beschaffen sind – dass wir *frei* entscheiden können, wie wir handeln wollen.

Stimmt das wirklich? Früher sagte ich immer, ich hätte »keine wirkliche Wahl« in Bezug auf meinen Beruf gehabt. Es schien, als ob die Umstände die wichtigsten Entscheidungen festlegten. Immer, wenn scheinbar eine Wahl bestand, schien – in der rückblickenden Einschätzung der verschiedenen Möglichkeiten – eine davon angesichts meines Charakters unvermeidlich zu sein. Und meine gegenwärtigen Interessen waren immer das Resultat von Ereignissen in der Vergangenheit – sei es in Form anregender Bücher, die ich gelesen hatte, einflussreicher Menschen, die ich getroffen hatte und so weiter. Alle meine vergangenen Erfahrungen, die ich irgendwann gemacht habe, trugen dazu bei, dass eher eine bestimmte Handlung anderen vorgezogen wurde.

Offensichtlich spielt meine jeweilige Persönlichkeit oder Natur eine Rolle dabei, ob ich unter bestimmten Umständen »handle« oder nicht. Auch wenn das Interesse oder der Wunsch zu handeln da sein mag, beispielsweise ein attraktives Mädchen an einer Bushaltestelle anzusprechen, können meine innere Scheu und meine Angst vor Zurückweisung das verhindern. Geschieht das nicht völlig mechanisch – als ein komplexes, aber vorherbestimmtes Zusammenspiel aller »Kräfte«, die in dem Moment auf mich einwirken?

Sie könnten einwenden, Sie könnten sich absichtlich »untypisch« verhalten, um das zu widerlegen. In der zuvor beschriebenen Situation, in der die Zurückhaltung jemanden echt am Sprechen hindern kann, könnte sich das als schwierig erweisen. Doch umöglich ist es mit Sicherheit nicht, könnten Sie sagen. Aber wäre das freie Willensausübung oder wäre es nur so, dass der Wunsch, diese Behauptung (es gäbe keinen freien Willen) zu widerlegen, der andere Faktor der Gleichung wäre? Dieser Faktor könnte so bestimmend sein, dass er ausschlaggebend für unser »untypisches Verhalten« wird.

Im Abschnitt über das Denken haben wir erwähnt, dass wir keine Gedanken »denken«. Gedanken kommen gleichsam »aus dem Äther« und wir reagieren nur auf sie. In dem sokratischen Dialog, den Aeschines aufzeichnete und der kürzlich von Alan Adam Jacobs übersetzt wurde[38], sagt Sokrates: »Ein Gedanke kommt aus dem Nichts und berührt den Verstand, dieser wiederum reagiert entsprechend seinen anerzogenen Mustern und dem, was er für die richtige Reaktion hält, und bewertet die Sache mit weiteren Gedanken.

Was geschieht, wenn Sie zuschauen ... ist, dass der Verstand oder Gedanken Alternativen anbieten und Sie entsprechend Ihrer Veranlagung das auswählen, was Sie als das Praktischste, Angenehmste und *Ihnen* Nützlichste empfinden.

Die Wahl geschieht mechanisch, wie bei einem Abakus, doch der Verstand schreibt sie törichterweise sich selbst als einem ›freien Handelnden‹ zu und rühmt sich arrogant ›*ich entscheide*‹.

In Wirklichkeit gab es niemals irgendeine Freiheit, etwas anderes als das zu wählen, was gewählt wurde.«

Ob Sie nun denken, dies bedeute, Sie seien nicht »frei«, oder umgekehrt, hängt davon ab, was Sie unter dem Wort verstehen. Es mag wahr sein, dass all ihre Entscheidungen das Resultat vorheriger Konditionierungen sind. Dennoch müssen Sie in einer gegebenen Situation immer noch eine Wahl treffen und die Folgen werden davon abhängen, für welche Handlung Sie sich entschieden haben.

Wenn wir unbeeinflusst von irgendwelchen früheren Ereignissen handeln könnten, auf den zweiten Blick wären die Konsequenzen weniger erstrebenswert als es anfangs scheinen mag. Es würde nämlich bedeuten, dass die Menschen sich völlig unerwartet benehmen könnten. Wenn Ihre liebe zurückgezogene Omi plötzlich ohne ersichtlichen Grund eine Hypothek auf ihr Haus aufnähme und einen Ferrari kaufen würde, würden Sie wahrscheinlich eher schlussfolgern, dass sie senil geworden ist, als dass sie ihren freien Willen ausübt, oder? Was würde so ein Mechanismus allen Ernstes in Bezug auf Moral und Verantwortlichkeit bedeuten? Wir sind darauf angewiesen, das Verhalten der Menschen durch Beispiel und Erziehung beeinflussen zu können, damit diese auf Erlerntes zurückgreifen können, wenn sie selbst eine Entscheidung für eine Handlung treffen müssen.

Es wäre jedenfalls wirklich sinnlos, etwas ohne wirklichen Grund zu tun, und eine Motivation zum Handeln ist sehr wohl eine Ursache. Doch wenn diese Motivation ein Resultat unserer vergangenen Konditionierung ist – wenn wir beispielsweise dazu »erzogen« wurden, einige Dinge lieber als andere zu mögen – kann man das nicht wirklich als völlig »freien« Willen auffassen.

Haben wir also einen freien Willen oder nicht? Nach allgemeiner Logik müsste die richtige Antwort »Ja« oder »Nein« lauten, aber wenn wir akzeptieren, dass die Wirklichkeit jenseits des Intellekts ist, muss sie vermutlich auch jenseits einfacher Logik liegen. Vielleicht kann man die erste Schlussfolgerung – das Entweder-Oder – mit einem Wegweiser in einer zweidimensionalen Welt vergleichen. Wenn er nach Norden zeigt, können wir offensichtlich nicht zum erwünschten Ziel kommen, indem wir nach Süden reisen. Doch wenn der Raum dreidimensional ist und die Oberfläche kugelförmig, dann kommen wir bestimmt zum gleichen Ort, auch wenn es etwas länger dauert.

Jemand, der oft zum Thema des freien Willens zitiert wird, ist

Benjamin Libet. Er führte Experimente durch, um die Natur der willentlich gesteuerten Bewegung zu verstehen. Libet ließ die Gehirnströme der Versuchsperson in dem Bereich aufzeichnen, der für die Auslösung einer Handlung verantwortlich ist. Dabei schaut die Person auf eine Uhr auf dem Bildschirm eines Computers. Immer wenn sie bereit ist, soll sie entweder auf Knopf A oder Knopf B drücken und sich die Zeit auf der Uhr merken, wenn sie die bewusste Entscheidung trifft. Der Computer speichert den Zeitpunkt, der verbal für die Entscheidung angegeben wurde, und vergleicht ihn mit dem automatisch gespeicherten Zeitpunkt, an dem das Gehirn die Bewegung der Hand auslöste, um den Knopf zu drücken. Das Interessante ist, dass die angebliche Entscheidung, den Knopf zu drücken, immer *nach* dem Befehl des Gehirns an die Hand erfolgte. Das sollte beweisen, dass es keinen freien Willen gibt.

So weit, so gut, vom advaitischen Standpunkt aus. Aber ist es auch stimmig aus der Sicht des normalen Menschen? Es gibt mehrere Arbeiten, die Libets Schlussfolgerungen widerlegen, doch man beruft sich immer noch auf seine Experimente. Wenn sie stimmen, bedeutet es, dass dieses Gefühl, einen freien Willen zu haben, nur ein »Nebeneffekt« ist, der im Gehirn auftaucht, nachdem es eine Handlung als automatische Reaktion auf eine Kombination von Reizen ausgelöst hat.

Also haben wir in gewisser Weise einen freien Willen und in gewisser Weise nicht. Beide Behauptungen können zutreffen. Es hängt einfach vom Kontext ab, das heißt, ob wir über die *Vyavaharika* oder die *Paramarthika*-Ebene der Wirklichkeit sprechen. Das Individuum fühlt, dass es einen freien Willen hat und diesen können wir ihm zugestehen. Inwieweit es ihn ausüben kann, hängt von seinen früheren Handlungen ab, den Gewohnheiten, die sich gebildet haben und so weiter. Das ist die Ebene der relativen Erscheinungen der Welt. In Wirklichkeit gibt es kein Individuum oder irgendjemanden, der »handelt«, daher erhebt sich die Frage nach dem freien Willen nicht. Wir können dem illusorischen Ich seinen illusorischen freien Willen innerhalb der Beschränkungen seines illusorischen *Karmas* zugestehen. Ja, das Gefühl, einen freien Willen zu haben, und der Glaube, ich bin ein getrenntes Individuum, gehen möglicherweise Hand in Hand.

Auf den ersten Blick scheint Advaita widersprüchliche Auffassungen über das Thema zu vertreten. Wenn wir über das scheinbare Individuum sprechen – den *Jiva* –, muss es zumindest den Anschein eines freien Willens geben. Es muss eine Möglichkeit geben, entweder weiter seinen Wünschen nachzugehen und dem ewigen Kreislauf von Geburt und Tod *(Samsara)* zu unterliegen oder sich höheren Dingen zuzuwenden und dem spirituellen Weg zum Selbst *(Sadhana)* zu folgen. Nur dann können wir wirklich für unsere Taten verantwortlich sein und etwas zu unseren zukünftigen *Samskaras* hinzufügen oder sie reduzieren. Nur in diesem Zusammenhang macht das Konzept von *Karma* – die Früchte unserer Handlung zu ernten – Sinn.

Doch damit *Karma* funktioniert, muss es eine unausweichliche Kette von Ursache und Wirkung geben, selbst wenn sich die Wirkungen einer gegebenen Ursache erst in einem späteren Leben materialisieren. Insofern scheint sogar bei diesem Standpunkt, auf der Ebene der illusorischen Existenz, ein Widerspruch zu bestehen: Wir haben freie Entscheidung, doch die Konsequenzen, einschließlich jener Faktoren, die unsere zukünftige Entscheidungsfähigkeit beeinflussen werden, sind festgelegt.

Advaita erkennt jedoch an, dass es in *Wirklichkeit* keinen freien Willen gibt, weil es kein Individuum gibt, das überhaupt wählen kann. Es gibt keine Handlungen und daher keine Folgen. Alles ist Illusion. Leider bedeutet das Wissen, dass wir träumen, nicht per se, dass wir uns auch selbst aufwecken können.

Sind wir also überhaupt nicht »frei«? Damit kommen wir zur grundlegenden Frage dieses Buches zurück: Was meinen wir mit

»Ich«? In der phänomenalen Erscheinungswelt ist die »Person« nicht frei. Das Ego wird von all seinen Wünschen und Anhaftungen getrieben, die es nicht unter Kontrolle hat. Aber andererseits gibt es doch keine »Person«, oder? Sie ist tatsächlich eine »Maske«. Das wirkliche Selbst ist völlig unberührt von all dem. Es ist immer völlig frei. Wir, das Selbst, sind jederzeit frei, dies zu erkennen, zurückzutreten und uns einfach am Spiel zu erfreuen. Die Natur des Selbst ist reine Glückseligkeit. Und haben nicht die meisten Schauspiele ein Drehbuch? Ihr Ausgang ist völlig vorherbestimmt. Vielleicht würden wir uns sonst gar nicht so an ihnen erfreuen.

Wenn wir das zuvor erwähnte Konzept von *Lila* berücksichtigen, so ist es vom Standpunkt des »Individuums« aus gesehen notwendig, dass wir handeln, als hätten wir einen freien Willen. Wenn diese scheinbare Schöpfung und ihre scheinbaren Bewohner ins Dasein gerufen wurden, damit Gott sich erfreuen kann, indem Er so tut, als sei er verschiedene Wesen, *müssen* diese Wesen glauben, einen freien Willen zu haben. Diese Illusion, dass wir getrennte Wesen sind, hält das Spiel in Gang. Und der Glaube an den freien Willen ist wichtig, um unsere Illusion aufrechtzuerhalten, dass wir als unabhängige Personen existieren.

Wenn das Drehbuch bereits geschrieben ist, dann enthält das Noumenale gleichsam das komplette Bild, und es ist alles jetzt in allen Einzelheiten existent. Das heißt, alles ist vorherbestimmt, es gibt keine Wahl, keinen freien Willen; allem, was geschehen wird, ist es »bestimmt« zu geschehen. Ramesh Balsekar drückt genau das in seiner Metapher des Bildes aus. Wayne Liquorman nennt es das »50-Meilen-Bild«.[39] Er sagt, wir sollten uns vorstellen, vor diesem enormen Bild zu stehen, das so groß ist, dass wir nur jeweils ein Stückchen sehen können. Wir gehen daran entlang, indem wir uns jeweils einen Abschnitt zu einer Zeit anschauen, und wenn wir zum nächsten Abschnitt gehen, glauben wir, der vorherige Teil, den wir nicht mehr sehen können, habe den gegenwärtigen Teil »verursacht«. Und so bewegen wir uns zeitlich vorwärts und besehen uns die »späteren« Abschnitte des Gemäldes. Wenn wir weit genug zurücktreten könnten, würden wir erkennen können, dass es nur *ein* Bild gibt und dass es jetzt vollständig ist. Alle Handlungen waren schon immer da. Vorherbestimmung trifft nur als Konzept zu, wenn wir *einen* Abschnitt zu einem Zeitpunkt anschauen.

Das Problem mit Metaphern ist, dass diese durch einen sehr groben Vergleich zu einem intuitiven Verstehen verhelfen wollen, da das eigentliche Thema jenseits simpler Beschreibung liegt. Sobald wir den Vergleich überstrapazieren oder ihn auch nur etwas anders verwenden, wird er unzutreffend oder womöglich sogar verwirrend oder irreführend. Bevor das geschieht, sollten wir deshalb die Metapher fallen lassen, sobald wir intuitiv verstanden haben.

Solange wir in jenem Zwischenzustand sind, in dem wir nicht recht wissen, was wahr ist, ist es wahrscheinlich am besten, die Theorie von *Karma*, *Sanskaras* und so weiter zu akzeptieren. Diese Anschauung kann uns als nützlicher Führer dienen, wie wir in dieser Welt handeln sollten. Wenn wir das akzeptiert haben, können wir *intellektuell* annehmen, dass wir in Wirklichkeit (die wir noch nicht kennen und auch nicht durch den Verstand und die Sinne erfassen können) nichts tun. Die Dinge »geschehen« und wir sind letztlich nur unpersönliche Zeugen ihres Geschehens. Auf diese Weise können wir dann »das Spiel spielen«, indem wir den Spielregeln folgen. Wir handeln also eher so als anders und wissen doch gleichzeitig, dass es *nur* ein Spiel ist und niemand gewinnen oder verlieren wird.

Widerspruch kann nur zwischen zwei Dingen existieren. Wenn wir eine gegebene Situation betrachten und uns fragen, ob sie durch Schicksal oder freien Willen bestimmt wurde, haben wir unweigerlich ein Problem: Wie wir im Zusammenhang mit *Sanskaras* festgestellt haben, sind die Situationen, in denen wir uns befinden, Ausdruck der Folgen vergangener Handlungen, das heißt, unser »Schicksal« ist durch uns selbst verursacht – es ist unser »vergangenes *Karma*«. »Freier Wille« ist unsere aktuelle Reaktion auf jene Situationen, also tatsächlich unser »gegenwärtiges *Karma*«. Wenn beides Aspekte von *Karma* sind, dann sind sie im Grunde nicht zwei verschiedene Dinge und es besteht kein Widerspruch. Die momentane Handlung wird von beiden bestimmt und das Ergebnis wird davon abhängen, welches *Karma* stärker ist. Ein Mann, der beispielsweise sein Leben lang ein Taschendieb war, begegnet vielleicht einem Kranken auf einer verlassenen Straße. In dem Moment könnte er sich der Möglichkeiten bewusst sein, der Person entweder zu helfen oder sie zu berauben und dann zu verschwinden. Sein ganzes vergangenes *Karma* würde ihn zu Letzterem treiben wollen und es wäre sehr schwierig, den freien Willen auszuüben und jene Tendenzen zu überwinden. Glücklicherweise sind wir uns der ganzen Natur und des Ausmaßes unseres vergangenen *Karmas* nicht bewusst, sonst würden wir vielleicht nicht einmal versuchen, ihm entgegenzuhandeln.

Wie sehr wir daran glauben, uns bemühen zu können *(Purushartha)*, um die Wirkungen vergangener Handlungen *(Karmaphala)* zu überwinden, hängt davon ab, wie sehr wir noch vom Ich beherrscht werden. Das Ich glaubt an freien Willen und Bemühung (»Ich werde diesen Berg hochkommen!«). In Wirklichkeit existiert das Ich genauso wenig wie freier Wille oder Bemühung. Wenn wir die Wahrheit verwirklichen, erkennen wir, dass Freiheit nicht *in* der Wahl liegt, sondern dass sie Freiheit *von* jeglicher Wahl bedeutet.

Wir können das Ganze auch wieder mit dem Puddingmodell vergleichen. Die existierenden Rillen stellen das vergangene *Karma* dar, und der gegenwärtige freie Wille ist unser Versuch, das neue Rinnsal dazu zu bringen, eine gewählte Spur herabzulaufen. Wenn das Wasser trotz unserer Bemühungen den alten Rillen folgt, dann bedeutet das, dass diese Rillen in der Vergangenheit da entstanden, wo unser freier Wille das Wasser einst herabtropfen ließ. Mittlerweile haben sich beträchtlich viele vergangene *Sanskaras* angehäuft, die das Wasser immer wieder in die gleiche Richtung schicken wollen. Wir werden uns immer wieder bemühen müssen, bis die vergangenen *Sanskaras* verbrannt worden sind, das heißt, bis die alten Rillen schwächer geworden sind, weil wir ständig versucht haben, das Wasser in unsere neue Richtung zu zwingen. Erinnern Sie sich auch an Swami Chinmayanandas Metapher des Motorboots, über die ich im Abschnitt über *Karma* gesprochen habe: Wir können immer gegen den Strom steuern, wenn es notwendig ist.

Lassen Sie uns dieses Thema damit abschließen, dass das eine Selbst, das wir sind und das keine Grenzen hat, frei sein *muss*. Ein »Objekt« könnte niemals einen freien Willen haben, aber jedes »Ding« ist eine Erscheinung innerhalb des Selbst und eine Bekräftigung des Selbst. Wie wir bereits sagten, geschieht alles durch *Bewusstsein* – vergleichbar mit dem Benzin im Auto –, doch *Bewusstsein* hat nichts mit diesen Handlungen zu tun. *Bewusstsein* lässt sowohl das Handeln des Folterers als auch das Handeln des Chirurgen zu. Das ist völlig logisch, auch wenn der ichgebundene Verstand Schwierigkeiten hat, es zu akzeptieren. Der völlige freie Wille bedeutet, ohne vorgefasste Absicht spontan und unbedingt zu handeln. Da wir soeben festgestellt haben, dass alle Aktivität eine Wirkung aus vorangegangenen Ursachen ist, wäre die einzige völlig freie Handlung die Handlung der »ersten Verursachung«, das heißt, die Handlung »Gottes« oder des Absoluten. Die Erscheinungen können nie einen freien Willen haben, *weil* sie nur Erscheinungen sind, doch das Selbst ist stets ohne irgendeine Begrenzung.

Sobald wir erleuchtet sind, sehen wir die Illusion immer noch, doch wir sind uns ihres Charakters bewusst. Dann sind wir frei, uns am Spiel zu erfreuen; wir wissen, dass wir nur der Zeuge sind und bleiben völlig unberührt von allen Ereignissen, egal wie erfreulich oder schrecklich sie sind und trotz der Tatsache, dass der Schauspieler im Schauspiel seinem Drehbuch folgt, wie es jeder gute Schauspieler tun sollte …

Bewusstsein

Was meinen wir eigentlich mit »bewusst«? Das englische Wort »conscious« kommt von dem lateinischen Wort »con scire« – »wissen mit« – und bezog sich ursprünglich auf Wissen, das man mit anderen Menschen teilte. Später bezeichnete man damit Wissen, das bis zu einem gewissen Grad geheim war und nur mit wenigen geteilt wurde. Sogar im 1. Jh. n. Chr. wurde es für das eigene Wissen gebraucht, etwas, das nur dem Einzelnen bekannt war. Nachdem Latein in die englische Sprache integriert worden war, schuf man zwei Worte daraus. »Conscious« bezog sich auf die eigenen Gedanken und Emotionen, die niemand anders direkt teilen konnte, und »conscience« auf eigenes Wissen, das man absichtlich vor anderen verbarg, was möglicherweise zu Schuldgefühlen führte.[40] »Conscience« ist erneut ein Beispiel für ein Wort, das heute für das Gegenteil seiner ursprünglichen Bedeutung benutzt wird. Anstatt das Wissen mit anderen zu teilen, behalten wir es für uns.

Jedenfalls glauben wir zu wissen, was Bewusstsein ist. Wir sind voll bewusst, wenn wir wach sind. Wir werden un-bewusst, wenn wir ohnmächtig geworden sind oder bei einer Vollnarkose und im Tiefschlaf. Und der Traum ist irgendwo dazwischen, stimmts? Wir könnten behaupten, es gäbe einige andere Zustände wie Hypnose, meditative Trance oder Halluzination durch Drogen und sehr wahrscheinlich meinen wir, Bewusstsein höre ganz auf, wenn wir sterben. Und wenn wir noch mehr gedrängt werden, könnten wir argumentieren, dass es etwas ist, das sich gleichzeitig mit der zunehmenden Komplexität des Gehirns entwickelt hat, etwas, was Pflanzen nicht besitzen, Tiere ein bisschen und wir ziemlich viel. Wenn es hart auf hart kommt, würden wir vermutlich eingestehen, dass wir im

Grunde nicht wirklich wissen, was Bewusstsein eigentlich ist, obwohl wir nicht daran zweifeln würden, dass wir es besitzen.

Auf den ersten Blick werden Sie sicher sein, dass Advaita mit unserer Erfahrung und Beobachtung übereinstimmt, dass wir uns meistens drei grundlegender Zustände gewahr sind: des Wachens, des Träumens und des Tiefschlafs. Doch wie Sie mittlerweile vielleicht auch erwartet haben, entspricht die Beschreibung dieser Zustände in der Advaita-Philosophie nicht ganz der gewöhnlichen.

Die *Upanishad*, die sich am tiefsten mit dem Thema auseinandersetzt, ist die *Mandukya Upanishad* mit *Gaudapadas Karika*. Wir wissen, dass diese Philosophie *sagt*, es gibt nur ein Selbst, *Atman* oder *Brahman*. Doch scheint dieses sich auf verschiedene Arten zu manifestieren und die Weisen und die heiligen Schriften müssen quasi durch Verneinung und Schlussfolgerung rückwärts gehen, um uns die Natur der Wirklichkeit zu »erklären« oder uns zu befähigen, sie intuitiv zu erfassen. Diese *Upanishad* also spricht anhand der Bewusstseinszustände über die Wirklichkeit und beginnt mit der Aussage, dass die Manifestation vier Aspekte oder Bereiche der Aktivität aufweist.

Der erste dieser Aspekte heißt *Jagrat*. Es ist der Wachzustand, und das Ich des wachen Menschen – *Vishva* – ist sich der äußeren Welt der Sinnesobjekte bewusst. Hier herrscht die Identifikation mit der Hülle aus Nahrung. Im Wachzustand ist das »Individuum« vollständig (*Vishva* = ganz) mit allen Fähigkeiten von Sinnen und Verstand.

Der zweite Zustand heißt *Svapna*, was »Schlaf« – aber nur im Hinblick auf den Körper – bedeutet. Dies ist der Traumzustand und der Träumer wird *Taijasa* genannt. In diesem Zustand ist sich der Träumer der subtilen oder inneren Welt der Objekte bewusst, das heißt der Gedanken, Gefühle und so weiter, ohne sich der äußeren Welt gewahr zu sein. Im Traumzustand projiziert *Bewusstsein* tatsächlich die Traumwelt aus ihrem eigenen »Licht« und der Traum

»besteht« aus diesem »Licht« des Geistes (*Taijasa* = »aus dem Licht hervorgehend oder bestehend«).

Der dritte Aspekt ist *Sushupti* – »sehr gute Ruhe« – , denn im Zustand des Tiefschlafs ruhen der Körper und der Verstand. Das Schläfer-Ich wird *Prajna* genannt, wörtlich »intelligent«, »weise« oder »Intelligenz«. Im Tiefschlaf sieht der Schläfer weder die äußere noch die innere Welt der Objekte. Die Sinne und der Verstand sind untätig und es wird nichts erfahren, das heißt, es ist kein Wissen da. Der Zustand ist von *Avidya* bestimmt, doch es muss eine Spur von Gewahrsein existieren, da wir wahrscheinlich aufwachen werden, wenn jemand uns beim Namen ruft. Während dieses Zustands »weiß« man nichts und es sind keine Erscheinungen da. Paradoxerweise kann *Prajna* auch als »jemand, der fast unwissend ist » übersetzt werden. Da noch *Bewusstsein* da ist, ist das Ich nicht völlig unwissend, aber fast. Es wird als ein Zustand von reinem Bewusstsein und Glückseligkeit beschrieben, eben weil keine mentale Unruhe herrscht, doch da kein Wissen da ist, sind wir uns dessen nicht direkt gewahr: Es ist die Identifikation mit der Hülle aus »Glückseligkeit«. Es heißt, in diesem Zustand ist das Selbst mit *Avidya*, Unwissenheit, identifiziert.

Der vierte Zustand wurde bereits erwähnt – er heißt *Turiya* –, aber darüber will ich jetzt noch nicht sprechen; die meisten von uns kennen diesen Zustand nicht.

Wir können es so verstehen, dass das reine Bewusstsein des Tiefschlafs zuerst auftaucht, um die feinstoffliche Welt der Gedanken und Emotionen zu erhellen – dabei werden wir der Träumer – und sich weiter entfaltet, um die äußere Welt zu erhellen, in der wir zum wachen Menschen werden. Im Tiefschlaf haben wir keinen Realitätssinn. Dieses »fehlende Verstehen« aufgrund von Unwissenheit (*Avidya*) ist die Ursache der Erscheinungen, die im Wachzustand und im Traum auftauchen. Es ist identisch mit der »verhüllenden Kraft« von *Maya (Avarana)*. Im Träumen und Wachen leiden wir an den Problemen, die wir bereits in der Metapher von Schlange und Seil beschrieben haben – wir miss-verstehen die Wirklichkeit. Diese »Wirkung« des Missverstehens geht aus der »Ursache« der Unwissenheit, des fehlenden Verstehens, hervor. Miss-Verstehen ist *Vikshepa*, die wir zuvor als die projizierende Kraft der *Maya* beschrieben haben.

Bewusstsein ist das, in dem alles andere erscheint. Es ist da, wenn nichts da zu sein scheint. Wir können es uns als die Stille zwischen Gedanken vorstellen oder als die Leinwand, auf die der Film des Lebens projiziert wird, unberührt von allem, doch ohne sie wäre kein Film zu sehen. Sri Poonja fragte einmal, was wir sehen würden, wenn er mitten auf eine Wandtafel einen kleinen weißen Punkt malen würde. 99 % der Menschen würden sagen, sie sähen einen weißen Punkt, bemerkte er. Obwohl der kleine Punkt fast unsichtbar ist, zieht er unsere Aufmerksamkeit so auf sich, dass wir sogar die große, schwarze Tafel nicht beachten. Wir sehen, wie Gedanken im Bewusstsein auftauchen, doch über Bewusstsein selbst wissen wir nichts. Unser Verstand wird unweigerlich versuchen, Bewusstsein so zu verstehen, als sei es ein Objekt, das wir beobachten könnten, und nicht als das, was Beobachtung überhaupt ermöglicht. Alle Theorien, die wir entwickeln mögen, sind zum Scheitern verurteilt und schlimmer noch, sie verleiten uns möglicherweise dazu zu denken, wir wüssten etwas, obwohl es gar nicht so ist. Ich unterhielt mich einmal mit Francis Lucille und sprach über die *Gunas* – wie *Sattva* Bewusstsein übermittelt, *Rajas* es reflektiert und *Tamas* es absorbiert. Francis Lucille sagte dabei Folgendes über das Bewusstsein:

»Der Fehler, den wir gleich zu Anfang machen, besteht darin, Bewusstsein als ein Objekt zu sehen (das Konzept des Lichts) und auch den Verstand als autonomes und getrenntes Objekt, mit dem das Bewusstsein interagiert (indem es absorbiert, reflektiert, verzerrt, gefärbt, übermittelt wird und so weiter), und damit haben wir das Wesentliche verfehlt. Dann landen wir immer bei einer Theorie.

So sieht der Verstand *Bewusstsein*, nämlich als irgendein Konzept, als Körper, Person, Licht und so weiter. Doch der Verstand kann das Bewusstsein nicht sehen, sondern das Bewusstsein sieht sich selbst, wenn der Verstand (das Konzept von Bewusstsein als irgendein Objekt) beiseite tritt.

Die einzige Möglichkeit, Bewusstsein zu sehen, besteht darin, die Aufmerksamkeit auf die Quelle unserer Gedanken, Gefühle und Wahrnehmungen zu richten und den Wunsch aufzugeben, es innerhalb der Grenzen des Verstands und der Zeit verstehen zu wollen.«

Advaita fasst das Ganze letztlich sehr einfach in einer der vier großen Aussagen oder *Mahavakyas*[41] aus den *Upanishaden* zusammen: *Prajnanam Brahma* – Bewusstsein ist *Brahman*. Bewusstsein entspricht *Brahman*, das die einzige Wirklichkeit ist – alles, was ist.

Bevor wir die drei Bewusstseinszustände detaillierter betrachten, ist es wichtig, sich darüber klar zu sein, dass all diese Erklärungen vom Verstand im Wachzustand gemacht werden. Genau genommen kann der Verstand nur über den Wachzustand aus eigener *Erfahrung* sprechen, da er in den anderen Zuständen per Definition nicht existiert.

Der Traumzustand

Im Traumzustand sind wir uns vieler Dinge bewusst, doch sie alle werden von unserem eigenen Verstand produziert. Ganze Welten werden mit ihren eigenen Regeln von Raum, Zeit und Ursache erschaffen. Vielleicht sind wir – nach den Regeln des Wachzustandes – »wir selbst« oder jemand anders, dessen Verhalten und Fähigkeiten nichts mit unseren Fähigkeiten oder den Hemmungen unseres Wachzustandes gemeinsam haben. Abgesehen von den eher seltenen luziden Träumen, in denen man erkennt, dass man träumt und die Ereignisse bewusst steuern kann, scheinen die meisten Träume in sich völlig wirklich zu sein, egal wie lächerlich sie der Analyse des Wachzustands erscheinen. Unser Traum-Ich wird seine eigene Lebensgeschichte haben, genau wie die anderen Mitspieler im Traum. Alles erscheint konkret und real, man begreift es als völlig normal und reagiert dementsprechend normal. Selbst die unwahrscheinlichsten Situationen werden fraglos akzeptiert. Erst vor einigen Nächten war ich gar nicht so überrascht, ein tiefgefrorenes Zwergnilpferd kopfüber im Küchenspülbecken zu finden. Weiß Gott, wo dieses Bild herkam!

Die höheren Funktionen des Geistes – die logische Analyse des *Manas* und die unterscheidenden Fähigkeiten der *Buddhi* – ruhen oder sie sind nur geringfügig aktiv, sodass Ereignisse und Gedanken, die im Wachzustand in Frage gestellt würden, ohne Weiteres akzeptiert werden. Wünsche, die ansonsten unterdrückt würden, dürfen sich ausdrücken. Aufgrund dessen konnten Freud und andere ihre Theorien formulieren, um die Funktionsweisen des »unterbewussten« Geistes und dadurch auch die Verdrängungen und das Verhalten des Wachzustandes besser zu verstehen.

Die Traumerfahrung ist völlig stimmig für den Träumenden. Nur wenn wir aufwachen, können wir sagen: »Wie lächerlich.« Jeder Zustand ist stimmig innerhalb seiner eigenen Sphäre – *Jagrat* ist für *Vishva* stimmig und *Svapna* für *Taijasa*. Diese Ansicht unterscheidet sich von Déscartes, der argumentiert, dass die Erfahrung des Wachzustands folgerichtiger als der Traum sei. Was er vermutlich meinte, ist, dass die Erfahrung des Wachzustands *aus der Perspektive des Wachzustands* folgerichtiger ist.

Advaita bedient sich tatsächlich einer ganzen Anzahl verschiedener »Traumtheorien«, wie William Indich aufzeigt.[42] Die »präsentative« Theorie besagt, dass der Geist die Traumbilder als Reaktion auf *Sanskaras* produziert, basierend auf vergangenen Erfahrungen. Die »repräsentative« Theorie behauptet, der Traum stamme aus der Erinnerung an früher wahrgenommene Objekte oder Eindrücke, also aus dem Gedächtnis. Nach der »Wunscherfüllungstheorie« wiederum würden Träume von Wünschen oder *Vasanas* ausgelöst. »Prophetische« Träume stammen aus guten oder schlechten Handlungen des Individuums in der Vergangenheit. Die beiden letzten Theorien stimmen mit der karmischen Theorie überein, dass Handlungen in der Vergangenheit Ereignisse in der Zukunft bestimmen.

Das Wesentliche aber ist, dass wir nach dem Erwachen aus einem Traum sofort wissen, dass der Traum falsch war – er wird von der Erfahrung des Wachzustands aufgehoben.

Der Wachzustand

Es gibt mehrere Geschichten aus verschiedenen Traditionen, die im Kern übereinstimmen und die die relativen Wirklichkeiten der Wach- und Traumzustände in Frage stellen. In der chinesischen Philosophie vom Tao träumte der Kaiser davon, ein Schmetterling zu sein, und fragte sich nach dem Erwachen, ob er nicht in Wirklichkeit ein Schmetterling sei, der träumt, er sei ein Kaiser. In der indischen Version ist es König Janaka, der den sehr realistischen und furchterregenden Traum hatte, er sei ein verhungernder Bettler. Als er aufwachte, bezweifelte er, ob er der König war, der gerade davon geträumt hatte, ein Bettler zu sein, oder ob er in Wirklichkeit ein Bettler war, der jetzt träumte, er sei der König. Die Geschichte beschreibt weiter, wie er seine Ratgeber zu sich bestellte, um sein Probem zu klären, doch es nützte nichts. Der Weise Ashtavakra, nach dem die Ashtavakra Gita benannt wurde, musste erst kommen, um ihm zu erklären, dass er weder der König noch der Bettler, sondern das eine Selbst sei.

Worin bestehen die Unterschiede zwischen dem Wachzustand und dem Traumzustand, die Sie dazu bewegen, den Wachzustand real und den Traumzustand unreal zu nennen? Sie werden zugeben, dass Sie im Traum (abgesehen von luziden Träumen) fest glauben, dass der Traum wirklich ist. Oder zumindest stellen Sie die Realität des Traums nicht in Frage – sie wird als selbstverständlich akzeptiert. Die Bilder des Traums präsentieren sich dem Bewusstsein und Sie als Traum-Ich spielen Ihre Rolle zusammen mit den anderen Charakteren im Traum, als seien sie real. Sie, das Traum-Ich, halten sich für das einzige »Subjekt« und all die anderen Traumcharaktere und Dinge für separate Objekte in dieser Welt, die in dem Moment die einzige Welt ist, die Sie kennen. Es kommt Ihnen zu keiner Zeit in den Sinn, dass alle Mitwirkenden und Objekte, einschließlich Ihres Traum-Ichs, Einbildungen Ihres Geistes sind.

Diese Art der Analyse lässt Sie übrigens leichter verstehen, wie illusorisch Ihr gewöhnliches Ich-Bewusstsein, Ihr Ego, ist. Sie wissen, dass dieses Ich-Bewusstsein im Traum selbst – das Traum-Ich oder *Taijasa* – so durch und durch wahr ist, wie Ihr Wachzustand – *Vishva* – Ihnen jetzt erscheint. Und dennoch legen Sie es völlig bereitwillig gleich beim Aufwachen wieder ab.

Was ist also so besonders am Wachzustand? Die Objekte und Menschen, Gedanken und Gefühle erscheinen Ihrem Wachbewusstsein ganz genauso. Hier spielen Sie, das Ich des Wachzustands, zusammen mit anderen Mitwirkenden und Objekten des Wachzustands eine ähnliche Rolle und Sie halten sich für ein Subjekt, das getrennt von allen anderen Wesen und Objekten des Wachzustands ist. Ist Ihnen ein Unterschied bewusst, der es rechtfertigen würde, diese Erscheinungen »wirklich« zu nennen? Denken Sie daran, dass dies jetzt Ihr Wach-Ich im Wachzustand ist. Offensichtlich kann *es* die Träume für unwirklich erklären, doch in den Träumen selbst war es das Träumer-Ich, das diese für wahr hielt. Woher können Sie wissen, ob nicht ein weiteres Stadium des Erwachens möglich ist, das wiederum die Erfahrungen des Wachbewusstseins aufheben wird? Wenn ein Wesen in Ihrem Traum Sie fragen würde, ob Sie tatsächlich schlafen oder nicht, was meinen Sie, was Sie, der Träumende, antworten würden? Vielleicht würden Sie sich im Traum sogar zwicken, um sich und dem Fragesteller zu beweisen, dass Sie wach sind.

Das Argument, das dann oft kommt, ist, dass man oft Unmögliches träumt – man kann fliegen oder ein Haus hochheben – oder die Objekte im Traum würden nichts nützen. Wir können beispielsweise nicht unser Auto aus dem Wachzustand benutzen, um zu einem Traumziel zu fahren. Um über diese Dinge angemessen urteilen zu können, müsste sich der Betrachter außerhalb der Zustände des Wachens und des Träumens befinden. Da wir uns nicht gleichzeitig beider Zustände gewahr sein können, können wir keine unabhängigen Schlussfolgerungen ziehen.

Oft scheint es so, dass die Dinge, von denen wir träumen, rational aus kürzlich gemachten Erfahrungen abgeleitet werden können. Vielleicht träumen wir beispielsweise von kopflosen Hähnchen und wenn wir aufwachen, argumentieren wir damit, dass wir Hähnchen zu Mittag gegessen hatten und danach einen Film über die Französische Revolution sahen; das muss also die Erklärung gewesen sein. Und es könnte so sein. Diese Theorie ist allgemein anerkannt und Advaita hat nichts dagegen einzuwenden. Doch genau dasselbe könnte über die Erfahrungen des Wachzustands gesagt werden. Der Traum schien völlig real und in sich gerechtfertigt, während wir ihn träumten. Und an eine »Wachzustand-Welt« dachten wir überhaupt nicht. Erst als wir aufwachten, veränderte sich die Perspektive. Wir sehen täglich im Wachzustand alle möglichen Schlangen, haben Angst vor ihnen und bekämpfen sie; manchmal beißen sie uns und manchmal besiegen wir sie. Aber wer sagt, dass sie nicht die ganze Zeit bloß Seile sind? Wie könnten wir das herausfinden, wenn wir nicht aufwachen und diese Erfahrungen damit aufheben würden?

Ramana Maharshi sagt: »Der Wachzustand ist lang und ein Traum ist kurz; ansonsten besteht kein Unterschied. So wie die Geschehnisse im Wachzustand real zu sein scheinen, während wir wach sind, so erscheinen uns die Traumereignisse real zu sein, solange wir träumen. Im Traum nimmt der Geist einen anderen Körper an. Sowohl im Wachzustand als auch im Traum treten Gedanken, Namen und Formen gleichzeitig auf.«[43] Er sagte auch: »Alles, was wir sehen, ist ein Traum, ob wir es im Traumzustand oder im Wachzustand sehen. Aufgrund einiger willkürlicher Maßstäbe über die Dauer von Erfahrungen und dergleichen nennen wir eine Erfahrung Traumerfahrung und eine andere Wacherfahrung. Im Hinblick auf die *Wirklichkeit* sind beide Erfahrungen unwirklich.«[44]

Und doch behaupten wir, jetzt wach zu sein, und wir träumen auch häufig. Wir sagen, wir sind sowohl Wachende als auch Träumende, nur nicht beides zur gleichen Zeit. Wenn wir beides sein können, dann kann unsere wahre Natur vermutlich nichts von beiden sein. Und das ist die Aussage von Advaita. Die Menschen und Objekte, die unser Leben im Wachzustand füllen, sind nur Erscheinungen, die nicht mehr Wirklichkeit besitzen als unsere fabrizierten Traumwelten. So wie Dinge in unseren Träumen »passieren«, ohne dass jemand diese Abläufe bewusst kontrolliert, gilt das auch für unser Leben im Wachzustand. Niemand »tut« irgendetwas, weil es keine individuellen Wesenheiten gibt, die irgendetwas tun *könnten*. Wir sind nur geträumte Charaktere innerhalb des *Lilas*.

Der Zustand des Tiefschlafs

Im tiefen Schlaf sind wir nicht bewusst. Alle Funktionen des Geistes sind stillgelegt, sodass weder äußere noch innere Objekte wahrgenommen werden. Da es keine äußeren Objekte gibt, gibt es nichts, was das Licht des *Bewusstseins* reflektieren kann, so wie von der Sonne abgewandter Raum, schwarz erscheint, weil es keine Objekte gibt, die das Licht reflektieren. Es gibt kein Gefühl von »Ich« und keine Gedanken, Wahrnehmungen oder Wünsche. Schlaf ist daher tatsächlich unserer wahren Natur am nächsten. Er ist die glückseligste Erfahrung, ohne die wir nicht auskommen – der Friede und das Glück, die auf dem Gesicht eines Menschen liegen, der tief schläft, ist nicht zufällig. Unglücklicherweise sind wir uns dessen nicht bewusst. Wenn wir aus tiefem Schlaf erwachen, wissen wir nur, dass wir erfrischt sind und voller Energie und Frieden – woher kam all das? Wir haben nichts im Schlaf gegessen. Vielmehr wurde der Kontakt mit unserer innersten Natur wiederhergestellt.

Es ist interessant zu fragen, wer es denn genau ist, der sagt »Ich habe gut geschlafen«, nachdem er aufgewacht ist. Das Ich des Wachzustands, *Vishva*, war im Tiefschlaf nicht anwesend, sodass die Aussage nicht ganz wahr ist, da sie von *Vishva* gemacht wurde. Im Tiefschlaf herrschte tatsächlich kein Bewusstsein von irgendetwas; das Selbst war mit der Hülle aus Glückseligkeit identifiziert. Der Erfahrende dieses Zustandes wird *Prajna*, reines Bewusstsein, genannt. Der Geist und die Sinne sind dabei nicht beteiligt und sind sich dessen nicht bewusst – und die Unwissenheit ist nahezu absolut.

Francis Lucille zieht es vor, zwischen »Tiefschlaf« und dem »Zustand des Tiefschlafs« zu unterscheiden. Auf den letzten beziehen wir uns vom Standpunkt unseres Wachzustands aus. Doch kann sich unser Wachzustand nur auf »objektive« Dinge beziehen. Verstand und Sprache brauchen ein Objekt, um funktionieren zu können. Da der Tiefschlaf ohne Objekte ist, bezeichnet der Verstand das als »Ausgeblendetsein«, doch wenn wir von der »Abwesenheit von Objekten« sprechen, dann sind wir immer noch objektiv. Die Erfahrung des Tiefschlafs ist daher tatsächlich der Kenntnis des Verstands im Wachzustand entzogen. Lucille sagt, dass der Tiefschlaf unsere wahre Natur und dasselbe ist wie das, was wir zwischen Gedanken und Gefühlen erfahren, das heißt, der »Hintergrund« all unserer Erfahrung. Advaita nennt das *Turiya*, den »Vierten«. Lucille benutzt die Metapher von Gesichtern, die in Stein gemeißelt sind. Die Gesichter, die unsere Aufmerksamkeit anziehen, sind die Zustände, doch hinter ihnen, als die eigentliche Substanz, aus der sie gebildet sind, ist der Stein selbst, *Turiya* – Gewahrsein. Krishnamenon[45] benutzt dieselbe Metapher in Bezug auf *alle* Objekte. Wir halten die Objekte für getrennt, weil wir nur die Gesichter sehen, und nehmen nicht wahr, dass sie alle in Wirklichkeit aus dem einen Stein – *Bewusstsein* – gebildet sind.

Turiya – Gewahrsein

Wir haben angedeutet, dass die Erfahrungen unseres Wachzustands denen des Träumers vergleichbar sind. Wenn es irgendwie möglich ist, aus diesem Wachzustand zu erwachen und zu erkennen, dass die Welt da draußen mit all ihren Objekten und Lebensformen eine Illusion ist, vergleichbar mit dem Traum, dann denken wir vielleicht, dass wir nicht erwachen wollen. Denn wie wäre das? Wir würden doch alles verlieren, was wir vermeintlich wissen, all unsere Freuden und Leiden. Und wir würden nicht die Ziele erreichen, auf die wir unser ganzes Leben hingearbeitet haben.

Sie sind ein frischgebackener Rechtsanwalt am britischen Gerichtshof und haben gerade das Schlussplädoyer zur Verteidigung Ihres ersten Klienten abgeschlossen. Nun müssen Sie eine Zeit der Ungewissheit abwarten, während sich die Geschworenen zurückziehen, um über die Aussage zu beraten. Sie holen sich einen Kaffee aus der Kaffeemaschine und setzen sich hin, um zu trinken. Sie können Ihre Ungeduld in Anbetracht der Entscheidung kaum beherrschen und obwohl Ihre Fingernägel schon abgekaut sind, blättern Sie geistig wohl oder übel noch mal die ganzen Ereignisse durch, die Sie hierher führten, einschließlich der Studienjahre an der Universität und der Jahre, die Sie als Anwalt praktiziert haben. Und … dann wachen Sie auf. Sie werden nie erfahren, wie das Urteil gelautet hätte. Ist es von Belang für Sie? Ich schließe meine Beweisführung ab!

Vijay R. Subramaniyam fasst dies in seinem Buch »Ellam Ondre« folgendermaßen zusammen (2.6): »Wenn Sie fragen, was das ist: Es wird *Turiya*, der vierte Zustand, genannt. Warum nimmt man diesen Namen? Er ist insofern angemessen, als er andeutet, dass die drei Zustände Ihrer Erfahrung – Wachen, Träumen und Tiefschlaf – Ihnen fremd sind und Ihr wahrer Zustand der Vierte ist, der sich von diesen drei unterscheidet. Wenn man die drei Zustände – Wachen, Träumen und Tiefschlaf – als einen langen Traum begreift, dann stellt der vierte Zustand das Erwachen aus diesem Traum dar. Insofern ist er noch mehr nach innen gekehrt als der Tiefschlaf und auch wacher als der Wachzustand. Deshalb ist Ihr wahrer Zustand jener vierte Zustand, der sich vom Wachen, Träumen und Tiefschlaf unterscheidet. Sie sind nur Das. Was ist dieser vierte Zustand? Er ist das Wissen, das nichts objektiviert. Es ist nicht so, dass er seiner selbst nicht gewahr wäre. Das heißt, der vierte Zustand ist Reines Wissen, das sich keines Objektes bewusst ist, aber dennoch selbst nicht unbewusst ist. Nur wer dies auch nur einen Augenblick erkannt hat, hat die Wahrheit verwirklicht. Du bist nur Das.«

Ramana Maharshi spricht sogar noch von einem nominellen »fünften« Zustand namens *Turiyatita*. Dabei geht es darum, dass *Turiya* selbst noch ein »Zustand« ist und für kurze Zeit von spirituellen Suchenden beispielsweise in tiefer Meditation erlangt werden kann. Doch sobald die Wahrheit voll erkannt ist, wird der »Zustand« permanent, es gibt keine Rückkehr zu den Identifikationen der anderen Zustände. Obwohl der Weise immer noch schläft und träumt und mit uns auf der normalen Ebene des Wachbewusstseins verkehrt, ist er sich immer voll gewahr, dass dies Erscheinungen auf dem ewigen Hintergrund der Wirklichkeit sind. *Turiya* ist der losgelöste Zeuge der scheinbaren Zustände des Wachens, Träumens und Schlafens. *Turiyatita* ist nur das Selbst, ohne dass es etwas von ihm Getrenntes zu bezeugen gibt; alle scheinbar gesonderten Dinge unterscheiden sich nur in Name und Form und sind in Wirklichkeit Eins.

Atmananda Krishnamenon trifft in seinem Buch *Atma Darshan* eine ähnliche Unterscheidung. Sein Name für *Turiya*, den Zustand, in dem es nur den losgelösten Zeugen gibt, ist »bedingtes Bewusstsein«. Den »natürlichen Zustand« (*Sahaja Samadhi* – siehe das Kapitel über *Samadhi*), unser höchstes Selbst, nennt er »nicht-bedingtes Selbst«. Das entspricht Ramana Maharshi's »*Turiyatita*«. Es gibt nur das Selbst, ohne dass es etwas zu bezeugen gäbe, da es einfach nichts anderes als das Selbst gibt.

Tod

»Every body dies, nobody dies« sagt Swami Chinmayananda – jeder (Körper) stirbt, niemand stirbt. Stellen Sie sich einen Schrank vor, dessen Regale mit verschiedenen Gefäßen und Flaschen gefüllt sind. Wenn der Raum innerhalb eines dieser Gefäße denken könnte, würde er vielleicht die anderen Gefäße auf dem Regal anschauen und schlussfolgern: »Hier bin ich, ganz getrennt von allen anderen Gefäßen, ich muss mich um diesen zerbrechlichen gläsernen Körper kümmern, der meine Natur begrenzt, und werde es nie schaffen, wirklich mit anderen Flaschen zu kommunizieren.« Das mag sich tatsächlich sehr isoliert und verletzlich anfühlen. Doch wenn das Gefäß eines Tages vom Regal herunterfällt, stellt der Raum plötzlich nicht nur fest, dass er noch da ist, sondern dass er immer da war, schon bevor das Gefäß überhaupt entstand und auch danach. Außerdem besteht eine ununterbrochene Einheit, ohne jegliche Trennung, mit dem ganzen universellen Raum, der einzig und ununterschieden ist, war und immer sein wird.

Wenn eine Welle auf dem Meer sich umsehen und nachdenken könnte, würde sie all die anderen Wellen sehen und könnte sehr wohl schlussfolgern: »Hier bin ich, eine unbedeutende kleine Welle unter all diesen Tausenden von Wellen, zu einer kurzen Existenz verurteilt, die voller Gefahren ist. Selbst wenn ich einst zu einer riesigen

Flutwelle würde und ein spektakuläres Leben hätte, das in die Geschichte einginge, würde es nur allzu schnell vergehen und das wars.« Und die Welle *wird* unweigerlich sterben, doch dann entdeckt sie, dass sie nichts weniger als ein Teil des riesigen Ozeans ist, dass ihre imaginäre, gesonderte Existenz nur eine Illusion war – ihre scheinbare Geburt und ihr scheinbarer Tod waren nur ein Spiel auf der Oberfläche jener Tiefe.

Jesus sagte: »Bevor Abraham war, bin ich« und »Ich bin, der ICH BIN.« Vielleicht haben Sie sich schon mal gefragt, was Er damit vielleicht meinte, und andere versuchen bestimmt, Ihnen zu sagen, dass es etwas ganz anderes bedeutet. Doch ich glaube, dass diese Beispiele gute Metaphern dafür sind, was Er uns vermitteln wollte – die einfache Wahrheit von Advaita.

»Staub zu Staub, Asche zu Asche.« Haben Sie jemals über diese Worte nachgedacht? Beachten Sie, dass es nicht heißt »Denkendes Gehirn zu Asche; lebender Körper zu Staub«. Und das aus einfachem Grund: Der Körper war noch nie lebendig. Er ist nicht mehr oder weniger als die Nahrung, die wir zu uns nehmen; tote Materie, die durch sehr intelligente chemische oder physische Prozesse zu komplexer Materie wurde, die schließlich all die uns vertrauten Funktionen verrichten kann, vorausgesetzt der Körper wird innerlich vom Geist belebt. Wir leben nicht in den Wänden unserer Häuser; wir leben im Raum darin. Wenn das Haus abgerissen wird, dient es nicht mehr als Haus, aber nur weil die Wände den Raum nicht mehr begrenzen. Der Raum selbst ist völlig unberührt. Ebenso ist es, wenn der Körper stirbt – er fungiert nicht mehr als Person, doch das Selbst bleibt völlig unberührt.

Sobald Sie völlig akzeptiert haben, dass Sie keine der Hüllen der Identifikation sind, besteht kein Problem mehr. In der Stille kann ich zurücktreten und den Körper mit seinen Wehwehchen sehen, den Verstand mit seinen trivialen Gedanken und den Intellekt, der sich einen Reim auf das Ganze machen möchte. Ich bin keins dieser

Dinge, ich existiere weiter, unberührt von ihrem endlosen Wandel. Sie sind nur Formen, die vom denkenden Geist erschaffen wurden. In Wirklichkeit existiert nur das Selbst.

Reinkarnation

Lassen Sie mich als Erstes darauf hinweisen, dass dieses Thema, ganz praktisch gesehen, irrelevant ist. Die Menschen sind oft neugierig darauf; Sie mögen durchaus sagen: Was mit mir nach dem Tod passiert, ist doch sehr wichtig. Aber für wen genau ist das wichtig? Wer ist an früheren oder zukünftigen Leben interessiert? Ist nicht dieses Leben, hier und jetzt, wichtig? All diese Fragen sind eigentlich nur für das Ich von Interesse, das ein starkes persönliches Interesse daran hat, seine Wichtigkeit aufzublähen und sich seiner anhaltenden Existenz sicher zu sein. Außerdem hat das Subjekt selbst nur auf der relativen Daseinsebene Bedeutung. In Wirklichkeit wurde nämlich das Selbst nie geboren und kann daher nie sterben, daher hat die Frage im noumenalen Sinn keine Bedeutung.

Nach diesem Vorspann können wir dem Verstand erlauben, mit einigen Ideen über die Reinkarnation zu spielen und zu untersuchen, wie sie aus der Sicht des verkörperten Selbst und des Ichs scheinbar funktioniert.

Die Theorie hinter der Theorie ist sozusagen die Theorie des Karma. Unsere vergangenen Handlungen sind die Ursachen, die zu einem späteren Zeitpunkt ihre Folgen haben müssen. Unsere *Vasanas* oder latenten Wünsche müssen auftauchen und aufgelöst werden. Im Tiefschlaf, wenn der Verstand, der Intellekt und das Ich, die sich mit ihnen identifizieren, nicht bewusst sind, weilt das *Bewusstsein* bei sich selbst. Doch die Unwissenheit oder *Avidya*, die die Wahrheit verbirgt, existiert immer noch. Die Wünsche und Identifikationen ziehen uns gleichsam von diesem Zustand der Glückseligkeit zurück in den Wachzustand. Ebenso, könnte man sagen, ziehen uns die *Vasanas* in einen neuen Körper, wenn der alte stirbt.

Swami Parthasarathy erzählt dazu eine schöne Geschichte.[46] Sie handelt von einem scheinbar verrückten Einsiedler, der außerhalb eines Dorfes lebt. Jeden Tag taucht er bei Sonnenaufgang aus seiner Höhle auf und beginnt, einen riesigen Felsblock den naheliegenden Berg hochzurollen. Obwohl er so schwer ist, müht er sich in der zunehmenden Tageshitze damit ab, bis er schließlich oben ankommt. Sobald er das erreicht hat, dreht er sich um, gibt dem Felsblock einen Schubs und beobachtet, wie er wieder hinunter in den Abgrund rollt. Er lacht lauthals darüber und kehrt nach diesem Tagewerk in seine Höhle zurück. Er wird so berüchtigt, dass die Menschen von weither kommen, um sein verrücktes Tun zu beobachten, und erstaunt den Kopf schütteln. Eines Tages kommen mehrere Fremde in das Dorf, die erklären, sie seien Schüler eines bekannten Weisen, der sie vor einigen Jahren verließ. Sie hören von dem Einsiedler, doch das kann nicht ihr Meister sein, da er wohl ganz klar verrückt ist. Dennoch gehen sie am nächsten Tag zu ihm und fallen ihm nach dem Spektakel zu Füßen – es ist ihr Meister. Als man sie auf sein seltsames Verhalten anspricht, erklären sie, alle Bemühungen des Einsiedlers dienten dazu, uns unsere eigene absurde Situation vor Augen zu führen. Wahrscheinlich haben wir Millionen Leben damit verbracht, uns vom Pflanzen- und Insektenreich zum Höhepunkt der Evolution hochzuarbeiten, wo wir nun kurz vor dem Göttlichen stehen. Und um einiger vergänglicher weltlicher Vergnügungen willen werfen wir all das weg und gehen wieder zum Anfang zurück.

Swami Parthasarathy hat eine nützliche Metapher für die traditionelle Sicht der Reinkarnation.[47] Er sagt, wir seien wie Spiegel. Der Rahmen des Spiegels repräsentiere unseren Körper und das Glas unseren feinstofflichen Körper des Verstands und der unterscheidenden Erkenntnis und den damit verbundenen *Vasanas*. Während unseres Lebens reflektiert der Spiegel die Sonne, die eine Metapher für unser wahres Selbst ist, *Bewusstsein* oder *Brahman*. Beim Tod wird der Rahmen weggeworfen, und der Spiegel wird in einen neuen Rahmen gesetzt, wo er erneut die Sonne reflektiert. Das heißt, der Körper stirbt und der *Jiva* wird in einem neuen Körper wiedergeboren. Während des ganzen Geschehens ist das wirkliche Selbst (die Sonne) völlig unberührt.

Doch wie wir bereits gesehen haben, ist die Person nur eine Maske, das Ich existiert nicht und Zeit ist ein Konzept, das dazu erfunden wurde, damit der Verstand und die unterscheidende Erkenntnis mehr von der Welt begreifen, die nur eine Erscheinung ist. Wie könnte Reinkarnation irgendeine Bedeutung haben? Es gibt niemanden, der stirbt; niemanden, der überhaupt geboren wurde. Nur wenn wir geboren würden, könnten wir auch wiedergeboren werden. Der Körper besteht nur aus Nahrung, deshalb ist es klar, dass er weiterhin eine andere Art von Nahrung bleiben wird, wenn das Leben in dem Körper-Verstand-Gefüge aufhört. Gewahrsein existiert außerhalb von Zeit und Raum. Wir und das Universum sind nur Erscheinungen im Gewahrsein. Es gibt keine Geburt, keinen Tod und keine Reinkarnation.

Die Dichotomie dieser Ansichten kann in gewissem Maße dadurch gelöst werden, dass wir klarstellen, von welchem Standpunkt aus wir sprechen. Auf der absoluten Ebene (Paramarthika) gibt es keine Diskussion: »Es gibt nicht zwei Dinge.« Auf der relativen Ebene (Vyavaharika) sprechen wir darüber, wie die Dinge in unserem Zustand der Unwissenheit erscheinen. Hier macht es Sinn, die Metapher der Wellen auf dem Ozean anzuführen. Wellen erscheinen (werden geboren) und können einzeln wahrgenommen werden. Ich bin die kleine hier und die große drüben ist der amerikanische Präsident oder sein Gegenkandidat (ich weiß den Unterschied nicht so genau – sie sehen alle gleich aus). Wenn eine bestimmte Welle »stirbt«, versinkt sowohl die grobe als auch die feine Substanz wieder im Ozean, *von dem sie nie getrennt war*. Später wird eine neue Welle aufsteigen und einige Merkmale werden mit einer vorherigen Welle übereinstimmen. Die neue Welle heißt vielleicht Martha. Und sie entdeckt, dass sie sich an ein Ereignis aus der französischen Revolution erinnert und sagt: »Dies ist mein Gedanke.« Und dann behauptet sie, sie sei in einer vergangenen Inkarnation Robespierre gewesen. Doch der Gedanke trieb einfach im Meer der Erinnerungen zusammen mit allen anderen Gedanken und gehörte niemandem mehr. Es wurde überhaupt kein Individuum wiedergeboren. In Wirklichkeit gab es überhaupt noch nie ein Individuum, das vom Ganzen getrennt war. Die Anhaftung an *diesen* Körper-Verstand-Intellekt ist so machtvoll, deshalb erinnern wir uns so selten an frühere Inkarnationen.

Bewusstsein selbst jedoch, Das, was wir wirklich sind, ist kein Objekt, weder feinstofflich noch grobstofflich, weder ein Körper noch ein Gedanke. Es unterliegt nicht den Gesetzen von Raum oder Zeit. Wie könnte es geboren werden, sterben oder sich wieder inkarnieren? All das sind Ideen, die aus der fälschlichen Identifikation dessen, was wir wirklich sind, mit einer phänomenalen Erscheinung entstehen. Man meint irrtümlicherweise, diese Form, der wir eine eigene illusorische Existenz einräumen, unterliege der Bindung, dem Tod und der Wiedergeburt.

Zusammenfassung: Was ist Bewusstsein vom Standpunkt des Advaita?

Nach Ramesh Balsekar könnte Bewusstsein folgendermaßen gegliedert werden. Zu Beginn existiert *Bewusstsein* »in Ruhe«, ohne irgendwelche Attribute oder Eigenschaften – *Nirguna Brahman* (= *Turiyatita* oder »nicht-bedingtes Bewusstsein«). Dann gibt es *Bewusstsein* »in Bewegung«, das als *Zeuge (Turiya* oder »bedingtes Bewusstsein«) wirkt. Sobald der Gedanke »Ich bin« aufkommt, wird er »verkörpertes« *Bewusstsein*. Schließlich identifiziert sich dies mit dem Körper-Verstand und ist »angehaftetes« *Bewusstsein* geworden – der *Jiva*. Der Prozess der Erleuchtung besteht darin, die Identifikation aufzuheben und zum Zeugen und letztlich dem unangehafteten »Ich bin« zurückzukehren.

Ramana Maharshi sagt:

»Die Vorstellung, der Körper oder das Denken zu sein, ist so tief verwurzelt, dass man sie nicht überwinden kann, selbst wenn man vom Gegenteil überzeugt ist. Man erfährt einen Traum und erkennt beim Aufwachen, dass er unwirklich ist; in anderen Zuständen wiederum ist die Erfahrung des Wachens unwirklich. So widerspricht jeder Zustand den anderen. Deshalb sind dies nur Veränderungen, die im Seher stattfinden, oder Phänomene, die im Selbst erscheinen, das unberührt von ihnen eine ununterbrochene Einheit bildet. So wie die Zustände des Wachens, Träumens und Schlafens Phänomene sind, so sind auch Geburt, Wachstum und Tod Phänomene im Selbst, das davon unberührt und ununterbrochen weiter existiert. Geburt und Tod sind nur Vorstellungen, die sich auf den Körper oder den denkenden Geist beziehen: Das Selbst existiert vor der Geburt dieses Körpers und wird nach dem Tod dieses Körpers weiter existieren. Genauso ist es mit all den Körpern, die nacheinander angenommen werden. Das Selbst ist unsterblich. Die Erscheinungen sind veränderlich und scheinen sterblich zu sein. Die Angst vor dem Tod bezieht sich auf den Körper; sie gilt nicht dem Selbst und ist durch Unwissenheit bedingt. Verwirklichung bedeutet wahres Wissen um die Vollkommenheit und Unsterblichkeit des Selbst. Sterblichkeit ist nur eine Vorstellung und die Ursache von Leid. Sie entledigen sich ihrer, indem Sie die unsterbliche Natur des Selbst verwirklichen.« (Gespräche des Weisen vom Berge Arunachala, Interlaken 1984)

Es gibt nichts außer *Bewusstsein*. Das wär's doch dann, und nun könnten Sie fragen: »Warum ist das Buch in dem Moment nicht zu Ende?« Aber intellektuelle Argumente sind ein Ding; persönliche

Erfahrung oder Offenbarung jedoch etwas ganz anderes. Damit die Offenbarung eintritt, muss ein Quantensprung im Verstehen geschehen. Wenn Sie sich mit Physik oder Chemie beschäftigt haben, werden Sie wissen, dass Energie in das System eingegeben werden muss, damit dieser Sprung passieren kann. In diesem Fall entsteht die Energie aus dem Wissen, denn Unwissen ist immer die grundlegende Ursache unseres falschen Verständnisses. Dieses Wissen wiederum entwickelt sich aus allen oder einer der verschiedenen Übungen, die in Teil 2 beschrieben wurden.

Die heiligen Schriften und Yogas, Übungen und Gurus, die Suche und Satsang dienen diesem Zweck. Der Weise weiß, dass es keine »anderen« gibt, doch wenn er gerne über die Wahrheit spricht, werden die Suchenden ihn finden und von ihm lernen.

Die Natur des Selbst

Die Wahrnehmung des Selbst

Wir können das Selbst in keiner Weise wahrnehmen. Dennoch ist das Selbst nicht wirklich unbekannt, sondern nur von Unwissenheit bedeckt. Ist diese beseitigt, ist das Selbst da, so wie es immer da war. Sie können nicht rausgehen und es irgendwo anders finden. Ramana Maharshi verglich es mit einem Zimmer, das mit allem möglichen Krempel vollgestopft ist. Wenn Sie Raum schaffen wollen, können Sie diesen Raum nicht von außen hereinbringen. Sie müssen den Krempel wegwerfen, und der Raum wird da sein. Ramakrishna benutzte die treffende Metapher von Algen oder Schaum auf einem Teich. Der spirituelle Weg wird damit verglichen, den Schaum allmählich nach und nach von der Oberfläche abzutragen. Nach jedem Eimer, den man abgeschöpft hat, verbreitet sich der noch übrige Schaum wieder weiter, sodass es lange Zeit so aussieht, als ob gar keine Wirkung einträte. Tatsächlich aber wird die Schicht immer dünner, bis plötzlich der Punkt erreicht wird, an dem die Bedeckung ganz aufreißt und das klare Wasser erscheint, das immer unter den Algen da war. Das steht für den Moment der Selbsterkenntnis, in dem die Bedeckung der Unwissenheit aufreißt und die Wahrheit durchscheint.

Unser wahrer Zustand, das, was wir wirklich sind, ist jenes ungeschiedene Bewusstsein, das da ist, bevor es seiner selbst bewusst wird. An einem bestimmten Punkt unserer Entwicklung nehmen wir uns selbst als getrennte Wesen wahr. An diesem Punkt beginnen die Schwierigkeiten. Mit jenem ersten Gedanken haben wir Dualität geschaffen – ein wahrnehmendes Subjekt und ein implizites, wahrgenommenes Objekt. Dieses »ungeschiedene Bewusstsein«, unser wahres Selbst, nimmt nun die Identität jenes wahrnehmenden Subjekts an und so kommt die individuelle Person zu ihrer imaginären Existenz. Von da an gehts bergab. Es folgen Anhaftungen an dies und jenes, zusammen mit der Bindung und dem Leid, die sich daraus ergeben.

Das Lächerliche ist, dass es dieses »Individuum« ist – welches nur ein vom *Bewusstsein* erzeugtes Konzept ist, das sich mit diesem ersten Gewahrsein verbindet –, das »nach sich selbst sucht«. Aber es gibt kein Individuum. Das wirkliche Selbst ging nie verloren; die Brille, nach der wir gesucht haben, saß die ganze Zeit auf unserer Stirn.

Descartes war der Meinung, dass Denken grundlegend für unser Sein sei und dass die bloße Tatsache des Denkens ein Beweis unserer Existenz sei. Doch wie ich bereits zuvor sagte, ist das Gefühl, das wir beim Erwachen haben, ein »reines« Wissen unseres Gewahrseins jenseits aller objektivierter Gedanken, Wahrnehmungen oder Gefühle. »Ich bin« würde vollkommen genügen, und nicht »Ich denke, also bin ich«.

Doch dieses »Ich bin« ist kein Punkt hinter den Augen, ein Bewusstsein, das irgendwo in diesem Gehirn lokalisiert ist. Man sollte im Grunde gar nicht davon sprechen, da der Versuch, dieses Gewahrsein in Worte zu fassen, unausweichlich fehlschlägt und uns leicht dazu verleitet zu meinen, der Verstand könne die Worte verstehen. Wir sollten in diesem Zusammenhang noch nicht mal »Ich« sagen, denn das impliziert ein »Du«, das vom Ich verschieden ist. Ebenso wenig sollten wir »bin« sagen, denn das könnte ausdrücken, dass ich in der Vergangenheit vielleicht nicht war oder irgendwann in der Zukunft nicht sein werde. Besser, man spricht gar nicht davon – »Sei still und wisse, ich bin Gott«.

Ramana Maharshi analysiert dies für uns im Hinblick auf das Denken. Die meisten unserer Gedanken richten sich auf Objekte jedweder Art, einschließlich der Gefühle und anderer Gedanken. Diese nennt er *Idam Vritti*; *idam* bedeutet »dies« und *Vritti*, was viele

Bedeutungen haben kann, bedeutet in diesem Zusammenhang eine »Stimmung« oder Aktivität des Geistes. Diese Gedanken verändern sich ständig. Ein andersartiger Gedanke, der immer gleich bleibt, ist der Gedanke »Ich bin«, den er *Aham Vritti* nennt. Der Gedanke »Ich bin« ist offensichtlich nicht das, was wir sind; wir sind das, in dem der Gedanke aufsteigt – das, was sich aller Gedanken gewahr ist und ohne das gar keine Gedanken da sein könnten. So wie es bei jeder Erfahrung drei Aspekte gibt – den Erfahrenden, das Erfahrene und den Akt des Erfahrens – so gibt es im Gewahrsein das, was gewahr ist, das, dessen es sich gewahr ist, und den Akt des Gewahrseins. Unser wahres Selbst ist jenseits aller drei. Wir müssen Acht geben, nicht auf halbem Wege anzuhalten. Wenn ein Gedanke aufsteigt und wir erkennen »Ich bin dieses Gedankens gewahr«, besteht die Gefahr, dass wir uns mit dem »Ich bin« identifizieren, das dies für sich in Anspruch nimmt. Wie Sie mittlerweise wissen, gehört jeglicher Besitzanspruch zum Prozess von *Ahankara*.

Die »Seele«

Vielleicht herrscht hier etwas Verwirrung über das, was in Religionen wie dem Christentum manchmal »Seele« genannt wird. Wenn Sie überhaupt einen Bezug zu diesem Wort haben, denken Sie vielleicht noch, die Seele sei das, was wir wirklich sind. Vielleicht denken Sie, sie würde den Tod des Körpers überleben und dann woanders hingehen, vielleicht in einen anderen Körper. Wenn Sie bis hierher gelesen haben, denken Sie wahrscheinlich nicht mehr daran, sie könnte an so einen Ort wie den Himmel oder die Hölle gehen. Sie glaubten bisher bestimmt, dass die Seele etwas Getrenntes und Einmaliges sei, das mit Sicherheit von dem, was Sie vielleicht »Gott« nannten, unterschieden war. Wenn man Sie fragen würde, ob sie dasselbe wie das ist, was Sie Ihr Ich nannten, hätten Sie vielleicht noch größere Schwierigkeiten, dies zu beantworten.

Eine Frage, die sich einfacher beantworten ließe, wäre, ob Sie Ihr Ichgefühl mit dem denkenden Geist in Zusammenhang bringen. Ich denke, das werden Sie bejahen. Wenn wir das Gefühl einer »Seele« haben, die den Tod überlebt, so können wir uns das nicht vorstellen, ohne unseren Verstand, unsere einzigartigen Erinnerungen und Gedanken mitzunehmen. Sonst könnten wir es nicht als »wir« bezeichnen, oder?

Ramana Maharshi vergleicht das wirkliche Selbst, das wahre *Bewusstsein*, mit der Sonne, die immer scheint, ob sie nun von Wolken bedeckt ist oder nicht, unabhängig von der Erdrotation. Ebenso leuchtet das Selbst immer, egal ob das Ich sich erhebt oder zurückweicht, denn während des Tiefschlafs verschwindet das Ich. Er macht keinen Unterschied zwischen Seele und Ich – sie sind dasselbe und wir sind keines von beiden.

Was ist die Seele/das Ich also? Ramana Maharshi erklärt, dass das Selbst, die Wirklichkeit, ewig, allgegenwärtig und außerhalb von Zeit und Raum ist – noumenal. Der Körper ist ein mentales Konstrukt – ein Name und eine Form, die der Materie überlagert wurden und sehr mit Zeit und Raum verknüpft sind – phänomenal und unwirklich. Beide können sich nicht wirklich miteinander vermischen. Das Mentale erschafft in seinem verwirrten Versuch, beides in Einklang miteinander zu bringen, dieses illusorische Ich oder die individuelle Seele. Sie scheint aufgrund der Gegenwart des wahren Selbst bewusst zu sein, doch gleichzeitig erscheint sie aufgrund der Verbindung mit dem aus Nahrung bestehenden Körper materiell und erdgebunden. Das Denken ist der Prozess des *Ahankara*, wie wir bereits erörterten – »Ich bin der Körper« oder »Ich bin der Verstand«. Praktisch gesehen haben wir daher die Gleichung:

Seele = Ich = denkender Geist

Ramana Maharshi hat eine Metapher für diese Verwechslung der Wirklichkeit des Selbst und der Unwirklichkeit des Körpers. Er sagt, es sei wie ein Mann, der träumt, er treffe eine schöne Frau und heirate sie. Der Bräutigam ist wirklich, doch nicht die Braut. Wenn er erwacht, ist er immer noch Junggeselle. In unserer Unwissenheit treffen wir, das Selbst, eine imaginäre Braut, den Körper, und heiraten, indem wir zum Ehemann/Seele werden, doch der Körper und insofern auch die Ehe war unwirklich, die Seele hat nie existiert. Die logische Konsequenz davon ist natürlich: Wenn der denkende Geist illusorisch ist – dann sind auch all seine Probleme – Unglück, Angst und so weiter ebenso illusorisch.

Er erzählt noch eine weitere ähnliche Geschichte, in der diese Analyse noch etwas weitergeführt wird. Sie handelt von einem Hochzeitsempfang, bei dem ein Gast eintrifft, der nicht eingeladen wurde. Anfangs vermuten die Angehörigen der Gesellschaft des Bräutigams, der Gast sei ein Freund der Braut, während die Familie und die Freunde der Braut denken, der Bräutigam habe ihn eingeladen. Und so heißt ihn jeder willkommen und geht davon aus, er habe ein Recht, da zu sein. Doch nach einer Weile setzen sich die Angehörigen der beiden Familien zusammen, erkundigen sich und Argwohn kommt auf. Der ungeladene Gast sieht, was vor sich geht, erkennt, dass er entlarvt werden wird, und schleicht sich verstohlen von dannen.

Der Gast ist das Ich, das weder zum Selbst noch zum Körper gehört. Solange wir unwissend bleiben, bleibt das Ich und man glaubt, es habe eine wirkliche und legitime Existenz. Sobald wir es jedoch hinterfragen und die Natur unseres wahren Selbst entdecken, verschwindet das Ich, ohne irgendeine Spur zu hinterlassen.

Im Wachen und im Traumschlaf ist das Ich mit dem Körper oder dem denkenden Geist verbunden und wird für unser Selbst gehalten, im Gegensatz zu all den Dingen, die uns vermeintlich umgeben und die das Nicht-Selbst sind. Deshalb fühlen wir uns in unserem tagtäglichen Leben begrenzt und an diesen abgesonderten Körper und Verstand gebunden. Doch während des Tiefschlafs verschwindet dies Ich zusammen mit dem Körper und der übrigen Welt. Beachten Sie, dass wir trotzdem nicht das Gefühl haben, »wir« seien verschwunden. Beim Aufwachen halten wir uns für dieselbe Wesenheit, die wir vor dem Einschlafen waren. Selbst hier haben wir also guten Grund, die Wirklichkeit des Ichs in Frage zu stellen.

Insofern können wir nachvollziehen, dass das Mentale die Hauptursache des Problems ist. Seit dem Moment unserer Geburt sind von allen Seiten Eindrücke auf uns eingestürmt – Wahrnehmungen, Gefühle, Gedanken – außer den Zeiten, wenn wir tief geschlafen haben. Die ersten Eindrücke werden im Gedächtnis gespeichert und danach werden alle zukünftigen Eindrücke auf diese Erinnerungen bezogen, bevor sie selbst gespeichert werden. Unser Mentales ist die Ursache all unseres Wissens und all unserer Erfahrung. Nach dem allerersten Eindruck durchläuft jede weitere Erfahrung den Filter dieser Speicherungen aus der Vergangenheit, als trügen wir farbige Brillengläser. Osho definiert das Ego als die Kraft des *Bewusstseins*, die mit dieser vergangenen Erfahrung identifiziert ist. Als Beispiel nimmt er die Vorstellung »Ich bin ein Christ«. Woher kommt diese Vorstellung, wenn nicht aus all dem, was uns in der Kindheit gesagt wurde oder was mit uns damals gemacht wurde. Wir wurden bestimmt nicht als Christ geboren; hätten Moslems das Kind christlicher Eltern aufgezogen, wäre es höchstwahrscheinlich ein Moslem geworden.

Aus diesem Grund geschieht Selbsterkenntnis in jenen Momenten, wenn das Mentale abwesend ist, in der Stille, die unberührt von all diesen vergangenen Erinnerungen ist, wenn das Ich nicht da ist. Deshalb ist Meditation so eine machtvolle Technik, um uns solche Momente der Erkenntnis zu ermöglichen. Wenn das ständige Geschwätz des Verstands aufhört, wird ein ungeheurer Friede gefühlt. Dieser Friede ist das Wesen des Selbst, das vorübergehend von seiner Identifikation mit dieser oder jener Begrenzung befreit ist, ohne den verschleiernden Effekt des Egos.

Die meisten Menschen erfahren dieses Gefühl nur selten – es entspricht Maslows »Gipfelerfahrung« – ausgelöst durch etwas Außergewöhnliches, vielleicht einen Anblick überwältigender Schönheit, großartiger Musik oder Dichtung. Dann weckt uns etwas für einen Moment aus jenem verschlafenen, eingefahrenen Leben auf, in dem wir den Dingen nur einen Bruchteil unserer Aufmerksamkeit schenken, während der Rest damit beschäftigt ist, die Vergangenheit hochzuholen oder sich um die Zukunft zu sorgen. Doch die Qualität so einer Gipfelerfahrung liegt nicht im *Ereignis* selbst; sie liegt in uns, in einem Aspekt unserer eigenen Natur. Das können wir aus den häufigen, aber unweigerlich erfolglosen Versuchen schließen, die Erfahrung erneut zu machen, indem wir nach dem gleichen Stimulus suchen. Hat es sich um ein Musikstück gehandelt, das wir uns später wieder anhören, so mag dies Erinnerungen an die Erfahrung auslösen, doch die Intensität, die es im betreffenden Moment hatte, wird fehlen. Jetzt ist der Verstand nämlich aktiv und strebt danach, die Vergangenheit erneut zu beleben, während er beim ersten Mal abwesend war und es gerade deshalb geschah. Das Selbst ist es, dem die Glückseligkeit, die Wahrheit, innewohnt, und nicht die Musik oder der Verstand.

Beschreibung des Selbst

Wir können das Selbst nie als ein Objekt beobachten, daher können wir nicht seine Eigenschaften beschreiben. Damit bleiben uns nur wenige Möglichkeiten. Da es einige Menschen gibt, sowohl in der Vergangenheit als auch jetzt, die die Natur des Selbst verwirklicht haben, können wir lesen, was sie geschrieben haben, oder ihnen zuhören. Durch Metaphern, Gleichnisse, Koans oder was auch immer können sie uns eine gewisse Einsicht in die Natur des Selbst geben. Wir können auch beobachten, wie sie handeln, obwohl wir aus Mangel an direktem Verstehen das Gesehene missdeuten und auch einen falschen Eindruck bekommen könnten. Schließlich können wir durch die Hilfe verwirklichter Menschen, durch heilige Schriften und ihre Kommentatoren lernen, was das Selbst *nicht* ist.

Diese letzte Methode gehört zu den klassischen Disziplinen. Von allem, was wir sehen oder was wir über das Selbst denken, können wir mit Sicherheit behaupten, es ist »nicht das«. Der Satz »neti, neti«, »nicht dies, nicht dies« kann uns als Übung dazu dienen. Ramana Maharshi kritisierte diese Praxis jedoch insofern, als sie eine intellektuelle Aktivität sei, durch die wir nie jenseits des Verstands gelangen könnten. Er sagte, das »Ich«, das den Körper und den denkenden Geist durch so eine Methode ausgliedere, könne sich nicht selbst eliminieren. Letztlich kann nichts in Worten über das Selbst ausgesagt werden; seine Sprache ist Stille. Deshalb heißt es in der Kena Upanishad: »Der Mensch, der den Anspruch hat, er wisse, weiß nichts; doch der, der keinen Anspruch erhebt, weiß« oder wie Lao Tse gesagt haben soll: »Wer spricht, weiß nicht. Wer weiß, spricht nicht.«

Das Selbst im Advaita

Im klassischen Advaita (oder pedantischen Advaita im Gegensatz zu vedantischem Advaita, wie Francis Lucille es einmal amüsiert nannte) wird unser wahres Selbst der *Atman* genannt. Seine fälschliche Identifikation mit einem Körper und Verstand wird *Jiva* genannt. Den *Jiva* könnten Sie mit der so genannten »Seele« gleichsetzen oder jenem Teil von uns, der den Tod überlebt. Wenn wir von *Atman* in diesem scheinbar verkörperten Zustand sprechen, wird er oft *Jivatman* genannt. In Wahrheit kann der *Atman* natürlich überhaupt nicht »verkörpert« sein; er hat nichts mit Körper oder Verstand zu tun, die alle ein Teil von *Adhyasa* sind. In Anerkenntnis dessen benutzt man das Wort *Paramatman* für das »höchste Selbst«, das als solches realisiert wird, wenn *Adhyasa* aufgehoben wurde. Insofern ist der *Jiva* in gewisser Weise eine Kombination des wirklichen *Atman* und der letztlich illusorischen Körper-Verstand-Wesenheit. Innerhalb der phänomenalen Welt scheint er offensichtlich objektiv real zu sein, doch wenn wir die wahre Natur des *Atman* erkennen, stellen wir fest, dass der *Jiva* im Grunde unwirklich ist. Das »universelle« Selbst, das nicht mit irgendwelchen Körpern verbunden ist, wird *Brahman* genannt. *Atman* ist natürlich identisch mit *Brahman*, da es nicht zwei gibt, doch es wird deshalb unterschieden, damit unerleuchtete Wesen überhaupt vernünftig über die wahre Natur scheinbar getrennter Individuen und über die universelle Natur sprechen können.

Die Geschichte von den zwei Vögeln

In der Mundaka Upanishad fndet sich folgendes Gleichnis, das zwischen dem *Jivatman* und dem *Paramatman* unterscheidet.

»Zwei befreundete Vögel sind miteinander eng verbunden und leben im selben Baum. Der eine von ihnen frisst die süßen Beeren, der andere frisst nicht und schaut nur zu. – Das persönliche Selbst ist es überdrüssig, hier und da zu picken und versinkt in Niedergeschlagenheit; doch wenn es durch Meditation den anderen – das unpersönliche Selbst – den geliebten Herrn und seine Erhabenheit sieht, verlassen ihn all seine Sorgen.« (Mundaka Upanishad 3.1.1-2)

Der Vogel, der sich an den Früchten erfreut, ist das Ich oder der *Jiva*, der mit Körper und Verstand identifiziert ist und zu seiner Erfüllung von den zufälligen materiellen Freuden des Lebens abhängig ist. Unglücklicherweise leidet er dadurch aber auch genauso unter den bitteren Früchten. Die Früchte sind, wie wir zuvor erörterten, die Früchte des *Karmas*, die letztlich als Resultat vergangener Handlung auf uns zurückfallen. Wir picken auf dem Hof des Lebens herum und suchen nach ein paar Körnchen momentanen Vergnügens, doch allzu oft finden wir nichts, was uns satt macht, oder werden von den anderen Hühnern schikaniert.

Der Vogel, der nur zuschaut, ist das wahre Selbst, das in voller Erkenntnis seiner selbst immer still ist, unberührt von den vorübergehenden Freuden der süßen Früchte und daher auch nicht betroffen von den ebenso häufigen und vergänglichen Leiden jener Früchte, die sich als bitter erweisen.

Solange wir mit dem Verstand und dem Körper identifiziert bleiben, müssen wir weiter im Zustand des ersten Vogels bleiben, bedroht von »Schleudern und Pfeilen«, ständig beunruhigt und selten zufrieden. Nur wenn wir den illusorischen Anziehungen des Lebens entsagen, können wir den Frieden und die Objektivität des zuschauenden Vogels erlangen. Dann lassen wir die falschen Identifikationen los und gründen uns wieder in unserer wahren Natur.

Die Geschichte vom Bettlerkönig

Eine andere Geschichte, die Swami Parthasarathy in seinen Vorträgen zur *Bhagavad Gita* erzählt, erklärt anschaulich, wie wir unser Leben als *Jiva* in Unkenntnis unseres wahren Selbst leben können.

Sie handelt von einem Prinzen in einem sehr wohlhabenden Land im Orient. Plötzlich und unerwartet hatten schwere Regenfälle das Land heimgesucht und es wurde bald klar, dass man mit einer Überschwemmung rechnen musste. Der Herrscher hatte keine Vorbereitungen dafür treffen können und man erkannte, dass wahrscheinlich alle ertrinken würden. Um das gänzliche Aussterben der Königsfamilie zu verhindern, gab der König dem Kindermädchen des Prinzen die Anweisung, das Baby so in Sicherheit zu bringen, dass es die Flut überleben würde.

Das Kindermädchen, das mit den Erzählungen des Alten Testaments aufgewachsen war, konnte nur an die Geschichte von Moses im Binsenkorb denken und legte das Baby daher in einen alten, aber stabilen Weidenkorb, der für Brennholz benutzt wurde. Die Stürme tobten unvermindert weiter, das Wasser im Palast stieg immer mehr an und wie man es vorausgesehen hatte, ertranken die meisten Bewohner, während der Korb mit der Flut hinwegtrieb und verschwand.

Nachdem sich die Fluten gelegt hatten, versammelten sich die überlebenden Regierungsmitglieder und sahen nun das ganze Ausmaß der Katastrophe. Sofort veranlassten sie eine intensive Suche nach dem jungen Prinzen bzw. dem König, denn seine Eltern waren nun beide gestorben, aber sie konnten keine Spur entdecken. Und obwohl sie nicht aufhörten zu suchen und einen hohen Lohn für den Finder aussetzten, blieb der Königssohn verschwunden.

Zwanzig Jahre später sehen wir eine typische Szene auf dem Marktplatz der Stadt, wo sich die Bettler versammelten, um mehr recht als schlecht von den Essensresten und Münzen der Kaufleute und Besucher ihr Leben zu fristen. Insbesondere gab es einen jungen Bettler, der an den meisten Tagen zum Markt kam und den Besuchern wohlbekannt war. Für einen Bettler hatte er ein ganz gutes Auskommen und war höflich und von freundlichem Wesen.

Wenn ihm die Standbesitzer ein Stück Obst oder eine einzelne Münze gaben, dankte er ihnen überschwänglich, und er wurde auch nicht unfreundlich, wenn ihn die Leute anschrien oder ihm faule Mangos nachwarfen. Doch es war ein eintöniges Dasein ohne eine Aussicht auf Verbesserung und er konnte nicht behaupten, besonders glücklich zu sein.

Die örtliche Polizei tolerierte das Betteln auch nicht gern, vor allem wenn Staatsbesuch in die Stadt kam, der dadurch einen schlechten Eindruck von der Regierung bekommen konnte. Der junge Mann war daher schon des öfteren wegen Landstreicherei festgenommen und für ein, zwei Nächte ins Gefängnis gebracht worden. Er machte sich aber nicht viel daraus, da er dort immer eine gute Mahlzeit bekam. Diesmal jedoch hatte ihn einer der älteren Beamten festgenommen und irgendwie kam ihm das Aussehen des Bettlers bekannt vor. Die jüngeren Polizisten hatten die Flutkatastrophe bereits ganz vergessen, dieser Mann jedoch nicht. Anstatt den Bettler ins Gefängnis zu bringen, fuhr er ihn zum Palast.

Dort fanden sie alte Dokumente und Photos in verstaubten Schubladen wieder und berieten hin und her. Dann kam jemand und forderte den Bettler auf, sein Hemd auszuziehen, um seinen Rücken zu begutachten. Schließlich waren sich alle einig: Das Muttermal, sein Alter und seine erstaunliche Ähnlichkeit mit dem König, als dieser noch in seinem Alter war, waren unverwechselbare Zeichen. Sie hatten endlich den Prinzen gefunden!

Da nahmen sie den Bettler mit, wuschen ihn, kleideten ihn in feinste Seide und trugen ihm ein Essen auf, das all seine Vorstellungen übertraf, geschweige denn, dass er so etwas je zuvor gekostet hätte. Schließlich brachten sie ihn in eine riesige Halle voller Würdenträger und Regierungsmitglieder. Dort wurde allen verkündet – und auch der Bettler selbst hörte es zum ersten Mal – , dass dieser Mann ihr wieder gefundener König sei.

Anfangs war der Bettler überhaupt nicht glücklich mit der Situation, nachdem er herausfand, dass er – trotz seiner hohen Stellung und der Tatsache, dass er der reichste Mann im Königreich war –, bestimmte offizielle Pflichten erfüllen musste, über die er zunächst überhaupt nichts wusste. Doch mit der Zeit lernte er mithilfe seiner zahlreichen Ratgeber, diese Pflichten hinlänglich zu erfüllen, und er fand zunehmend Gefallen an seiner Rolle und an seinem Reichtum.

Viele Monate vergingen und eines Tages wurde er in seinem königlichen Wagen durch die Stadt gefahren. Plötzlich bemerkte er, wie sie sich dem Markt näherten. Er wies den Wagenlenker an, er möge halten, lehnte sich hinaus und rief nach einem schäbig gekleideten Mann, der gerade in der Nähe stand. Er forderte den erstaunten Mann auf, die Kleider mit ihm zu tauschen, stieg aus dem Wagen und lief etwa hundert Meter weiter zum Markt, wo er auf seinen alten Platz ging und wieder zu betteln begann.

Und äußerlich war alles so wie zuvor. Er schnorrte den Büroangestellten auf ihrem Weg zur Arbeit die eine oder andere Münze ab und ein Stückchen Fleisch oder Brot von einem der Standbesitzer. Die Besucher, die regelmäßig kamen, erkannten ihn auch wieder. Einige fragten freundlich, wo er denn das letzte Jahr gewesen sei. Andere beschimpften ihn wie immer, beklagten sich über Bettler im Allgemeinen und ihn insbesondere, jagten ihn mit Flüchen weg oder warfen Tomaten nach ihm.

Und er liebte jede Minute, wohl wissend, dass er jeden Augenblick den ganzen Markt kaufen konnte und es nicht einmal an seinem Kontostand bemerken würde.

Und das ist das Ende der Geschichte. Keine Pointe, leider, aber die Frage, die sich stellt, ist: Was war jetzt genau anders, verglichen mit seiner ersten Zeit auf dem Markt? Offensichtlich war er jetzt ein König mit unerhörtem Reichtum. Deshalb konnte er es sich leisten, sich nicht darum zu kümmern, wie er behandelt wurde. Davor war er nur ein Bettler. Doch wenn Sie es wirklich bedenken, war er sogar auch damals der König. Was ist also der Unterschied?

Der entscheidende Punkt ist, dass er nicht *wusste*, dass er ursprünglich der König war. Und genauso ist es mit uns. Wir gehen durch unser Leben und denken und handeln, als seien wir Bettler, und suchen hier und da, bei diesen Menschen und bei jenen Ereignissen nach einigen Fünkchen Vergnügen, obwohl wir selbst Könige sind und bereits über unendliche Vorräte an Wissen und Glück verfügen. Wir sind Sein-Bewusstsein-Glückseligkeit, doch unglücklicherweise wissen wir es nicht und suchen ständig überall woanders danach, nur nicht in uns.

Das ist tatsächlich der zentrale Punkt, um den es der Advaita–Philosophie geht. Da es nur das Selbst gibt, wäre eine Beschreibung dessen, was das Selbst genau ist – wenn das möglich wäre – die Antwort auf die Frage nach dem Leben, dem Universum und allem. Sie würde die Wirklichkeit definieren, Punkt. In einem der Hauptwerke über Advaita, den *Brahma Sutras*, fragt der spirituelle Suchende Bashkali den Guru Bahva dreimal, er möge ihm die Natur des *Atman* beschreiben, doch Bahva spricht nicht. Schließlich sagt Bahva, er habe ihm die Antwort schon gegeben, doch Bashkali versteht es einfach nicht: Stille ist der *Atman*. Seine Natur ist jenseits von Name und Form und unaussprechlich. Sie ist die innerste Substanz von allem, reines Bewusstsein, aber jenseits von Raum und Zeit; sie kann niemals mit dem Verstand erfasst werden, wie Kant gezeigt hat.

Die Geschichte des Mannes, der von einem vergifteten Pfeil getroffen wurde

Oft stellt sich an diesem Punkt, wenn nicht bereits früher, die Frage, warum das alles so ist. Wie ist es möglich, dass wir in Wirklichkeit *Satchidananda* sind und doch so in der Dunkelheit herumtappen und glauben wir seien der Körper-Verstand?

Warum müssen wir nutzlos unser Leben damit verbringen, nach gelegentlichen Vergnügen zu suchen, wenn wir bereits alles haben? Sie wissen, ich werde wieder auf die »Entschuldigung« zurückgreifen, dass eine solche Frage nicht beantwortet werden kann. Unwissenheit hat keinen Anfang … Vielleicht fassen Sie das als eine Art Ausflucht auf, doch all das ist in Wirklichkeit nebensächlich. Und es gibt noch eine weitere kleine Geschichte, ein Gleichnis des Weisen Gautama, das in einer Fußnote des bereits erwähnten Buches »Maha Yoga«[48] erzählt wird.

Ein Mann der durch einen Wald reist, wird aus dem Hinterhalt von Räubern überfallen und von einem vergifteten Pfeil getroffen. Glücklicherweise wird er recht schnell von Freunden entdeckt, bevor das Gift seine Wirkung entfalten kann, und er erklärt ihnen, was geschehen ist. Die Freunde wollen schnell nach Hilfe rufen, damit ein Gegengift verabreicht werden kann. Doch der Mann fragt sie hartnäckig weiter nach seinem Angreifer und drängt sie, weitere Erkundungen einzuziehen und nach den Räubern suchen. Seine

Freunde versuchen vergeblich, ihn davon zu überzeugen, dass all diese Fragen warten können, das Wichtige sei, den Pfeil herauszuziehen und die Wirkungen des Gifts zu behandeln. Doch der Mann besteht auf seinen Fragen und Bitten und diese Verzögerung kostet ihn schließlich sein Leben.

Die große Gefahr besteht, dass wir genauso handeln. Wir möchten herausfinden, warum wir in dieser Situation sind, wie es kam, dass wir von *Maya* verblendet sind und uns fälschlicherweise mit unserem Körper und Verstand identifizieren. Der Intellekt giert nach Erklärungen und Rationalisierungen. Letztlich ist all das irrelevant. Worum es wirklich geht, ist, dass wir alles tun, um uns zu befreien und die Fragen für später aufheben. Jedenfalls werden diese Fragen belanglos, sobald wir die Wahrheit erkannt haben – wir mögen davon träumen, dass ein schweres Feuer ausgebrochen ist, doch wenn wir erwachen, hat es keinen Sinn mehr, die Feuerwehr anzurufen.

Individuelle Unterschiede

Wenn wir alle das gleiche Selbst sind, wie kommt es dann, dass wir alle verschieden zu sein scheinen, nicht nur, was unsere äußeren Körper betrifft und unsere Gedanken, Gefühle und so weiter, sondern sogar in Bezug auf unsere »essentielle« Natur?

Im klassischen Advaita gibt es zwei Theorien, die das »erklären«, von der eine jede ihre eigenen Probleme hat. Beide Theorien sind nur Metaphern, die uns in die Richtung der Wahrheit weisen. Man sollte nicht denken, dass eine Theorie wahr sei und die andere falsch – jede von ihnen oder beide zusammen können uns eine Anschauung im Hinblick auf diese Frage vermitteln.

Die erste Theorie, *Pratibimba-Vada*, sagt, der *Jiva* sei ein Widerschein des *Atman*, ähnlich der Reflexion eines Objekts in einem Spiegel. Der Spiegel besteht in diesem Fall aus Unwissenheit. Die

Reflexion ist kein getrenntes Objekt, auch wenn wir denken mögen, sie sei getrennt, weil sie an einem anderen Ort erscheint. Sie existiert nicht unabhängig von dem Objekt selbst und verschwindet, sobald der Spiegel entfernt ist. Ihre Erscheinung hängt von der Natur des Spiegelglases ab. Ist das Glas rot, wird die Spiegelung rot sein, ist es schmutzig, wird die Spiegelung schmutzig sein; polieren wir den Spiegel durch spirituelle Disziplin, kann die Reflexion strahlend klar sein.

Die zweite Theorie, *Avaccheda-Vada*, verwirft die Idee der Spiegel. Da das Selbst jenseits von weltlichen Qualitäten ist, kann es nicht gespiegelt werden. Stattdessen wird es von Unwissenheit begrenzt. Je nach der Natur der Unwissenheit, kann diese Begrenzung viele Formen annehmen, die in den heiligen Schriften *Upadhis* oder »begrenzende Hinzufügungen« genannt werden. Wir alle haben verschiedene *Upadhis* und scheinen uns daher voneinander zu unterscheiden. Solange Unwissenheit herrscht, können wir nicht die Einheit in allen Dingen wahrnehmen. Wir können uns vorstellen, wie der Raum in einem Haus in viele Räume getrennt ist und jeder Raum seine eigenen Merkmale hat. Wenn das Haus abgerissen wird, stellt man fest, der Raum ist noch da, aber nur *ein* Raum, ungeteilt und ganz unberührt davon, dass das Haus nicht mehr existiert.

Die Begrenzungen sind dreifacher Natur: Sie betreffen Raum, Zeit und Eigenschaften. Der erste Faktor bedeutet, dass ein Objekt nicht gleichzeitig an zwei Orten sein kann. Die zweite Begrenzung besteht darin, dass das Objekt an einem bestimmten vergangenen Zeitpunkt nicht existiert hat und an einem bestimmten zukünftigen Zeitpunkt nicht mehr existieren wird. Die dritte Begrenzung ist offensichtlicher: Wir sind in unseren Eigenschaften begrenzt, das heißt, wenn wir männlich sind, sind wir nicht weiblich; oder wir können nicht ohne künstliche Hilfe fliegen oder unter Wasser leben. Dennoch betreffen diese Begrenzungen unseren Körper und unser Denken, aber nicht unser wahres Selbst.

Upadhis lassen uns *Adhyasa*, die fälschliche Überlagerung der Wirklichkeit mit einer Illusion, unter neuen Gesichtspunkten betrachten. Ein *Upadhi* ist jeder Aspekt, mit dem wir das wahre Selbst durch Erscheinung begrenzen. Das Resultat ist, dass wir die Wahrheit durch diese Begrenzung verdecken und daher nicht richtig wahrnehmen. Die Ursache ist dieselbe – Unwissenheit – oder *Avidya*. Wenn wir das Wort »Ich« benutzen, sprechen wir gewöhnlich vom Ego, und dieses Ego ist das Selbst, begrenzt durch die Beifügungen von Körper und Geist. Das »wirkliche« ICH ist reines unangehaftetes Gewahrsein, einzig und ohne Begrenzungen.

Welche Theorie Ihnen eher liegt, die Schlussfolgerung ist dieselbe, nämlich dass der *Jiva* eine illusorische Wesenheit ist, ob nun als Widerschein des *Atman* oder als *Atman*, der durch Begrenzungen gesehen wird. Die Verwirklichung beseitigt die Unwissenheit (den Spiegel oder die *Upadhis*) und der *Atman* wird direkt erfahren – der *Jiva* existiert nicht mehr.

Das Individuum und das Selbst

Und wenn es Ihnen gelingt, sich nicht mehr mit all den Auffassungen zu identifizieren, die Sie über sich selbst haben, was bleibt Ihnen dann? Das Selbst. Und dieses Selbst ist *eins* und daher das gleiche Selbst, das jedem bleibt, wenn er alle Identifikationen fallen gelassen hat. Es ist natürlich das gleiche Selbst, das jedem »Ding« bliebe, wenn es die Fähigkeit hätte, sich nicht mehr zu identifizieren, ob es sich um Tiere, Pflanzen oder unbelebte Objekte handeln würde. Wie bereits festgestellt, sind dies nur Erscheinungen von Name und Form, die der Wirklichkeit des *Brahman* durch Unwissenheit überlagert wurden.

Wir sind keine »Person«. In unserer Unwissenheit überlagern wir dem einen Selbst fälschlicherweise verschiedene Konzepte wie Körper, Verstand, Stellung und so weiter, genauso wie wir einem Seil im Dunkeln die Vorstellung einer Schlange überlagern. Der Prozess von *Adhyasa* erklärt, warum sich jede/r von uns für ein getrenntes Individuum hält. Körper und Verstand, Gedanken und Gefühle sind nur Namen und Formen innerhalb einer ungeschiedenen Wirklichkeit. Das, was unwissentlich »Ich« genannt wird, ist die Verhaftung des Selbst an ein Körper-Verstand-Intellekt-Gefüge mit seinen Vorstellungen, Gefühlen und Wahrnehmungen. Das, was (von mir) unwissentlich »Sie« genannt wird, ist die Identifikation mit einem anderen solchen Gefüge. Beides sind Fehler – in Wirklichkeit gibt es nur eins. Solange »ich« glaube, ich bin dieses Gefüge, und »Sie« glauben, Sie sind jenes Gefüge, glauben »wir« unweigerlich, getrennt zu sein.

Trotz der Tatsache, dass die Schriften immer wiederholen, das Selbst sei jenseits aller Beschreibung und aller Gedanken, hat man dennoch manchmal versucht, eine Einsicht in das Selbst zu vermitteln. Shankaras *Atmabodha* beschreibt es als: eigenschaftslos (nirguna), nicht-handelnd, ewig, frei von Zweifeln, makellos, unveränderlich, formlos, immer frei, rein, unbegrenzt, vollkommen, erfüllt, unbeweglich, eins, immer glückselig, Wahrheit, Wissen, Unendlichkeit. Alle Beschreibungsversuche müssen auf die Abwesenheit bestimmter Begrenzungen hinweisen, sodass die meisten von ihnen tatsächlich das ausdrücken, was das Selbst nicht ist – so kommen wir wieder auf »*neti*, *neti*« zurück. Diesen Weg kritisierte Ramana Maharshi allerdings; er sagte, wenn der Verstand immer solche Aussagen machen würde, könne er nie »in seiner Quelle versinken«, was jedoch geschehen müsse, bevor das Selbst erkannt werden könne.

Insofern müssen wir uns dem Verständnis etwas anders annähern. Da das Selbst kein Objekt ist, wird es immer erfolglos bleiben, wenn der Verstand sich ihm objektivierend annähern will. Sprache erweist sich in dieser Hinsicht als völlig unzulänglich, deshalb benutzt man solche Geschichten, wie wir sie bereits gehört haben, und diese Fülle von Metaphern. Was uns davon abhält, das Selbst zu erfahren, sagt

Francis Lucille, ist genau dieser Wunsch, es als ein Objekt zu sehen oder zu beschreiben, wo wir es doch selbst *sind*; wir schauen in die falsche Richtung. Sogar wenn wir es irgendwie als ein »Nicht-Objekt« ansehen könnten, wären wir damit immer noch objektiv. Auch das wäre zum Scheitern verurteilt. Wenn der Verstand sozusagen all seine Möglichkeiten ausgeschöpft und »aufgegeben« hat, werden wir still und in der Gegenwart dieser Stille kann die Wahrheit erkannt werden, da diese stille *Gegenwart* die Wahrheit *ist*.

Wir halten uns für individuelle Wesen und sind dennoch von unserer Wichtigkeit überzeugt. Wenn wir wirklich glücklich sind, mögen wir zwar denken, das Leben sei gut, unsere Gefühle seien »erfüllt« und »glücklicher« könnten wir nicht sein. Doch wenn wir bedenken, dass auch Tiere solche Emotionen erfahren können, würden wir wahrscheinlich einwenden, dass ihre Gefühle des Glücks und dergleichen unseren weit unterlegen sein müssen. Schließlich ist die Kapazität und Komplexität ihres Gehirns der unsrigen sehr unterlegen. Könnte ein Floh glücklich sein, so müsste dies sicher ein vages, dürftiges Glück sein. Und so ist es mit allen Wahrnehmungen, Gedanken, Konzepten – sie sind gezwungenermaßen von der Kapazität der Instrumente begrenzt, durch die oder in denen sie stattfinden.

Doch wir haben gesagt, dass wir nicht die Instrumente sind; diese sind allesamt Begrenzungen, die wir unserer wahren Natur als ein Resultat unserer falschen Identifikation mit ihnen überlagern. Was wäre, wenn wir unsere wahre Natur in ihrer Fülle erfahren würden? Die *Brihadaranyaka Upanishad* sagt: »Alle Freuden des gesamten Kosmos zusammen wären nur ein kleiner Tropfen der Glückseligkeit dieses Höchsten Seins.« Jede kleine Befriedigung, jedes Vergnügen, jede Freude, jedes Glück ist gleichsam nur eine Widerspiegelung, eine bruchstückhafte, entstellte Form, ein Tropfen dieses Ozeans des Absoluten.

Verwirklichung

Was ist ein »verwirklichter« Mensch?

Sri Poonja sagte: »So etwas wie eine selbstverwirklichte Person gibt es nicht. Das Selbst wird erkannt, wenn keine ›Person‹ mehr da ist.« Sie sollten mitterweile erkannt haben, dass es nur das Selbst gibt und dass die Welt illusorisch ist. Obwohl der »Sinn« unseres Lebens darin besteht, zu diesem Verständnis zu gelangen, können wir nicht wirklich etwas tun. Das Ziel besteht kurz gesagt darin, die Wahrheit zu erkennen, »verwirklicht« oder »erleuchtet« zu werden, aber …

Und doch erwähnt dieses Buch einige »verwirklichte Menschen«. Was meinen wir damit? Was ist so ein Mensch und woher wissen wir es, wenn wir »ihm« begegenen? Die *Bhagavad Gita* stellt eine ähnliche Frage: »Welche Merkmale weist derjenige auf, oh Keshava, der fest in der Weisheit gegründet und in der Versenkung aufgegangen ist? Wie spricht jemand, der gefestigtes Verstehen besitzt, wie sitzt er und wie handelt er?« (II, 54).

Osho meint, die Frage nach der Bestimmung, ob ein Weiser verwirklicht sei oder nicht, wäre genauso, als fragten wir einen blinden Mann, ob ein Licht angeschaltet sei oder nicht. Es gibt jedoch einige allgemeine Hinweise. So ein Mensch ist *immer* Licht oder Leichtigkeit in dem Sinne, dass er glücklich wirkt, dass ihn keine schweren Sorgen von der Gegenwart ablenken, dass er die schlimmsten Probleme des Lebens klären und erleuchten kann, dass seine Augen buchstäblich Bewusstsein ausstrahlen und mit unendlichem Mitgefühl in die Tiefe einer Seele eindringen können, dass er wie eine Flamme das Verlangen nach Wahrheit in uns entzünden kann; er ist munter, fröhlich und begeistert; er bringt Licht in unsere Unwissenheit und ist ein Leuchtfeuer, das den Weg zur Wahrheit erhellt; und damit genug der Wörterbucherklärungen!

Sri Lakshmana Swami sagt: »Solange Ihr denkender Geist noch existiert, können Sie nicht feststellen, wer ein *Jnani* ist und wer nicht. Sie können nicht an seinen Worten oder Handlungen ablesen, ob jemand ein *Jnani* ist. Nur ein *Jnani* kann einen anderen als *Jnani* erkennen, da er selbst frei vom denkenden Geist ist. In jenem Zustand kann er leicht andere Erleuchtete erkennen, deren denkender Geist erloschen ist. Wenn Sie ein sehr fortgeschrittener »Devotee« (Anhänger) sind, der seinen Geist ins Selbst versenken und ihn vorübergehend verschwinden lassen kann, sind Sie imstande, einen *Jnani* zu erkennen; doch eben nur in dem Zustand, der frei ist vom denkenden Geist. Taucht dieser wieder auf, ist die Fähigkeit nicht mehr vorhanden.«[49]

In der *Bhagavad Gita* wird der verwirklichte Mensch ein Sthitaprajna genannt, jemand, der in der »Weisheit« (*Prajna*) »steht« oder »gründet« *(sthita)*, ein Mensch, der Stetigkeit, Ruhe, feste Urteilskraft und Zufriedenheit besitzt. Die im restlichen 2. Kapitel der *Gita* beschriebenen Merkmale beinhalten auch das, was zu tun ist, um einen solchen Zustand zu erreichen:

- Jemand, der alle Wünsche aufgegeben hat und im Selbst allein zufrieden ist;
- jemand, der von Unglück nicht erschüttert wird, der nicht nach Vergnügen begehrt und frei von Verhaftung, Angst und Zorn ist;
- jemand, der losgelöst ist und weder von Freude überwältigt wird, wenn ihm Gutes widerfährt, noch von Hass, wenn ihm Böses zustößt;
- jemand, der sich nicht nur davon enthält, den Vergnügungen der Sinne nachzugeben, sondern in dem keinerlei Begehren mehr danach vorhanden ist;
- Anhaftung an Objekte führt zu Wünschen, ihnen folgen Zorn, Verblendung, Verwirrung, Verlust der Vernunft und … der Tod.

Deshalb hält »der Mensch, der in steter Weisheit gegründet ist«, seine Sinne immer unter Kontrolle und ist weder angezogen noch abgestoßen von den Sinnesobjekten;
– jemand, der immer ruhig und gelassen und nie unglücklich ist.

Die *Gita* betont mehrmals in diesem Kapitel die Notwendigkeit, die Sinne unter Kontrolle zu halten und alle Wünsche aufzugeben. Die Metapher eines Schiffs, das durch den Wind vom Kurs abkommt, illustriert, wie Unterscheidung und Vernunft schwinden, sobald Sinnesobjekte den Geist ablenken. Ein Schlüsselvers in dieser heiligen Schrift lautet: »Was Nacht für alle Wesen ist, ist Tag für den Menschen, der sich selbst beherrscht. Was Tag für alle Wesen ist, ist Nacht für den Weisen, der sieht.« Das heißt, gewöhnliche Menschen leben innerhalb der illusorischen Sinneswelt und halten all das für wirklich – es ist ihr »Tag«. Für sie ist die Wirklichkeit »Nacht«, in der ihnen ihre Sehfähigkeit nichts nutzt. Jemand, der sich von den Sinnen abgewandt und den Schlaf der *Avidya* abgeschüttelt hat, wie Shankara es ausdrückt, ist völlig wach und die »nächtliche« Wirklichkeit ist für ihn wie heller Tag. Umgekehrt ist die vergängliche Welt bloßer Erscheinungen nun wie Nacht für ihn, da sie einen Zustand der Unwissenheit darstellt.

Das Kapitel endet mit der Verkündigung: »Wer diesen Sitz Brahmans erlangt, ist nicht mehr getäuscht. Darin fest gegründet – bis ans Lebensende – geht man in *Brahman* ein.«

In einem anderen Werk Shankaras *(Bhaja Govindam)* heißt es, ein Verwirklichter benehme sich wie ein Kind, ein Verrückter oder ein Geist: es sind keinerlei egoistische Züge mehr da – es *existiert* kein Ego. Es werden zwar noch Emotionen wie Liebe und Hass ausgedrückt, doch nur so, wie sie im Moment auftauchen – im nächsten Augenblick sind sie schon wieder völlig vergessen. Ein Verwirklichter lebt immer spontan in der Gegenwart, ohne die Vergangenheit zu bedauern oder sich um die Zukunft zu sorgen. Da er nicht die uns vertrauten Sorgen des Ichs teilt und keine Wünsche und Ängste kennt, erscheint sein Verhalten manchmal fremd oder sogar verrückt zu sein, jenseits unserer Verständnismöglichkeiten. Obwohl er unter uns weilt, ist er dennoch unberührt von äußeren Ereignissen, er bleibt gleichmütig, wo andere überglücklich oder zutiefst unglücklich sind; er mag uns auch wie ein Geist erscheinen, der unberührt von dem ist, was wir noch als wirklich wahrnehmen.

Der verwirklichte Mensch ist sich der Natur der Dinge voll bewusst und identifiziert sich nicht mehr mit irgendeinem Aspekt der Erscheinung, obwohl alles noch so wie zuvor wahrgenommen wird. Er sieht weiterhin die scheinbare Vielfalt und benutzt auch weiterhin die konventionellen Bezeichnungen für all die Formen, die wahrgenommen werden; doch er lässt sich nicht mehr von ihnen täuschen. Er ist wie ein Zuschauer einer Zaubervorführung, der um den Trick weiß. Er weiß jetzt, dass er die Wirklichkeit des Hintergrunds ist, auf dem die Erscheinungen auftauchen. Der Geist träumt zum Beispiel weiter, weil es Teil seiner Funktionsweise ist, akute Sorgen und Vorstellungen im Schlaf zu wiederholen und zu verarbeiten. Doch der verwirklichte Mensch weiß dies und identifiziert sich nicht mit dem Prozess; er weiß, dass »er« nicht träumt, und daher existiert kein *Taijasa* – kein Traum- »Ich«, nur *Svapna*, der Traumzustand des Geistes.

Der Weise hat letztlich keine *Upadhis* oder wahrgenommene Begrenzungen mehr. Die Funktionen dessen, was von anderen als Person des Weisen wahrgenommen wird, bleiben bestehen, doch er selbst weiß, dass er nur Zeuge all dessen ist, was ohne sein Zutun als Teil der Natur oder *Prakriti* geschieht. Nur die *Gunas* »handeln«. Alles erscheint als Spiel; nichts braucht oder kann verändert werden. Es gibt keine Unwissenheit, kein Missverständnis und kein *Adhyasa*. Alle vorherigen Missverständnisse wurden aufgehoben und der Weise hat nun ein direktes Wissen um die Wirklichkeit, nicht als ein Objekt – da er weiß, dass es keine Objekte gibt –, sondern als seine eigene Essenz. Tiefschlaf existiert weiter, doch Er schläft nicht.

Beide Aspekte der *Maya* wurden transzendiert. Er sieht die Erscheinungen noch, doch er wird nicht länger von ihnen getäuscht.

Nisargadatta sagt: »Ihre Welt ist vergänglich und veränderlich. Meine Welt ist vollkommen und unveränderlich. Sie können mir alles über Ihre Welt erzählen, was Sie wollen – ich werde aufmerksam, ja sogar interessiert zuhören, doch werde ich keinen Moment lang vergessen, dass Ihre Welt nicht existiert, dass Sie träumen. In meiner Welt haben die Worte und ihre Bedeutungen kein Sein. In Ihrer Welt ist nichts von Dauer, in meiner Welt verändert sich nichts. Meine Welt ist wirklich, während Ihre aus Träumen besteht. Meine Welt hat keine Merkmale, anhand derer man sie identifizieren kann. Sie können nichts über sie sagen. Meine Stille singt; meine Leere ist Fülle; mir fehlt nichts. In Ihrer Welt erscheine ich so [mit einem Namen und einer Form, Bewusstsein und Aktivität ausdrückend]. In meiner Welt habe ich nur Sein, sonst nichts. Ich bin meine Welt. Meine Welt ist ich. Sie ist vollständig und perfekt. Ich brauche nichts, nicht mal mich selbst, denn mich selbst kann ich gar nicht verlieren. In Ihrer Welt wäre ich sehr unglücklich. Aufzuwachen, zu essen, zu sprechen und wieder zu schlafen – wie mühselig!«[50]

Der »Zustand« der Verwirklichung (der kein Zustand ist) zeichnet sich vor allem durch die völlige Abwesenheit von Wunsch und Verlangen aus. Diese können nur da existieren, wo es ein Ich gibt, das sich begrenzt fühlt und das die wahrgenommene Leere füllen und Bedrohungen vermeiden möchte. Beachten Sie, dass dies Bedrohung für das Ich mit seinem imaginären Status und seiner Verletzlichkeit bedeutet, nicht für den Körper. Das natürliche, angeborene Handeln, mit dem man Schaden abwehrt, wird nach der Erleuchtung weiter automatisch erfolgen, doch in dem Wissen, dass »Ich« nicht verletzt werden kann.

Ist die Erleuchtung einmal geschehen, gibt es kein Zurück mehr. Das Ego ist für immer verschwunden; man versteht, dass es nie existiert hat. Nisargadatta sagt: »Sind Sie einmal zur Wirklichkeit erwacht, bleiben Sie in ihr. Ein Kind kehrt nicht in den Mutterleib zurück!«[51]

Der Prozess der Verwirklichung

Papaji hat einige wunderbare Bemerkungen über verschiedene Themen fallen gelassen. Er wurde einmal gefragt, ob es eine Art »Reifeprozess« für den spirituellen Suchenden gebe, so wie die neun Monate, die ein Baby im Mutterleib verbringt, bevor es geboren wird. Seine Antwort lautete: »Sie sind reif für Erleuchtung, wenn Sie nichts anderes mehr wollen. Um als Baby geboren zu werden, müssen Sie neun Monate lang immer größer werden. Um erleuchtet zu werden, müssen Sie kleiner und kleiner werden, bis Sie völlig verschwinden.«*

Verwirklichung ist die unmittelbare Kenntnis des Selbst. Sie hat daher nichts mit dem Körper oder seinen Sinnen, dem Mentalen oder seinen Gedanken zu tun – diese sind nur für die scheinbare Welt und das illusorische Ich relevant. *Atmabodha* vergleicht das mit einem Licht, das in ein gläsernes Gefäß gestellt wird. So ein Licht ermöglicht es uns, die äußere Welt zu sehen, ebenso wie *Bewusstsein* die Sinne und den Verstand dazu befähigt, aktiv zu sein. Wenn alle Objekte weggenommen werden, bleibt das Licht, das sich selbst leuchtet, zurück. Genauso ist es, wenn wir alle Anhaftung an die Welt der Erscheinungen und vergänglichen Freuden aufgeben – dann bleibt nur *Bewusstsein*, das sich selbst in *Sat-Chit-Ananda* leuchtet.

Eine andere Sichtweise wäre in Nisargadattas Worten, dass »die *Wirklichkeit* kein Ereignis ist« und dass »alles, was geschieht, was kommt und geht, nicht die Wirklichkeit ist«. Wir können das Noumenale nicht erfahren; es ist jenseits der Wahrnehmung oder der Gedanken. Da Erleuchtung die Wirklichkeit ist, ist es logisch, dass wir sie vom Standpunkt des Egos, des Körper-Verstands, nicht *werden* können. Sobald dies einmal völlig akzeptiert ist und wir »aufgegeben« haben, hört das Kämpfen und daher auch der Widerstand auf. Man kann die Erleuchtung geschehen lassen. Erleuchtung ist auch keine »Erfahrung«; diese beinhaltet jemanden, der erfährt, und ein von uns getrenntes »Objekt« und die Erfahrung, die »erfahren wird«, die Dreiheit von Wissendem, Wissen und Gewusstem. Wir müssen daher sehr achtsam dabei sein, wie wir all das auffassen, selbst wenn wir sprachlich recht unbekümmert damit umgehen.

Da Erleuchtung kein Prozess ist und da es keine »Person« gibt, die verwirklicht werden könnte, gibt es im Grunde nicht viel, was wir dafür tun können. Traditionelle Wege haben immer verschiedene spirituelle Disziplinen oder *Sadhana* befürwortet, wie im Kapitel »Einige traditionelle Wege« beschrieben. Doch die modernen Lehrer des Direkten Weges weisen darauf hin, dass es nichts gibt, was das *Ego* tun *kann*. Es ist eine klassische Zwickmühle. Eine Person kann insofern nie erleuchtet werden, als sie nur eine Maske ist; das Selbst ist bereits reines Licht. Wir, als Ego, mögen uns zwar wünschen, erleuchtet zu werden, doch genau dieser Wunsch, das Selbst zu werden, verleugnet die Tatsache, dass wir es bereits sind! Nur wenn der Wunsch nach Freiheit aufgegeben wurde, können wir verstehen, dass wir bereits frei sind. Es ist so, als würden wir fragen: »Wann wird die Schlange ein Seil werden?«

Ramana Maharshi sagte: »Wenn Sie von einem Weg sprechen, wo befinden Sie sich jetzt? Und wohin wollen Sie gehen? Wenn beides bekannt ist, können wir von einem Weg sprechen. Erkennen Sie zuerst, wo Sie sind und was Sie sind. Es gibt nichts zu erreichen. Es gibt kein Ziel zu erreichen, nichts zu erlangen. Die Auffassung, es gäbe ein Ziel und einen Weg dorthin, ist falsch. Wir sind immer das Ziel oder Frieden. Sie sind das Selbst. Sie existieren immer ... Wenn das Selbst erreicht werden müsste, hieße das, das Selbst wäre nicht hier und jetzt und müsste noch erlangt werden.«[52]

Es gibt eine alte Sufi-Geschichte über den berühmten »Mullah

Nasruddin«, der die Hauptfigur in den Geschichten des Sufi-Schriftstellers Idries Shah ist. Mullah Nasruddin hat den Schlüssel zu seinem Haus verloren und man sieht, wie er im Licht einer Straßenlaterne danach sucht. Man fragt ihn, wo er den Schlüssel verloren habe und er zeigt auf einen dunklen Winkel der Straße. Auf die Frage, warum er ihn denn bei der Laterne suche, wenn er ihn dort drüben verloren habe, antwortet er, hier sei es heller. Genauso suchen wir überall nach unserer wahren Natur, nach Glück, Wissen und Wahrheit, nur nicht in uns selbst. Es mag leichter sein, außen zu suchen, doch dort werden wir dies nie finden.

Wir müssen also sehr achtsam sein, wenn wir uns auf die Suche nach der Wahrheit begeben und unseren spirituellen Weg planen. Denken Sie immer daran, dass »ich« nichts tun kann. Wenn »ich« denke, ich würde aktiv suchen oder »ich« würde meditieren, wird nichts geschehen. »Ich« habe noch nicht einmal etwas mit dem ersten Anstoß zu tun, der dieses Interesse auslöst. Es heißt, dies sei ein Akt der »Gnade«. Das ist ein schwieriges Konzept, weil es einen Gott nahelegt, der gnädig auf uns herabschaut und sich erbarmt, was natürlich Unsinn ist.

Ramana Maharshi sagt dazu: »Gnade ist das Selbst. Sie sind nie vom Wirken der Gnade ausgeschlossen. Gnade ist immer da. Sie stecken bis zum Hals in ihr und doch rufen Sie nach Gnade. Das ist genauso, als würde jemand bis zum Hals im Wasser stecken und trotzdem durstig sein. Das, was existiert, ist Gnade, sie ist immer da, für alle verfügbar, und sie erfüllt das ganze Universum, da sie die Existenz selbst ist. Das, was ewig ›IST‹, ist ›Ich bin‹ und das ist die innerste Natur von allem und für alle jederzeit zugänglich. Dieses reine ›Ich bin‹ in jedem von uns ist Gnade. Gnade ist der Anfang, die Mitte und das Ende. Gnade ist das Selbst.«[53]

Meistens werden wir irgendwann etwas hören oder sehen, das einen Schnitt durch alles macht, was wir in unserem Geist angesammelt haben, all unsere Gewohnheiten, Wünsche und Ängste, und was den Duft der Wahrheit in sich trägt. Etwas in uns erkennt diese Wahrheit. Es ist das Selbst, das sich selbst sieht. Der Sanskritausdruck dafür ist *Shubhechcha* oder »guter Wunsch«, das heißt, der Wunsch nach dem Absoluten. Das löst den Prozess des Erwachens aus. Wenn wir darauf reagieren und uns bemühen, die Wahrheit zu entdecken, wird es irgendwann nicht mehr nötig sein sich zu bemühen. Es herrscht keine Verwirrung oder Angst mehr; die Wahrheit ist erkannt und der Weg ist klar. Wir werden in Klarheit und Licht davon angezogen. Da *Sattva Guna* nun offensichtlich gefestigt ist, wird dieser Zustand *Sattvapati* genannt.

Praktisch gesehen, schlafen wir im Moment: Entweder sind wir uns unserer wahren Natur völlig unbewusst, wie die meisten Menschen – oder wir haben nur eine Ahnung oder einen Glauben, so wie Sie und ich. Schlafende oder träumende Menschen wachen irgendwann auf jeden Fall auf. Auch wir werden irgendwann aus diesem Zustand der Unwissenheit erwachen, doch die heiligen Schriften sagen uns, dies könne Millionen Leben dauern. Manchmal kann etwas in einem Traum passieren, das so erschreckend ist, dass wir sofort aufwachen. Zum Beispiel könnte uns ein Löwe verfolgen, der plötzlich auf uns zuspringt. Der Löwe ist nur ein Bild, das von unserem eigenen Geist hervorgebracht wurde, und trotzdem hat diese Illusion die Macht, uns von einer Bewusstseinsebene zu einer anderen zu bringen. Solche Ereignisse können auch im Wachzustand unseres Lebens passieren, in dem uns ein »Traumlöwe« von der Qualität des Wachzustands in die Erkenntnis der Wahrheit katapultieren kann. Unglücklicherweise haben wir auf diese Ereignisse keinen Einfluss.

Wir haben die Erfahrung von *Samadhi* bereits im 3. Kapitel erwähnt, als wir über die Hüllen sprachen. Es gibt zwei Ebenen von *Samadhi*: *Savikalpa* und *Nirvikalpa*. Beide sind jedoch noch Zustände und man kehrt zum normalen Wachzustand zurück, wenn sie vorüber sind. Sobald Selbstverwirklichung erlangt wurde, ist die Erkenntnis des Selbst voll und dauerhaft. Das wird *Sahaja Samadhi* oder besser *Sahaja Sthiti* genannt, damit man es sich nicht als eine Art meditativer Trance vorstellt. Um es noch verwirrender zu machen: *Sahaja* bedeutet natürlicher »Zustand«, doch in Wirklichkeit ist diese dritte Art von *Samadhi* nicht wirklich ein Zustand, sondern unsere wahre Natur. Haben wir sie einmal erkannt, so ist das permanent (*sthiti* bedeutet »fest« oder »bleibend«). *Savikalpa* und *Nirvikalpa Samadhi* sind immer mit Meditation verbunden und hören auf, wenn diese aufhört. Der Weise in *Sahaja Sthiti* erfüllt die Funktionen einer normalen Person, er denkt sogar, wenn es notwendig ist, doch er ruht immer im Wissen seines wahren Selbst.

In *Savikalpa Samadhi* ist sich der Meditierende, auch wenn er tiefe Stille und Frieden erfährt, dennoch bewusst, dass er es ist, der diese Stille erfährt, und dass er nur eine Erfahrung hat. In *Nirvikalpa Samadhi* ist jedes Gefühl von Dualität aufgehoben und die völlige Glückseligkeit des Selbst wird direkt erkannt. Um es unzulänglich in Worten auszudrücken: Anstatt Glückseligkeit zu »erfahren«, *ist* man Glückseligkeit. Diese Erkenntnis wird in *Sahaja Sthiti* permanent und ist dann nicht mehr dahingehend begrenzt, dass sie nur durch tiefe Meditation erreichbar ist. Nach den ersten beiden *Samadhis* hat der Übende immer noch ein Gefühl einer persönlichen Identität; mit *Sahaja Sthiti* vergeht dies – es gibt keine »Person« mehr, die irgendetwas erfährt. Ja, wenn *Nirvikalpa Samadhi* leicht erreicht werden kann, macht dies die Erleuchtung eventuell noch schwieriger, indem nämlich das Ich verstärkt wird, das die Glückseligkeit genießt und zufrieden mit sich ist, sie erreicht zu haben. *Nirvikalpa Samadhi* wird normalerweise tatsächlich nur durch beträchtliche Übung erreicht. Jeder, der Erfahrung mit Meditation hat, wird wissen, wie schwierig es ist, den Verstand sogar nur kurz von Gedanken freizuhalten. Paradoxerweise ist *keine* Bemühung nötig, um *Sahaja Sthiti* zu erreichen. Ja, jede Bemühung müsste es zwangsläufig verhindern, da Bemühung bedeutet, dass das Ego beteiligt ist.

Der »Übergang«

Was geschieht also genau im Moment der Verwirklichung, wenn man vom Blickpunkt eines »Individuums« zum Wissen gelangt, dass es gar kein Individuum gibt? In einer bestimmten Phase beim Studium dieser Lehre kommt ein Punkt, an dem ein tiefes Verstehen und ein intellektuelles Akzeptieren der Wahrheit der vier *Mahavakyas* geschieht. Und doch existiert immer noch ein Ich, das wegfallen muss, ein Festhalten am Gefühl »Ich bin der Handelnde, der Genießende« und so weiter. Was ist die Natur jenes Ereignisses, das vor diesem Übergang von intellektuellem Akzeptieren zu voller Befreiung eintreten muss? Lässt sich darüber überhaupt etwas Nützliches sagen?

Nathan Gill behauptet, dass in Wirklichkeit kein »Ereignis« stattfinden muss, dass eine kontinuierliche Entwicklung von rein intellektuellem Verstehen zur völligen Verwirklichung der Wahrheit möglich ist. Er sagt, »es könne ein allmähliches Verstehen stattfinden und ein Sich-Entspannen in das, was ist«. Er glaubt nicht, dass der plötzliche Quantensprung des Verstehens oder die »transzendentalen« Ereignisse, die normalerweise von den Erfahrungen der vergangenen Weisen erzählt werden, eine notwendige Bedingung für Erleuchtung sind. Gill sagt im Wesentlichen, dass das intellektuelle Verstehen »der Anfang vom Ende des ganzen Schauspiels der Suche sei. Es ist ein weiterer kleiner Schritt hinzuzufügen:

Deshalb muss auch ich Das sein.«[54] Mit anderen Worten: Sobald wir diese ganze Lehre intellektuell verstanden haben, geht es nur darum, alles sein zu lassen, einfach zu warten, ohne jede Erwartung der Selbstverwirklichung. Wie Eliot sagt: »… warte, ohne zu hoffen, denn Hoffen wäre auf Falsches gerichtet« *(East Coker, Four Quartets)*. Und dann wird der allmähliche Assimilationsprozess dieser Aussagen sie irgendwann zu voller Verwirklichung erblühen lassen.

Der Übergang ist natürlich kein physisches Ereignis – die Materie ist nur eine Manifestation, Namen und Formen, die unwissentlich Teilen der Einheit zugeschrieben wurden; wenn der Name oder die Form sich verändert, verändert sich nichts Wesentliches. Ebenso kann dies kein emotionales, mentales oder intellektuelles Ereignis sein – die Wahrnehmung der Wirklichkeit ist jenseits dieser mechanischen Funktionen. Keine Vermittlung eines bestimmten Wissens, auch wenn es *Avidya* beseitigt, kann den Übergang bewirken.

Die Frage ist natürlich nur auf der relativen Ebene von Bedeutung. Nach der Verwirklichung ist die *Wirklichkeit* (das Selbst, Bewusstsein, X) dieselbe, die sie immer war, deshalb lässt sich hier keine Erklärung für das Geschehen finden. Ja, es kann absolut keinen Unterschied zwischen *Brahman* »vorher« und »nachher« geben (und auf der Verständnisebene von *Paramarthika* existiert sowieso keine Zeit).

Ich habe an anderer Stelle über den Paradigmenwechsel gesprochen. Ich denke, jener Übergang ist wie die Veränderung, die im Menschen stattfand, der zuvor ein geozentrisches Weltbild hatte und nun plötzlich die Implikationen von Kopernikus begriff. Und doch war das Ausschlaggebende die Aufnahme neuen Wissens. Ist das alles, was auch hier passiert? Ja, könnte Verwirklichung auch ohne das Wissen der heiligen Schriften, direkt oder indirekt, geschehen? Was für ein Ereignis ist es, in Begriffen von *Vyavaharika*? Entzieht es sich uns, weil wir wieder versuchen, etwas Unbeschreibliches zu beschreiben, weil das »Ereignis« eine Art Schnittpunkt von Noumenalem und Phänomenalem darstellt?

Goodes Antwort darauf, die wahrscheinlich genauso gut ist wie jede andere, lautete: »Es ist der Übergang von der Auffassung eines Ereignisses zu der Sichtweise, es als kein Ereignis aufzufassen. Es ist der Übergang von der scheinbaren Erfahrung eines wirklichen Unterschiedes zwischen Noumenalem und Phänomenalem und dem Wegfallen dieser Erfahrung. Vom Standpunkt des ›Vorher‹ gibt es ein ›Vorher und Nachher‹ und einen vorgestellten Unterschied auf der Ebene der Erscheinungen. Vom ›Nachher‹ aus gesehen gibt es ihn nicht.«[55]

Die Ansicht der Weisen

Robert Adams war ein Weiser, der angeblich in jungen Jahren verwirklicht wurde, bevor er Ramana Maharshi traf. Er starb 1991, doch er hinterließ eine Reihe von Aufzeichnungen seiner Gespräche. In einer dieser Aufzeichnungen, die in der Winterausgabe der Zeitschrift Self-Enquiry 1997 erschien, spricht er von den Voraussetzungen, die erfüllt sein müssen, bevor Verwirklichung eintreten kann: Wir müssen alles mentale und verbale Argumentieren darüber aufgeben, was die Dinge zu bedeuten haben. Das bedeutet auch, all die mentalen Konzepte loszulassen, mit denen wir unsere Position stützen und unser Ego aufblähen, und der Intuition den Vorrang vor unseren Gedanken und Wahrnehmungen zu geben. Wir müssen aufhören, auf die Ereignisse zu reagieren, beginnen, *Karma Yoga* zu praktizieren und ein losgelöster Zeuge werden. Und das Wichtigste sei Demut zu praktizieren. »Demut ist ohne Ende«, sagt T.S. Eliot *(East Coker, Four Quartets)*. Immer, wenn etwas, was jemand anders tut oder sagt, uns ärgert oder deprimiert, binden diese Gefühle unsere Energie, sodass sie nicht mehr für Dinge zur Verfügung steht, die wichtig sind. Letztlich muss unsere Suche nach der Wahrheit so wichtig sein, dass alle anderen Wünsche aufhören (oder sogar, wie Greg Goode es oft ausdrückt, so wichtig, dass wir bereit wären, dafür zu sterben). Nur in der Stille kann die Wahrheit verstanden werden.

Ramana Maharshi sagte, dass das Wissen um das Selbst das am leichtesten zu erlangende Wissen sei. Alle anderen Formen des Wissens setzen einen Wissenden, ein Gewusstes und einen Prozess des Wissens voraus. *Atmavichara*, das Reflektieren über oder das Erforschen der Natur des Selbst, zeigt, dass es nur das Selbst gibt. Ramana Maharshi weist auch an anderer Stelle darauf hin, dass »Wissen über das Selbst« kein ganz korrekter Ausdruck ist, da es dafür zwei »Selbste« geben müsste, eins, das weiß, und eins, das gewusst wird. Korrekter wäre es, wenn wir einfach davon sprechen, »das Selbst zu sein«. Ebenso ist es ungenau, von »verwirklichen« zu sprechen, als ob wir »etwas wirklich machen« würden, wo das Selbst doch das einzig »Wirkliche« überhaupt ist. Zu Anfang betrachten wir ja das als wirklich, was unwirklich ist, und genau das muss aufgegeben werden, um das Selbst zu »verwirklichen« – ein weiteres Beispiel, wie unsere Betrachtungsweise der Dinge auf den Kopf gestellt ist.

Die meisten Weisen deuten an oder sagen, dass Erleuchtung als ein plötzliches (Nicht-)Ereignis geschieht, das diesen »Paradigmenwechsel« auslöst. Vor dem Ereignis wird die Welt als »etwas Anderes«, aus getrennten Objekten und Menschen Bestehendes, wahrgenommen und wir haben ein klares »Ich«-Gefühl als Wesenheit mit einem Körper und einem Verstand. Egal woran wir mittlerweile intellektuell glauben, diese Art der Wahrnehmung scheint unausweichlich zu sein. Nach der Erleuchtung ist die Sichtweise jedoch radikal und für immer verändert. Wie Nisargadatta es sagt: »Verwirklichung geschieht plötzlich. Die Frucht reift langsam heran, doch ihr Abfallen ist plötzlich und unwiederbringlich.«

Douglas Harding sagte dazu: »Es war alles buchstäblich atemberaubend. Es schien mir, als hätte ich ganz aufgehört zu atmen, aufgegangen im Gegebenen. Welch ein erhabenes Bild, hell erstrahlend in der klaren Luft, allein und ohne Stützen, geheimnisvoll in der Leere schwebend und (und das war das wirkliche Wunder, das Staunen und das Entzücken) völlig frei vom »Ich«, ungefärbt von irgendeinem Beobachter. Diese völlige Gegenwart war meine völlige Abwesenheit, Körper und Seele, leichter als Luft, klarer als Glas, völlig befreit von mir selbst, ich war nirgendwo mehr.«[56]

Greg Goode beschreibt seine Erleuchtungs-»Erfahrung« mit folgenden Worten:

»Vieles, was jetzt folgt, mag sich sehr kopfig und intellektuell anhören, doch glauben Sie mir, das Herz und der Körper waren auf jeden Fall dabei beteiligt. Teilweise sind meine Erziehung und meine Ausbildung als Philosoph dafür verantwortlich. Ich habe Hunderte von Büchern gelesen und viele Wege befolgt.

Etwa fünf Jahre lang stellte ich mir innerlich immer wieder eine Frage (immer wenn der Geist nicht mit offensichtlichen Notwendigkeiten beschäftigt war), weil ich wirklich die Antwort darauf wissen wollte: Was ist diese Wesenheit, die entscheidet und etwas will? Eines Tages, während ich gerade in der Rush Hour am Grand Central U-Bahnhof wartete und ein Buch von Ramesh Balsekar las, kam die Antwort. Die Welt und der Körper implodierten ins Licht und alles Tun, Wollen, das ganze phänomenale Ich verblasste und verschwand im Feuer desselben Lichts und wurde dieses Licht. Es wurde keine getrennte unabhängige Wesenheit mehr erfahren. Jegliches ›Wollen‹ und ›Wünschen‹, ›Gedanken‹ und andere mentale Regungen wurden zutiefst als spontane Erscheinungen im Bewusstsein erfahren, nicht verknüpft mit einem festen Bezugspunkt oder Ort. Nicht nur die Wesenheit ›Greg‹, sondern auch alle anderen vermeintlichen persönlichen Wesenheiten lösten sich auf und es wurde erkannt, dass sie schon immer Erscheinungen im Bewusstsein gewesen waren.

Eine Leichtigkeit, eine Süße, ein Glanz und eine Transparenz der Welt wurden zur alldurchdringenden Qualität und verschmolzen mit allen Erfahrungen. Auch psychologische Nachwirkungen stellten sich ein, so wie größeres Durchhaltevermögen, größerer psychologischer Friede und Glück. Zu dem Zeitpunkt war es wirklich ein Nicht-Ereignis. Außer wenn ich danach gefragt werde und dann versuche, es zu rekonstruieren, ist es nicht etwas, worauf ich damals geachtet oder worüber ich nachgedacht habe.

Ich erinnere mich daran, dass meine Kollegen, meine Freunde und Eltern etwas bemerkten. Ich hatte damals kein wirklich gutes intellektuelles Verständnis und suchte auch nicht danach. Ich hatte nie jemand anderen getroffen, mit dem ich darüber sprechen konnte.«

William Indich benutzt eine Metapher, die aufzeigen soll, wie eine allmählichere Verwirklichung aussehen kann.[57] Er vergleicht unsere Art und Weise, die Welt der Objekte als real zu sehen, mit dem Schatten, den ein Objekt bei Sonnenschein wirft. Wenn die Sonne tief steht, ist der Schatten groß. Er entsteht, weil das Licht vom Objekt daran gehindert wird, den Boden zu erreichen. Der Schatten ist also eine Art »negativer Projektion« der Sonne. Ebenso ist unsere Unkenntnis der Wirklichkeit eine Art negativer Projektion des *Bewusstseins* (erinnern Sie sich an *Vikshepa*, die projizierende Kraft der *Maya*). Während die Sonne höher steigt, wird der Schatten immer kleiner und kleiner und wenn sie direkt über unserem Kopf steht, verschwindet er völlig. Genauso ist es, wenn man Wissen über das Selbst erlangt – durch einen Guru, das Lesen der heiligen Schriften, Reflektieren und Meditieren und so weiter – dann nimmt die Unwissenheit immer mehr ab, bis zu ihrer völligen Aufhebung.

Tony Parsons und Nathan Gill sind moderne Lehrer, die genau das vertreten. Sie glauben, dass intellektuelle Suchende, das heißt, diejenigen, die *Jnana Yoga* praktizieren, im Laufe ihrer jahrelangen Lektüre und ihrer Begegnungen mit Lehrern ein Verständnis dessen erlangen, was Erleuchtung bedeutet, doch dass sie immer noch auf so etwas wie einen »Lichtblitz« warten. Nathan Gill sagt: »Sehen

Sie, es ist so: Die Leute suchen jahrelang und sie wissen tatsächlich bereits, wer sie wirklich sind, doch sie warten immer noch auf eine Art Ereignis. Es braucht kein Ereignis zu passieren. Dies ist es, genau hier. Die höchste Verwirklichung besteht darin, dass es nichts zu verwirklichen gibt.«[58] Er sagt, Leute, die diese Stufe erreicht hätten, sollten einfach »annehmen«, dass sie das Selbst sind, was sie ja intellektuell bereits akzeptieren, ihr normales Leben weiterführen und jede weitere Suche als nutzlos aufgeben. Dann würden sie sich allmählich in die volle Verwirklichung ihrer wahren Natur entspannen (oder auch nicht); nichts spielt eine Rolle; alles ist so, wie es sein sollte und so weiter. Sehr einsichtig – aber frustrierend, wenn es noch ein Ich gibt, das auf eine Erfahrung der Offenbarung wartet.

Der klassische Standpunkt

Das Sanskritwort für den Prozess der Selbstverwirklichung ist *Moksha* oder Befreiung. Wenn *Moksha* eintritt, hört jegliche Identifikation und jeder Glaube an Getrenntheit auf. Alle wahrgenommenen Begrenzungen schwinden. Im *Atmabodha* V. 53 heißt es, der Weise werde eins mit *Vishnu* (dem Selbst) so wie Wasser sich mit Wasser vermische (das bezieht sich auf den grobstofflichen Körper), so wie Licht Licht durchdringe (das bezieht sich auf den feinstofflichen Körper des denkenden Geistes und der unterscheidenden Erkenntnis) und wie Raum mit Raum verschmilzt (in Bezug auf den kausalen Körper). Vers 54 sagt, es gäbe keine größere Errungenschaft, kein größeres Wissen und keine größere Glückseligkeit als die, die man bei der Erleuchtung erlange, da es uns wohl nicht genau sagen kann, was wir erfahren werden.

In dem Buch »The Mustard Seed« sagt Osho: »Der tiefste Drang im Menschen ist der Drang nach völliger Freiheit. Freiheit, *Moksha*, ist das Ziel. Jesus nennt es das Königreich Gottes: wie Könige zu sein, einfach symbolisch, sodass nichts unser Dasein einschränkt, keine Bindung, keine Begrenzung – Sie existieren als Unendlichkeit …« Das ist unser Ziel (das Ziel des Ich) bei dieser spirituellen Suche, selbst wenn T. S. Eliot sagt:

Dies Ziel ist hienieden
Den meisten von uns unerreichbar,
Die nur unbesiegt bleiben,
Weil wir es stets aufs neue versuchten,
Wir, schließlich zufrieden,
Wenn unsere zeitliche Umkehr
(Nicht allzu fern von der Eibe)
Das Leben des Sinngrunds ernährt.
The Dry Salvages (Four Quartets)

Doch die Advaita-Richtung des Direkten Weges sagt uns immer wieder, dass wir diese Anschauung nicht teilen und mit irgendeiner illusorischen weltlichen Errungenschaft vorlieb nehmen müssen. Wir *sind* bereits Das. Es gibt kein *Moksha*, das in einer fernen Zukunft zu erlangen ist. In gewisser Weise ist die Auffassung von *Moksha* Teil des Tricks der *Maya*, indem sie das Ich davon überzeugt, es müsse etwas getan und erreicht werden. Das letzte Kapitel wird diese Behauptungen unter die Lupe nehmen und untersuchen, was sie für uns als »Suchende« bedeuten.

Die Lehren des Direkten Weges

»In irgendeiner Weise nach sich selbst zu suchen ist eine völlige Zeitverschwendung«. *Jean Klein*[59]

Wie wir bereits erwähnt haben, stellen die Lehrer des »Direkten Weges« den traditionellen Glauben, dass ein langer Prozess des *Sadhana* für jeden Wahrheitssuchenden nötig sei, in Frage, indem sie behaupten, wir seien bereits »verwirklicht«. Wir müssten es nur erkennen. Francis Lucille sagte in einer privaten Korrespondenz:

»Warum bis ans Ende des Reinigungsprozesses warten? Der denkende Geist hat nicht die Macht, jemanden von der Erkenntnis seiner wahren Natur abzuhalten, es sei denn, derjenige zieht es vor, dieses Erkennen aufzuschieben. Ich habe das Gefühl, in dir ist immer noch ein Warten auf ein Ereignis namens ›Erleuchtung‹ am Ende des Reinigungsprozesses. Werde dir der Absurdität dessen bewusst. Du setzt damit das gleiche Spiel fort, nämlich das Jetzt zurückzuweisen. Bewusstsein ist hier und jetzt. Du bist das, hier und jetzt und immer. Alles, was in der Zukunft auftauchen mag, kann nur eine Illusion sein. Das, was wirklich ist, kommt und geht nicht. Es ist jetzt und immer.«

Der Ausdruck »Direkter Weg« stammt aus den Lehren Ramana Maharshis, dem Ersten, der verkündete, dass die traditionellen spirituellen Disziplinen, die unter Anstrengung viele Leben lang praktiziert werden, nicht nötig seien, um die Wahrheit zu erkennen. Der Satz, der in Verbindung mit seiner Lehre benutzt wird, ist *Arjava-marga* (*Arjava* – ehrlich, aufrichtig, direkt; *Marga* – Weg, Pfad) und er wird dem traditionellen »progressiven« Weg gegenübergestellt.

Letzterer umfasst die bereits erwähnten Yogas (*Bhakti*, *Jnana* und so weiter), die von Shankara gelehrte vierfache Disziplin, um den Geist zur Vorbereitung zu reinigen und Techniken wie Meditation. Der Direkte Weg ist natürlich in Wirklichkeit gar kein Weg. Doch das bedeutet nicht, dieser (Nicht-)Weg sei leicht. In gewisser Weise sind die anderen Wege insofern leichter, als die Aufgaben klar umrissen sind und man direkt an der Umsetzung arbeiten kann. Zu Beginn mögen sie automatisch gemacht werden oder die Praxis wird vielleicht von vielen Gedanken oder Gefühlen behindert, doch zumindest gibt es etwas Klares zu tun. Im Falle des Direkten Weges sind die Anweisungen weniger offensichtlich und bei den neueren Lehrern wird oft betont, dass man im Grunde gar nichts *tun* kann und dass es sowieso nichts zu erreichen gibt – all das ist möglicherweise für den »Anfänger« auf diesem Gebiet sehr verwirrend.

Da Sie jedoch vermutlich alles Vorhergehende gelesen haben, muss die Logik des Direkten Weges jetzt eigentlich für Sie unbestritten sein. Wenn es die *Wirklichkeit* ist, dass es nur Eins gibt, muss dieses ewig und permanent sein, das heißt, »wir« müssen es bereits sein. Deshalb braucht oder kann nichts getan werden; wir müssen nur das Wissen erwerben und dann die direkte Erfahrung machen, dass es wirklich so ist. Was jedoch eher der Fall zu sein scheint, ist, dass unser gegenwärtiger Zustand der Unwissenheit derart ist, dass wir durch unsere ganze Konditionierung und vergangene Erfahrung unfähig sind, dies unmittelbar zu akzeptieren. Stattdessen müssen wir den erwähnten »Wegen« folgen, um unseren Geist und Intellekt für die einfache Annahme vorzubereiten, dass es in Wirklichkeit nichts zu tun gibt. In gewisser Weise ist es ein »Verlernen«, eine Rückkehr zur Unschuld, weshalb Wege wie *Bhakti* funktionieren können. Es erfordert die Hingabe all unserer Ansprüche darauf, autonome Individuen zu sein, die Entscheidungen treffen, handeln und die Wirkungen dieser Handlungen erfahren können. Solange nicht all diese Auffassungen aufgegeben worden sind, sind wir nicht

»reif«, um die Wahrheit zu akzeptieren und unsere fälschlichen Auffassungen von einer gesonderten Existenz loszulassen.

Ganz praktisch gesehen ist der Direkte Weg daher eher für jene, die schon einige »progressive Annäherungen« hinter sich haben und dabei erkannten, dass sie nicht recht weiter kamen, aber auch intellektuell davon überzeugt wurden, dass es in Wirklichkeit nur das Selbst gibt. Wenn man davon wirklich überzeugt ist, es aber intuitiv noch nicht verwirklicht hat, gibt es tatsächlich nicht viel mehr, was man tun kann. Im Prinzip geben wir einfach die Bemühung auf, wohl wissend, dass es nur das Ich war, das sich bemüht hat. Stattdessen streben wir danach, unser Leben voll in dem Wissen zu leben, das wir jetzt haben, und geben der »letzten Wahrheit« die Gelegenheit, sich durch all unsere Erfahrungen zu offenbaren. Nur wenn Sie alles »getan« haben, was Sie können, erkennen Sie die Tatsache an, dass Sie in Wirklichkeit gar nichts tun können.

Aus der Sicht des Direkten Weges ist auch keine Vorbereitung nötig – wir sind bereits das Selbst. Von diesem Standpunkt aus gesehen sind Religionen nicht von wirklichem Nutzen. Man könnte sogar fast sagen, sie verfestigen unsere Illusionen der Getrenntheit und Bedeutungslosigkeit. Die meisten Menschen werden Ihnen nicht nur nicht glauben, wenn Sie sagen, Sie seien göttlich, sondern sie werden denken, Sie seien verrückt. Diese Menschen wollen so eine Möglichkeit gar nicht in Betracht ziehen; ihr ganzes Verständnis, ihre Daseinsberechtigung, liegt in ihrem Glauben an ihre Individualität und in Ihrem Bedürfnis, etwas zu erreichen.

Wayne Liquorman sagt, die Hauptsache, die wir aus all diesen Lehren entnehmen können, liege darin, einfach im gegenwärtigen Moment zu leben und das anzunehmen, was geschieht, einschließlich jeder Reaktion unseres »Körper-Verstands« auf das, was geschieht. Tun wir das nicht, verstricken wir uns darin, darüber nachzudenken, zu spekulieren, zu rationalisieren und so weiter. Das Schlimmste daran ist, dass uns das leicht dazu führen wird, die »Vergangenheit« wieder durchzukauen oder Pläne für die »Zukunft« zu machen. Wayne Liquorman betont vor allem, so wie alle Lehrer dieser Tradition, dass *Sie* niemals erleuchtet werden. Er drückt das sogar noch extremer aus als Sri Poonja, den wir im Kapitel »Was ist ein Verwirklichter? zitierten: »Niemand in der ganzen Geschichte des Universums wurde jemals erleuchtet. Es gibt keine erleuchteten Menschen.«

Das ist für viele Leute natürlich eine schlechte Nachricht und deshalb sage ich sie Ihnen erst jetzt am Ende des Buches. Vielleicht ist es einer der Hauptgründe, warum diese Philosophie in der Welt nicht verbreiteter ist. Zu den verschiedenen Gruppen, die im Internet aufgeführt sind und von denen sich interessierte Menschen angezogen fühlen, gehören zum Zeitpunkt dieser Veröffentlichung insgesamt nur ein- oder zweitausend Menschen. Letzten Endes kommt für das »Ich« nichts dabei heraus. Damit »ich« einen Nutzen daraus ziehen kann, muss das Ich Selbstmord begehen, und das kann es natürlich nicht. Bei diesem speziellen »Nicht«-Weg ist es im Grunde noch schlimmer. Immerhin sagen die traditionellen Methoden zumindest, dass Sie durch das Befolgen bestimmter »Wege« »Fortschritte« machen werden. Wenn Sie vorgeschriebenen Ritualen folgen und soundso viele Mantras am Tag wiederholen, den Gottheiten opfern und so weiter, führen die Methoden von *Bhakti* sie zum Ziel. Wenn Sie »gute« und »schlechte« Handlungen vermeiden und im jeweiligen Augenblick so reagieren, wie die Notwendigkeit es erfordert, wird *Karma Yoga* all ihre *Sanskaras* tilgen und Sie zur Wahrheit führen. Wenn Sie die heiligen Schriften lesen und über sie nachdenken und meditieren, wird *Jnana Yoga* Sie schließlich befähigen, die Wahrheit zu verstehen. Und genauso ist es mit anderen Methoden. Doch beim Direkten Weg gibt es nichts, wohin man gehen könnte, nichts, was man tun könnte, Sie sind bereits das Selbst – wie könnten Sie irgendetwas anderes sein? Frustrierend, oder?

Robert Adams erklärt, sobald wir uns mit Advaita beschäftigen, werden wir allmählich die Begriffe wie *Satchidananda*, Nicht-Tun, Wirklichkeit und so weiter verstehen und von einem Zustand ausgehen, in dem all dies irgendwie »praktisch« und nicht nur »theoretisch« erfahren wird. Doch wenn dies in einer Person geschieht, ist sie keine Person mehr; das »Ich«, das vielleicht erleuchtet geworden wäre, existiert nicht mehr. Er sagt, ähnlich wie die Weisen, die wir bereits zitiert haben: »Niemand kann erleuchtet werden. Niemand kann befreit werden; denn das ›Ich‹, das denkt, es könne befreit werden, existiert nicht einmal. Es gibt keinen Menschen, der an einem Tag ein Mensch ist und am nächsten Tag befreit wird. Es gibt nur das befreite Selbst und du bist Das.« Nisargadatta erklärt, dass die Person nicht befreit werde, sondern das Selbst werde *von* der Person befreit. Wenn Sie irgendeine Bemühung unternehmen, »irgendwohin zu kommen«, »ihr wahres Selbst zu finden« oder wie Sie es auch immer ausdrücken mögen, sind Sie in der Tat kontraproduktiv. Während Sie suchen, werden Sie sich nie finden. Alles, was Sie wirklich tun können, ist das, was Sie gerade tun. Seien Sie einfach gegenwärtig im Moment und lassen Sie alles geschehen, was geschieht. Wenn Sie einfach zuschauen können, ohne sich verwickeln zu lassen, gut; aber wenn nicht, dann wird die Sorge darüber auch nichts nutzen – dann beobachten Sie einfach die Sorgen! All Ihre Bemühungen sind nur eine Strategie, das Ich aufrechtzuerhalten, das vorgibt, es versuche die Wahrheit zu finden. Sie haben aber tatsächlich die entgegengesetzte Wirkung, nämlich die Wahrheit fernzuhalten. Swami Abhishiktananda (der französische Mönch Henri Le Saux, 1910 – 1973) fragte: »Ist die Sonne wirklich untergegangen, nur weil ich die Fensterläden geschlossen habe? Das fundamentale Hindernis für die Verwirklichung ist genau die Auffassung, diese Verwirklichung stehe noch bevor.«

Wir haben eingeräumt, dass alle traditionellen Wege und Übungen, die wir in Teil 2 erörtert haben, dazu beitragen können, den Geist für das Akzeptieren der Offenbarungen des Direkten Weges vorzubereiten. Zusätzlich und ungeachtet des Eingeständnisses, dass wir nichts »tun« können, gibt es jedoch zwei Techniken, die von den Weisen des Direkten Weges befürwortet werden.

»Wer bin ich?«

Eine »Technik« des Direkten Weges, die von Ramana Maharshi empfohlen wurde, nennt sich *Atmavichara*. Sie besteht praktisch gesehen daraus, den Gedanken »Wer bin ich?« zu benutzen, um den Geist zurück zur Quelle aller Gedanken, dem Selbst, zu bringen. Wenn andere Gedanken auftauchen, wird die Frage »Wem kommt dieser Gedanke?« zu dem Gedanken »mir« führen, der dann die Schlüsselfrage erneut beschwört. Dabei wird das Gefühl von »Ich«, sobald es sich nicht mehr mit all den aufkommenden Gedanken identifiziert, irgendwann selbst verschwinden und es bleibt ein Gewahrsein ohne individuelle Identität. Alle Gedanken einschließlich des Ich-Gedankens gehören zum Verstand und das Selbst ist nicht der Verstand. Der »Ich-Gedanke« könnte als der »ursprüngliche Gedanke« verstanden werden, dem alle anderen Gedanken entspringen. Durch wiederholtes Üben taucht das »Ich«-Gefühl immer seltener auf und die volle Selbstverwirklichung wird möglich. Ramana Maharshi sagt: »Der Gedanke *Wer bin ich?*, der alle anderen Gedanken verzehrt, wird schließlich selbst verzehrt, wie der Stock, den man zum Anschüren des Scheiterhaufens benutzt.«[60]

Mit dem Gedanken »Ich bin« beginnen alle Schwierigkeiten. Vor diesem Gedanken lag die *Wirklichkeit*; danach geht es bergab in die Unwissenheit.

Die eingangs beschriebenen Meditationsübungen gehörten zu den traditionellen Wegen der Erforschung. Beim Direkten Weg gibt es eine Technik, die sich »Meditation ohne Objekt« nennt. Diese Methode, die von Weisen wie Jean Klein und Francis Lucille befürwortet wird, versucht, die dem Konzept der Meditation innewohnenden Widersprüche zu erkennen und sie bis zu einem gewissen Grad zu umgehen. Wer meditiert überhaupt und wie kann es ein »Objekt« der Meditation geben, wenn es »nicht zwei« gibt? Diese verbalen Dilemmas tauchen zwangsläufig auf, wenn wir versuchen, von »Wirklichkeit« zu sprechen, obwohl wir noch fest in der illusorischen Existenz der *Maya* stecken.

Die im Kapitel »Meditation« besprochenen Methoden könnten »Meditation mit einem Objekt« genannt werden. Wir haben den Gebrauch eines *Mantras* erwähnt, aber andere Objekte könnten die Bildgestalt einer Gottheit sein, Gebetsketten oder eine Flamme. In all diesen Fällen existiert ganz klar ein Subjekt (der Meditierende), der seine Aufmerksamkeit (Meditation) auf ein Objekt der Meditation (das *Mantra* o.ä.) richtet. Eine solche Übung kann uns möglicherweise von der Wahrheit entfernen, dass es nur das Selbst gibt, dass dieses Selbst nicht handeln kann und dass es in Wirklichkeit keine Objekte gibt und so weiter. Logischerweise sollte uns eine Übung, die zur Wahrheit führt, auf das Selbst zurückverweisen und nicht weg zu einem äußeren Objekt.

Der »leere Zustand« der Stille und des Friedens, den man während einer solchen Meditation erreicht, ist außerdem immer noch ein Zustand, also in gewisser Weise noch ein »Objekt«. Um wirklich man selbst (das heißt unser Selbst) zu sein, sollte gar kein Objekt vorkommen. Schließlich ist man bereits man selbst, wenn man durch nichts näher bestimmt wird, wenn man nichts tut. Seien Sie einfach – Sie sind die Stille. Man könnte sagen, indem wir die normale Verwendung des Wortes etwas abändern – Sie *sind* Meditation. Meditation ist vor allem ein Nicht-Tun. Die meisten Menschen finden das schwierig, weil ihr gesamter Wachzustand ein ständiges Tun ist – und dies loszulassen, widerspricht total ihrer Veranlagung.

Meditation ohne ein Objekt ist demnach eine (Nicht-)Technik, die all dies anerkennt. Diese Definition ist notwendig, denn insofern sie eine Methode der Advaita-Richtung des Direkten Weges ist, macht es nicht wirklich Sinn, Techniken zu haben. Es gibt niemanden, der etwas tun könnte. Es gibt nur das Selbst. Jean Klein, einer der Hauptvertreter dieser Perspektive zwischen 1960 und 1998 sagt, dass man nicht mit einer Absicht meditieren kann. Jede Bemühung, sich von Gedanken zu befreien, muss scheitern, weil dieser Versuch selbst Teil dessen wäre, was Sie eliminieren möchten. Alle Objekte, Gedanken und so weiter sind Schöpfungen des denkenden Geistes und erhalten die Dualität von Subjekt und Objekt aufrecht. Ramana Maharshi sagte: »Keine Meditation über irgendein Objekt ist hilfreich … Wenn Sie über ein Objekt meditieren, egal ob es konkret oder abstrakt ist, zerstören Sie das Bewusstsein der Einheit und Sie erschaffen Dualität. Meditieren Sie über das, was Sie in Wirklichkeit sind.«[61]

Was kann man also tun? Nichts. Man kann nur seine Aufmerksamkeit offen halten und alles, was einströmt, zulassen. Alles – Wahrnehmungen, Gedanken, Gefühle, Meinungen, Sorgen, Schmerzen und so weiter – wird willkommen geheißen und es wird ihm erlaubt, seine Wirkung zu »tun«. Doch – und hier liegt der Haken – dürfen »wir« uns nicht einmischen. Wir lassen einfach alles geschehen, doch wir involvieren uns nicht. Wenn ein Gedanke auftaucht, auf den wir normalerweise reagieren würden, beobachten wir einfach. Wenn eine Reaktion stattfindet, beobachten wir auch sie wieder und vermeiden jegliche Kritik oder Bedauern. Stellen diese sich dennoch ein, folgen wir dem gleichen Grundsatz.

»Seien Sie, wer Sie sind, genau jetzt. Etwas anderes ist sowieso nicht möglich. *Nathan Gill*[62]

Indem Sie einfach Zeuge all dessen sind, was geschieht, werden Sie irgendwann zum letzten Beobachter, Ihrem wahren Selbst, zurückgeführt. Sie können aber nicht das sein, was Sie beobachten. Wenn wir allem, was wir beobachten, erlaubt haben vorbei zu ziehen, muss das, was bleibt, das Selbst sein.

Francis Lucille verglich es damit, ein Theaterstück anzuschauen: Solange wir an den Aktivitäten der Schauspieler interessiert bleiben, sind wir uns nicht der Bühne bewusst. Solange wir unser Glück von den Wahrnehmungen äußerer Objekte, Gedanken und Emotionen abhängig machen, bleiben wir von ihrem vergänglichen Spiel gefesselt. Nur wenn wir akzeptieren, dass all das nicht wirklich ist und uns kein endgültiges Glück schenken wird, können wir uns plötzlich des Hintergrunds – Bewusstsein – gewahr werden, das sich als »die höchste Unsterblichkeit, Herrlichkeit und Glückseligkeit offenbart, nach der wir suchen.«

Nachdem Sie dieses Buch nun vermutlich ganz gelesen haben, sollten Sie eine gute *intellektuelle* Einsicht in die Aussagen von Advaita gewonnen haben und deshalb die unmissverständlichen Wahrheiten der Lehren des Direkten Weges verstehen. Trotzdem werden die meisten spirituellen Suchenden den größten Nutzen aus den traditionelleren Wegen ziehen. Ich muss immer wieder an jene Begebenheit erinnern, die ich mit Schülern meiner Kurse erlebte, als ich sie fragte, ob sie *jetzt* Selbstverwirklichung wollten. Wenn Sie als ein/e Suchende/r fühlen, dass es *auch* noch andere wichtige Dinge gibt, ist der Direkte Weg nicht für Sie. Dann ist es sinnvoll, zunächst einen Weg zu gehen, der mit ihrer Natur in Einklang ist. Wenn Sie sich von der intellektuellen Analyse angesprochen fühlen, wie sie in diesem 3. Teil präsentiert wurde, dann ist *Jnana Yoga* ihr Weg. Wenn Sie ein *rajasisches* Temperament haben, wird *Karma Yoga* Sie zum selben Ziel führen, indem Sie das tun, was Sie am besten können. Die gefühlsbetontere Person, die Ehrfurcht und Hingabe für ein Höchstes Wesen empfindet, sollte *Bhakti Yoga* praktizieren, der als der leichteste und erfreulichste Weg beschrieben wird.

Um herauszufinden, welcher Weg »mit ihrer Natur übereinstimmt«, probieren Sie einfach verschiedene Wege aus und schauen Sie, was sich am stimmigsten anfühlt. Diese Bemühungen werden nicht vergebens sein – sie zeigen alle in dieselbe Richtung. Wenn Sie sich einer Organisation anschließen, werden Sie sofort mit ähnlich ausgerichteten Suchenden in Kontakt kommen und wir haben den Wert von *Satsang* ja bereits erörtert. Oder, wenn keine passende Organisation vor Ort zu finden ist, schließen Sie sich einer oder zwei Internet-Gruppen an; lesen Sie, was andere zu dem Thema zu sagen haben und stellen Sie Fragen. Es gibt viele Bücher über alle Aspekte dieses Themas und umfangreiche Informationen im Internet. Wenn Sie schließlich auf etwas stoßen, was Sie besonders berührt, sollten Sie sich eindringlicher damit beschäftigen. Es gibt keine Abkürzungen oder einfache Antworten, aber Einsatz wird Früchte tragen. Ihre Suche muss zu einer Lebensweise werden, damit sie Ihre Fragen zum Leben beantworten kann und höchstes Verstehen erblühen kann.

Der Direkte Weg ist nur für jene *direkt*, die bereit sind, ihr Leben aufzugeben, um die Wahrheit jetzt zu erfahren. Außerdem ist es kein Weg. In gewisser Weise ist er das Ende aller Wege. In dem Zustand jenseits von Handlung und Nicht-Handlung befindet sich der losgelöste Zeuge, *Nirvikalpa Samadhi*, frei von jeglichen Zweifeln, die Wahrheit wissend und alles nur als Erscheinung im Einen Selbst wahrnehmend. Doch das ist noch nicht ganz die endgültige Verwirklichung, der »natürliche Zustand« von *Sahaja Sthiti*. Dieses letzte Ziel lässt nicht nur keinerlei Kompromisse mehr zu, es ist absolut und unumstößlich. Es gibt nicht nur keine Schöpfung – es gibt auch keinerlei Objekte. Es gibt nicht nur keinerlei Objekte – es gibt auch keine Erscheinungen oder Konzepte davon. Es gibt keine Gedanken, nicht einmal einen einzigen Gedanken. Wie Ramesh

Balsekar es sagte: »Es gibt nur Bewusstsein; Bewusstsein ist alles, was existiert.«[63] Und genau so meinte er es auch.

Doch selbst das geht nicht weit genug. Geben wir Greg Goode das letzte Wort:

»Im Advaita Vedanta gibt es verschiedene Geschichten und Theorien, die in einer bestimmten klugen Anordnung gelehrt werden und von denen jede die Anhaftung an eine zuvor gehegte metaphysische Anschauung verringert. Die Sprossen der Leiter werden eine nach der anderen entfernt. Das Ziel besteht nicht darin, auf der höchsten Sprosse zu verweilen – ›Alles ist Bewusstsein‹ ist eine der höchsten Sprossen in dieser Lehre und eine klebrige –, sondern ganz von der Leiter befreit zu werden. Alles, was man von der Natur eines ›Konzepts‹ sagt oder glaubt, ist nur ein weiteres ›Konzept‹.«

Om Paramatmane Namah
Iti
Om Tat Sat

Anhang

Fußnoten

1 Aus: Discourses on the Bhagavad Gita von Sri A. Parthasarathy, Vedanta Life Institute; Bombay (Kap. 4, Band 2, Seite A).
2 D.h., jemand, der durch seine eigene Erfahrung die Wahrheit der Advaita-Philosophie erkannt hat.
3 Der Teil, der für das diskursive Denken verantwortlich ist, wird *Manas* genannt; der Teil, der u.a. für Gedächtnis verantwortlich ist, wird *Chitta* genannt; der unterscheidende, intuitive Teil heißt *Buddhi* und der vierte ist das Ego *(Ahankara)*.
4 The Ten Principal Upanishads, London 1970.
5 Auf den Upanishaden beruhende Lehre der Nicht-Dualität.
6 Mechanism of Mind, Viking 1969.
7 Die folgende Analyse verdanke ich Francis Lucille, der in einer persönlichen E-Mail-Diskussion die drei Arten von Gedanken unterschied.
8 Definition von Greg Goode in einer persönlichen E-Mail-Diskussion.
9 Folgendes Beispiel verdanke ich K. Sadananda (s. Advaitin E-Liste), der es von seinem Lehrer Swami Paramarthananda hat, welcher es wahrscheinlich von Swami Chinmayananda hatte.
10 Heartbeat of the Absolute. Commentaries on the Ishavasya Upanishad, 1984.
11 Indischer Philosoph des 8. Jh. n. Chr., der hauptverantwortlich für die Formulierung und Systematisierung der Advaita-Prinzipien war.
12 Sayings of Sri Ramakrishna – An Exhaustive Collection, Madras 1987.
13 Aus »Net of Jewels, daily meditations for seekers of Truth«, per E-Mail von: http://www.advaita.org/).
14 Ich bin, Bielefeld 1989/ 1997/ 2003.
15 Der Gesang des Seins – Sri H.W.L. Poonja, München 1997.
16 Prägungen, die in diesem Leben zur Entfaltung gelangen.
17 Beachten Sie, dass dies den Wert der heiligen Schriften (Shrutis) nicht schmälern will. Ich glaube, es war Ramana Maharshi, der sagte, wir sollten glauben, was uns ein Weiser sagt, weil wir es auch in den Shrutis finden, und nicht, wir sollten den Shrutis glauben, weil sie mit dem Weisen übereinstimmen.
18 Download von http://www.vmission.org/vedanta/courses/index.htm#tattva-bodha. Auf Deutsch auch enthalten in dem vergriffenen Werk »das Kleinod der Unterscheidung« – Shankara, Bern, München, Wien 1981.

19 Auf der Homepage des Non-Duality Salons unter http://www.nonduality.com/goode.htm. Greg ist ein weiterer E-Mail-Freund aus den Advaita-Diskussionsgruppen im Internet. Er ist auch die sachkundigste Person in Bezug auf östliche und westliche Philosophie, die ich kenne, und er ist verwirklicht.

20 Bezeichnung für die vermeintliche Wesenheit, die aus der Identifikation des Selbst mit einem Körper-Verstand entsteht. Eine genaue Beschreibung findet sich im Kapitel »Die Natur des Selbst«.

21 Das Mentale, Verstand, (denkender) Geist (engl. mind) wird hier als die Gesamtheit des so genannten inneren Organs *(Antahkarana)* verstanden, die *Manas*, *Buddhi*, *Chitta* und *Ahankara* umfasst.

22 Das Vermächtnis, Bern/ München 1981.

23 Aus: Discourses on the Bhagavad Gita von Sri A. Parthasarathy, Vedanta Life Institute, Bombay (Kap. 4, Band 6, Seite B).

24 Siehe http://www.unification.net/ws/

25 Siehe http://www.yogamalika.org/home.html

26 Diese Tradition wurde von Shankara begründet, der vier Zentren im Norden, Süden, Osten und Westen Indiens gründete, die von verwirklichten Männern geleitet werden sollten. Sie sollten die Aufgabe von Lehrern *(Acharyas)* annehmen und jeder, der Probleme oder Fragen zum spirituellen Leben hat, kann sich an sie wenden.

27 Aus: Sri A. Parthasarathy. Discourses on the Bhagavad Gita, Vedanta Life Institute Bombay (Kap. 4, Band 6, Seite B).

28 Pointers from Nisargadatta Maharaj, Bombay 1982.

29 Pointers from Nisargadatta Maharaj, Bombay 1982.

30 Die wesentlichen Gedanken zu der folgenden Erklärung verdanke ich Bryan Magees ausgezeichneter Autobiographie »Bekenntnisse eines Philosophen«.

31 Ich bin Das – Nisargadatta Maharaj, Bielefeld, 1989/ 1997/ 2003.

32 Deutsch, Eliot. Advaita Vedanta – A Philosophical Reconstruction, Honolulu 1973.

33 Mudaliar, Devaraja A..Day by Day with Bhagavan, Tiruvannamalai 1989.

34 Maharshi, Ramana. Gespräche des Weisen vom Berge Arunachala, Interlaken 1993.

35 Vers 3.48 und 4.71 – dieselbe Aussage kommt zweimal vor.

36 Sri Guru Vachana Mala, Verse 20 – 21, zitiert in *Maha Yoga of Bhagavan Sri Ramana* von »Who«.

37 Parthasarathy, Sri A.. Discourses on the Bhagavad Gita, Vedanta Life Institute, Bombay (Kap. 4, Band 5, Seite A).

38 Self Enquiry, Dec. 1999.

39 Acceptance of What Is – a Book About Nothing, Advaita Fellowship 2000.

40 Siehe Humphrey, Nicholas: »Naturgeschichte des Ich«.

41 Die vier »großen Aussagen« der Veden sind: »Bewusstsein ist *Brahman*« aus der Aitareya Upanishad, »DAS bist du« aus der Chandogya Upanishad,

»Dieses Selbst ist *Brahman*« aus der Mandukya Upanishad und »Ich bin *Brahman*« aus der Brihadaranyaka Upanishad.

42 Indich, William M.. Consciousness in Advaita Vedanta, Delhi 1995.

43 Maharshi, Sri Ramana. Wer bin ich? – Nan Yar?, Frage 22.

44 Mudaliar, Devaraja A.. Day by Day with Bhagavan, (26. Feb. 1946, S. 172)

45 Sri Atmananda (Krishnamenon). Atma Darshan, Advaita Publishers 1989.

46 Brown, Kerry (Hrsg.). The Essential Teachings of Hinduism, London 1990.

47 Parthasarathy, Sri A.. Discourses on the Bhagavad Gita, Vedanta Life Institute, Bombay (Pap. 4, Band 4, Seiten A und B).

48 Maha Yoga of Bhagavan Sri Ramana, Tiruvannamalai 1984.

49 Godman, David. No Mind I am the Self, Gudur 1988.

50 Maharaj, Nisargadatta. Ich Bin, Bielefeld 1989/ 1997/ 2003.

51 Ebd.

52 Mc Martin, Grace J.. Absolute Consciousness. Bhagavan Ramana's Centenary of Enlightenment, Bangalore 1997.

53 Ebd.

54 Siehe: *Contentment*, in: »Self Enquiry« herausgegeben von der Ramana Maharshi Foundation UK, Vol. 8 No. 2, 2000.

55 Antwort aus der Advaitin E-Liste www.geocities.com/advaitins/.

56 Aus dem Artikel »Remarks on Enlightment« von José le Roy, »Noumenon« Newsletter Winter 1996, Vol. 2, No. 2, Noumenon press, p. o. Box 1280, Wandsbeck, 3631 South Africa.

57 Consciousness in Advaita Vedanta, Delhi 1995.

58 Interview mit Jan Kersschot aus dem Internet; auch enthalten in dem Buch »Coming Home – An Invitation to Rediscover our True Nature«, Hrsg.: Inspiration, Belgien, 2001.

59 Klein, Jean. I am, St. Peter Port 1995.

60 Maharshi, Ramana. Sei, was du bist, Bern, München, Wien 1991

61 Natarjan, A.R.. Guru's Grace and Self-knowledge, in: Ramana Way, Januar 1999.

62 In: Self-Enquiry, April 2000.

63 Liquorman, Wayne. Acceptance of What Is – a Book About Nothing, Advaita Fellowship 2000.

Glossar der Sanskrit-Begriffe

A – Präfix, das das folgende Wort verneint; zum Beispiel *Vidya* – Wissen, *Avidya* – Unwissen.

Acharya – ein spiritueller Führer oder Lehrer; siehe: *Shankaracharya.*

Adhyasa – der Fehler, den wir machen, wenn wir der Wirklichkeit eine falsche Erscheinung »überlagern« oder das Wirkliche und das Unwirkliche verwechseln. Das klassische Beispiel dafür ist, wenn wir eine Schlange anstatt eines Seils sehen – eine Metapher für die Tatsache, dass wir die Welt der Objekte anstatt der Wirklichkeit des Selbst sehen. Es handelt sich um ein grundlegendes Konzept für den Advaita, dem Shankara einen gesonderten Abschnitt am Anfang seines Kommentars zu den Brahma Sutras widmet.

Advaita – nicht *(a)* zwei *(dvaita).*

Agamin – jene Art von inneren Eindrücken *(Sanskaras)*, die als Folge gegenwärtigen Tuns erzeugt und erst später ihre Wirkungen zeigen werden; siehe: *Prarabdha, Sanchita, Sanskara.*

Aham – ich

Aham Vritti – der Gedanke »Ich bin« im Gegensatz zu Gedanken an Objekte, Gefühle und so weiter, die als *Idam Vritti* bezeichnet werden; siehe: *Vritti.*

Ahankara – entspricht dem so genannten »Ego«; die Funktion der Identifikation, die den Körper, die Sinne oder das Denkvermögen fälschlicherweise für das Selbst hält und zum Beispiel Gedanken wie »Ich bin ein Lehrer«, »ich bin eine Frau« anhaftet. Siehe: *Antahkarana*

Ajati – *a* – nicht oder kein(e); *jati* – Schöpfung; das Prinzip, nach dem die Welt und alles in ihr, einschließlich dieser Körper-Verstand-Erscheinungen niemals erschaffen oder »ins Dasein gebracht« wurden. Gaudapada drückt dies am klarsten in seinem Kommentar zur Mandukya Upanishad aus.

Anadi – anfangslos; die Unwissenheit wird oft als solche bezeichnet.

Ananda – »wahres« Glück; es wird meistens »Glückseligkeit« genannt und ist ein Aspekt unserer wahren Natur, im Gegensatz zu jenem »gewöhnlichen« Glück, das sich mit Leid und Schmerz abwechselt. Siehe auch: *Sat, Chit* und *Satchidananda.*

Anandamaya-Kosha – die Hülle aus Glückseligkeit; die feinste der fünf Hüllen, die unsere wahre Natur bedecken; siehe: *Kosha.*

Annamaya-Kosha – der grobstoffliche, materielle Körper; die äußerste der fünf Hüllen, die unsere wahre Natur bedecken; siehe: *Kosha.*

Antahkarana – bezieht sich auf die Gesamtfunktionen des Geistes, den Sitz der Gedanken und Gefühle. Dieses innere Organ besteht aus einer Anzahl gesonderter Funktionen: *Manas, Buddhi, Chitta* und *Ahankara.*

Apaurusheya – wörtlich: »nicht von Menschen kommend«; es bezieht sich auf die *Shrutis*, die von verwirklichten Weisen innerlich vernommenen Wahrheiten der Vedas, die seit ihrer ursprünglichen Offenbarung mündlich von Generation zu Generation weitergegeben wurden; siehe: *Shruti*.

Arjavamarga – direkter Weg (*Arjava – ehrlich, aufrichtig, direkt; Marga* – Weg).

Artha – Erwerb von Reichtum; siehe: *Purushartha*.

Asat – nicht-existent; siehe: *Sat*.

Ashtavakra – ein Weiser, nach dem die Ashtavakra Gita (oder Samhita) benannt wurde. Der Name bedeutet wörtlich: achtfach *(ashtan)* gekrümmt *(vakra)*. Ashtavakra hieß so, weil er schwer verkrüppelt geboren wurde, nachdem er im Mutterleib von seinem Vater verflucht worden war (weil das ungeborene Kind die Fehler kritisiert hatte, die sein Vater beim Lesen der heiligen Schriften machte!). Später sprach ihn sein Vater jedoch von dem Fluch los, nachdem Ashtavakra den Philosophen des Königshofes in der Debatte besiegt hatte; er segnete Ashtavakra und nachdem dieser ein Bad in einem heiligen Fluss genommen hatte, wurde er geheilt; siehe: *Gita*, *Samhita*.

Atmabodha – Selbsterkenntnis; ein Werk, das Shankara zugeschrieben wird (obwohl die Autorenschaft von modernen Gelehrten angezweifelt wird).

Atman – das Selbst. Meistens bezeichnet man damit die wahre Natur des Individuums, sein wahres Bewusstsein, siehe: *Jiva*.

Atmavichara – bedeutet in diesem Zusammenhang Sich-Besinnen auf das Selbst *(Atman)* oder Selbsterforschung; siehe: *Atman*.

Avaccheda-Vada – die Theorie, nach der das Selbst von Unwissenheit in Form von *Upadhis* (Beifügungen) begrenzt wird.

Avarana – die »verschleiernde« Kraft der *Maya*. In der Metapher von der Schlange und dem Seil hindert uns diese Kraft daran, die Wirklichkeit des Seils zu sehen; siehe: *Maya*, *Vikshepa*.

Avidya – Unwissenheit (im spirituellen Sinne), das heißt, das, was uns davon abhält, das Selbst zu erkennen; siehe: *Maya*.

Badha – Aufhebung. Der Prozess, durch den ein angenommener Standpunkt oder ein Verstehen von einem völlig anderen Standpunkt abgelöst wird, sobald eine neue Information erhalten wurde. Ein Beispiel dafür ist das Erblicken von Wasser in der Wüste und die anschließende Erkenntnis, dass es nur eine Fata Morgana ist.

Bhagavad – im Zusammenhang der Bhagavad Gita bezieht sich das Wort auf Gott, *Bhagavan Krishna*, und Bhagavad Gita bedeutet: Krishnas Lied; siehe: *Gita*.

Bhagavad Gita – heilige Schrift, die einen Teil des Hindu-Epos Mahabharata bildet. Sie ist ein Dialog zwischen Krishna, dem Wagenlenker/Gott, der das Selbst repräsentiert, und dem Krieger Arjuna, der für den unwissenden Schüler steht, auf dem Schlachtfeld von Kurukshetra, bevor die Schlacht beginnt; siehe: *Bhagavad*, *Smriti*.

Bhakta – jemand, der *Bhakti Yoga* praktiziert; siehe: *Bhakti Yoga*.

Bhakti Yoga – Hingabe oder Verehrung zu Gott; siehe: *Karma* und *Jnana*.

Bhashya – erläuterndes Werk, Erklärung oder Kommentar zu einer anderen

Schrift. Shankara hat zum Beispiel Bhashyas zu einigen Upanishaden, zur Bhagavad Gita und zu den Brahma Sutras verfasst.

Brahma – Gott als Schöpfer des Universums.

Brahman – das universelle Selbst, das Absolute oder Gott. Es gibt nur Brahman. Es stammt aus der Sanskritwurzel *brh*, groß oder stark werden, und kann als das substantivierte Adjektiv von »groß« verstanden werden, in dem Sinne, dass es größer als alles andere oder »unendlich« ist. Siehe: *Atman*, *Brahma*, *Jiva*, *Jivatman*, *Paramatman*.

Brahma Sutra – ein grundlegendes Werk (in *Sutra*-Form, d.h. sehr kurzen, prägnanten Versen) von Vyasa. Dieses Buch ist eins der drei anerkannten Quellwerke der Erkenntnis gemäß dem Vedanta *(Prasthanatraya)*. Es stellt im Grunde den Versuch dar, die Upanishaden zusammenzufassen. Alle drei philosophischen Erkenntnisschulen Indiens, Dvaita, Advaita und Vishishtadvaita, haben Kommentare zu den Brahma Sutras verfasst, und die jeweiligen Vertreter dieser Schulen bestehen darauf, dass die Sutras jeweils genau ihren eigenen Glauben bestätigen. Shankara hat einen Kommentar zu ihnen mit ausführlichen Gegenargumenten in Bezug auf alle Auslegungen verfasst, die nicht Advaita lehren. Siehe: *Bhashya*, *Shruti*, *Smriti*.

Brihadaranyaka – eine der Hauptupanishaden. Siehe: Upanishad.

Buddhi – Funktion der unterscheidenden Erkenntnis; die Fähigkeit, sowohl im Bereich des Denkens als auch im Bereich des Fühlens, Wahrnehmens und Wollens immer jene Elemente herauszugreifen, welche *Erkenntnis*charakter haben.

Chatushtaya Sampatti – die vier von Shankara genannten Voraussetzungen für einen Suchenden, um Selbstverwirklichung zu erlangen. (*Chatushtaya*: vierfältig; *Sampatti*: Errungenschaft): Unterscheidung *(Viveka)*, Loslösung *(Vairagya)*, die sechs Fähigkeiten – Ruhe (*Shama)*, Beherrschung der Sinne *(Dama)*, Enthaltsamkeit *(Uparati)*, Geduld *(Titiksha)*, Glaube *(Shraddha)*, tiefe Meditation (*Samadhana)* – und der Wunsch nach Freiheit *(Mumukshutvam)*, der über alles andere gestellt wird. Siehe: *Sadhana*, *Dama*, *Shama*, *Titiksha*, *Uparati*, *Vairagya*, *Viveka*, *Mumukshutvam*.

Chit – reiner Gedanke oder Bewusstsein. Siehe: *Ananda*, *Sat*, *Satchidananda*.

Chitta – das geistige Organ, das für die Erinnerung verantwortlich ist. Siehe: *Antahkarana*, *Ahankara*, *Buddhi*, *Manas*.

Dama – Selbstbeherrschung im Sinne von Herrschaft über die Sinne. Siehe: *Chatushtaya Sampatti*.

Dharma – das Gesetz des Daseins oder des Einzelnen, Pflicht, Natur, Charakter, Verhalten, Essenz. Siehe: *Sanskara*, *Karma*.

Drishti-Srishti-Vada – die Theorie, nach der die Welt des Unwissenden ein Produkt seines Geistes ist und nur existiert, wenn sie wahrgenommen wird. *Drishti*: Sehen; *Srishti*: Schöpfung; *Vada*: Lehre. Siehe: *Adhyasa*, *Srishti-Drishti-Vada*.

Drigdrishyaviveka – »Die Unterscheidung zwischen Seher und Gesehenem«; ein Werk, das Shankara zugeschrieben wird, und Wirklichkeit und Erscheinung erörtert.

Gaudapada – Verfasser des Kommentars *(Karika)* zur Mandukya Upanishad. Siehe: *Karika, Mandukya, Upanishad.*

Gita – ein heiliger Gesang oder ein Gedicht; meistens jedoch philosophische oder religiöse Lehren in Versform. Siehe: *Bhagavad, Ashtavakra.*

Guna – die drei Erscheinungsweisen oder Eigenschaften der Schöpfung *Sattva* (Harmonie, Klarheit, Reinheit), *Rajas* (Energie, Bewegung) und *Tamas* (Trägheit, Dunkelheit). Siehe: *Sattva, Rajas, Tamas.*

Guru – spiritueller Lehrer

Idam Vritti – Gedanken an Objekte, Konzepte, Gefühle und so weiter im Gegensatz zu *Aham Vritti*, dem Ich-Gedanken. Siehe: *Vritti.*

Ishvara – der Herr, personaler Gott: Siehe: *Saguna Brahman.*

Jagrat – der Wachzustand des Bewusstseins. Siehe: *Sushupti, Svapna, Turiya, Vishva.*

Japa – Wiederholung eines *Mantras* oder eines Namens Gottes. Siehe: *Mantra.*

Jiva – Widerschein oder Begrenzung des Selbst in einem individuellen Körper und Geist.

Jivatman – *Atman*, das Selbst, in seinem verkörperten Aspekt, im Gegensatz zum *Paramatman*, dem »Höchsten Selbst«.

Jnana Yoga – der Yogaweg, bei dem man das wahre Wissen des Selbst erlangt. Siehe: *Bhakti, Karma.*

Jnani – ein Weiser, Erleuchteter oder jemand auf dem Weg des *Jnana Yoga.* Siehe: *Jnana Yoga.*

Kama – Wunsch, Verlangen. Nicht zu verwechseln mit *Karma.*

Karika – präzise philosophische Äußerung in Versform. Siehe: *Gaudapada, Mandukya, Upanishad.*

Karma – wörtlich »Handlung«, aber meistens bezogen auf das »Gesetz«, nach dem gegenwärtige Handlungen ihre entsprechenden Wirkungen in der Zukunft haben oder jetzige Geschehnisse die Früchte vergangenen Handelns sind. Siehe: *Sanskara.*

Karmakanda – der Teil der Veden, der sich auf Zeremonien, Rituale und Opfer bezieht.

Karmaphala – die Frucht der Handlung nach der Theorie des *Karmas.*

Karma Yoga – der Yogaweg unangehafteten oder »rechten« Handelns (nicht mit »gutem« oder »schlechtem« Handeln zu verwechseln), wobei kein neues *Karma* geschaffen wird. Siehe: *Bhakti, Karma, Jnana.*

Katha Upanishad – eine der zehn Hauptupanishaden. Siehe: *Upanishad.*

Kena Upanishad – eine der zehn Hauptupanishaden. Siehe: *Upanishad.*

Kosha – eine der fünf Hüllen der Identifikation, die unsere wahre Natur bedecken.

Kundalini Yoga – Yogaweg, der die spirituelle Kraft am unteren Ende der Wirbelsäule aufwecken und durch die sechs Energiezentren (Chakras) entlang der Wibelsäule aufsteigen lassen will, bis sich diese kosmische Energie im siebten Zentrum über dem Scheitel mit dem Göttlichen vereinigt.

Lila – Spiel, Vergnügen; die scheinbare Schöpfung ist ein Spiel des Schöpfers, in dem Er alle Rollen so spielt, dass sie ihre wahre Natur nicht kennen und sich für getrennt halten.

Mahavakyas – *Maha*: groß;*Vakyas*: Aussagen. Die vier »großen Aussagen« der Veden sind »Bewusstsein ist *Brahman*«, »Das bist du«, »Dieses Selbst ist *Brahman*« und »Ich bin *Brahman*«.

Manana – die zweite Stufe der klassischen Disziplin im Advaita; das Nachsinnen über die empfangenen Unterweisungen, um Zweifel zu beseitigen. Siehe: *Samshaya, Shravana, Nididhyasana.*

Manas – das geistige »Organ«, das als Vermittler zwischen den Sinnen und der unterscheidenden Erkenntnis *(Buddhi)* dient, wenn Eindrücke aufgenommen werden, und zwischen der *Buddhi* und den Handlungsorganen, wenn der Impuls zur Handlung umgesetzt wird. Seine Aufgabe sollte nur darin bestehen, Informationen für die *Buddhi* zu verarbeiten, doch oft mischt es sich in die Aufgabe des *Buddhi* ein und sein Denken wird zum Problem. Dann entspricht es dem engl. *mind* und bezeichnet nur das ichgebundene Denken, Empfinden, Gemüt, Geist. Siehe: *Ahankara, Antahkarana, Buddhi* und *Chitta.*

Mandukya – eine der Hauptupanishaden, die vor allem in Verbindung mit Gaudapadas *Karika* für den Advaita Vedanta wichtig ist. Siehe: Gaudapada, *Karika, Upanishad.*

Manomaya Kosha – die mentale feinstoffliche Hülle, gebildet aus *Manas*; die dritte der fünf Hüllen *(Koshas)*, mit denen wir uns identifizieren.

Mantra – ein oder mehr Worte oder Silben mit mystischer Bedeutung, die zur Meditation und Verehrung verwendet werden; der Name Gottes.

Maya – die »Kraft«, die unsere Täuschung bewirkt, an eine Schöpfung aus getrennten Objekten und Lebewesen zu glauben. Siehe: *Avarana, Vikshepa.*

Mayakara – Zauberer oder Beschwörer. Siehe: *Maya.*

Mithya – wörtlich: unrichtig, unangemessen. Objekte sind insofern *mithya*, als sie unsere Überlagerung von Name und Form über das ungeschiedene Selbst sind, das heißt, die Objekte sind nicht gänzlich unwirklich, aber streng genommen auch nicht wirklich.

Moksha – Befreiung, Erleuchtung, Selbst-Verwirklichung.

Mulavidya – ursprüngliche oder Grundunwissenheit, eine Auffassung von Advaitins, die nach Shankara lebten, mit der unsere Verwechslung der Erscheinung mit der Wirklichkeit »erklärt« werden soll.

Mumukshutvam – der Wunsch nach Erleuchtung, der über alle anderen Wünsche gestellt wird. Siehe: *Sadhana, Chatushtaya Sampatti.*

Mundaka Upanishad – eine der zehn Hauptupanishaden. Siehe: *Upanishad.*

Neti – nicht dies (*na* – nicht; *iti* – dies). Vedantische Methode der Erkenntnis durch analytische Ausgliederung alles Vergänglichen. Immer, wenn man das Selbst für ein beobachtbares Objekt hält, beispielsweise für den Körper oder den Geist, kann man sich erinnern: Das ist es nicht.

Nididhyasana – die Meditation über die Essenz der verstandenen Unterweisungen, bis völlige Überzeugung herrscht; dritte Stufe der klassischen Vedanta-Disziplin. Siehe: *Shravana*, *Manana*.

Nirguna – ohne Eigenschaften; bezogen auf *Brahman*, das jenseits jeder Beschreibung oder jeglichen Denkens ist. Siehe *Brahman*, *Saguna*, *Ishvara*.

Nirvikalpa – *Samadhi* oder Versenkung ohne Unterschiedenheit, ohne dass das Denkvermögen aktiv ist, reines Bewusstsein, Identität mit dem Selbst. Siehe: *Savikalpa*, *Samadhi*, *Vikalpa*.

Nishkama Karma – wunschlose oder »rechte« Handlung ohne Anhaftung an das Ergebnis, die kein weiteres *Karma* erzeugt.

Panchadashi – berühmte Abhandlung über die Metaphysik des Advaita Vedanta von Vidyaranya aus dem 14. Jhdt.

Paramatman – das »höchste Selbst« im Gegensatz zum verkörperten Selbst, dem *Jivatman*. Siehe: *Atman*.

Paramarthika – die höchste Wahrheit oder Wirklichkeit; das Noumenale im Gegensatz zur phänomenalen Welt der Erscheinungen *(Vyavaharika)*. Siehe: *Pratibhasika*, *Vyavaharika*.

Prajna – (als Verb:) wissen oder verstehen, herausfinden, wahrnehmen, lernen; (als Substantiv:) Weisheit, Intelligenz, Wissen.

Prâjna – das Ich des Tiefschlafs in *Sushupti*. Siehe: *Vishva*, *Taijasa*.

Prakriti – Natur, Materie; alles, was nicht das Ewige, Absolute ist.

Pramana – anerkannte Methode der Wissensgewinnung. Im Vedanta gibt es sechs *Pramanas*: Wahrnehmung, Schlussfolgerung, schriftliches oder verbales Zeugnis, Analogie, Annahme und Nicht-Erkenntnis.

Prana – Lebenskraft des Körpers

Pranamaya Kosha – die feinstoffliche Hülle der Lebenskraft, die den grobstofflichen Körper aufrechterhält und die zweite der fünf Hüllen ist, mit denen wir uns identifizieren.

Prarabdha – diejenigen früheren Handlungen, welche sich im gegenwärtigen Leben auswirken müssen und nicht abgewendet werden können; das Tun, das bereits begonnen hat, jetzt Früchte zu tragen; eine der drei Arten von *Sanskaras*. Siehe: *Agamin*, *Sanchita*, *Sanskara*.

Pratibhasika – etwas, was im Geist erscheint; etwas, was nur in der Erscheinung existiert, eine Illusion. Siehe: *Paramartha*, *Vyavaharika*.

Pratibimba-Vada – die Theorie, dass der *Jiva* (das individuelle Bewusstsein) ein Widerschein des *Atman* (Selbst), ist vergleichbar mit der Reflexion eines Objekts in einem Spiegel.

Purushartha – menschliche (eigene) Bemühung, das Schicksal, die Folgen unserer früheren Handlungen, zu überwinden. Siehe: *Karma*, *Sanskara*.

Raja Yoga – der königliche Yogaweg Patanjalis zur Vereinigung mit Gott, der in seinen *Yoga Sutras* beschrieben wird.

Rajas – zweite der drei *Gunas* oder Eigenschaften der Natur, die von Energie, Bewegung, Feurigkeit, Emotionalität, Leidenschaftlichkeit und Begierde gekennzeichnet ist. Siehe: *Guna*.

Sadguru – der höchste *Guru* – das eigene Selbst. Siehe: *Guru.*

Sadhana – die spirituellen Disziplinen, die als Teil eines »Wegs« zur Selbstverwirklichung befolgt werden. Siehe: *Chatushtaya Sampatti.*

Saguna – mit Eigenschaften; meistens bezogen auf das personifizierte *Brahman* als *Ishvara*, der Herr oder personale Gott, die höchste und feinste relative Ebene. Siehe: *Brahman, Ishvara, Nirguna.*

Sahaja Sthiti – der natürliche, permanente Zustand der Selbstverwirklichung im Unterschied zu den vorübergehenden *Samadhi*-Zuständen.

Sakshibhava – ein Zeuge *(Sakshin)* sein oder werden

Samadhana – Sammlung, tiefe Meditation, Kontemplation, Konzentration; eine der sechs Eigenschaften von Shankaras Voraussetzungen spiritueller Schülerschaft. Siehe: *Chatushtaya Sampatti.*

Samadhi – Zustand völligen Friedens und der Stille, frei vom Denken, der über Wachen, Träumen und Tiefschlaf hinausgeht. Siehe: *Vikalpa, Savikalpa Samadhi, Nirvikalpa Samadhi, Sahaja Samadhi.*

Samhita – philosophischer oder religiöser Text. Siehe: *Ashtavakra, Gita.*

Samsara – der ständige Kreislauf von Geburt und Wiedergeburt, dem wir anscheinend in der phänomenalen Welt so lange ausgesetzt sind, bis wir erleuchtet werden.

Samshaya – Unsicherheit, Unentschlossenheit, Zögern oder Zweifel. Siehe: *Manana.*

Sanatana Dharma – ewiges Gesetz, unsere innerste Natur. Es wird auch als ein Synonym für »Hinduismus« benutzt oder für traditionelle hinduistische Gebräuche.

Sanchita – jene *Sanskaras* oder Prägungen, die sich aus allen Handlungen der Vergangenheit angesammelt haben, deren Auswirkungen aber noch nicht eingetreten sind. Siehe: *Agami, Prarabdha, Sanskara.*

Sanskara – Immer wenn eine Handlung mit dem Wunsch nach einem bestimmten Resultat (für sich selbst oder jemand anderen) durchgeführt wird, hinterlässt dies *Sanskaras* oder Prägungen für den Handelnden. Diese angesammelten Prägungen bestimmen die zukünftigen Ereignisse und Handlungen. Siehe: *Agamin, Karma, Prarabdha, Sanchita, Karma.*

Sat – ewiges, unwandelbares, absolutes Sein, Existenz, Wirklichkeit, Wahrheit.

Satchidananda/ Sat-Chit-Ananda – Sein-Bewusstsein-Glückseligkeit, unsere wahre Natur.

Satsang(a) – Gemeinschaft mit der Wahrheit, das heißt, mit Weisen, Erleuchteten, Heiligen oder Wahrheitssuchern; auch ein Treffen von Menschen, bei dem spirituelle Weisheit miteinander geteilt wird.

Sattva/sattvisch – die höchste der drei *Gunas* oder Eigenschaften der Natur. Sie steht für Stille, Frieden, Wahrheit, Weisheit, Selbstlosigkeit und Spiritualität und die höchsten Bestrebungen des Menschen. Siehe: *Guna.*

Sattvapati – das vierte Stadium auf einem spirituellen Weg, nach dem es keiner weiteren Bemühung bedarf (da nun eine Fülle von *Sattva* da ist).

Savikalpa – *Samadhi*, in dem man völlig im Objekt der Meditation vertieft ist, wobei jedoch noch eine Spur von Verschiedenheit oder Dualität, das heißt, die Subjekt-Objekt-Beziehung, bleibt. Siehe: *Nirvikalpa*, *Samadhi*, *Vikalpa*.

Shama – geistige Disziplin oder Selbstkontrolle; eine der sechs Eigenschaften, die einen Teil von Shankaras vier Voraussetzungen für den Schüler bilden. Siehe: *Chatushtaya Sampatti*.

Shankara – einer der größten Philosophen und Heiligen Indiens (ca. 788 – 820 n. Chr.), Hauptvertreter des Advaita Vedanta und Erneuerer des Hinduismus; Schüler von Gaudapadas Schüler Govindapada, der wichtige spirituelle Werke und Kommentare hinterließ.

Shankaracharya – Titel für einen der vier relgiösen Führer, die als Nachfolger in der Tradition Shankaras in den von ihm begründeten Klöstern im Norden (Badrinath), Süden (Shringeri), Osten (Puri) und Westen (Dvaraka) Indiens lehren.

Shraddha – Glaube, Vertrauen, Überzeugung (in Abwesenheit direkter persönlicher Erfahrung); eine der sechs Eigenschaften von Shankaras vier Voraussetzungen der Schülerschaft. Siehe: *Chatushtaya Sampatti*.

Shravana – das Hören der Wahrheit von einem Weisen oder das Lesen darüber in solchen Werken wie den Upanishaden. Siehe: *Manana*, *Nididhyasana*.

Shubheccha – »guter Wunsch«; der erste Impuls, der uns auf die spirituelle Suche führt.

Smriti – »Erinnerte«, tradierte Weisheit, die dann aufgeschrieben wird; *Smritis* sind beispielsweise die Gesetzbücher und Epen wie das Mahabharata und das Ramayana.

Srishti-Drishti-Vada – die allgemein übliche Ansicht, dass die Welt eine objektive, von uns getrennte Wirklichkeit ist, die auf einen Akt der Schöpfung zurückgeht und sich unabhängig von uns entwickelt, also bereits existierte, bevor irgendjemand sie wahrnahm. Siehe: *Adhyasa*, *Drishti-Srishti-Vada*.

Shruti – wörtlich: Hören; alle Schriften, die auf göttlicher Offenbarung beruhen und deshalb unbedingte Autorität besitzen: die den Rishis (Sehern) offenbarten vier Vedas, die Brahmanas, die Upanishaden und ein Teil der Sutras.

Sthitaprajna – jemand, der in der Weisheit gegründet ist; ein Mensch, der ruhig, beständig, zufrieden und sicher in seinem Urteil ist. Die Bhagavad Gita bezeichnet damit den Menschen, der sein Selbst erkannt hat.

Sushupti – der Tiefschlafzustand des Bewusstseins. Siehe: *Jagrat*, *Prajna*, *Svapna*, *Turiya*.

Svadharma – die eigene Pflicht oder das eigene innere Gesetz *(Dharma)*.

Svapna – der Traumzustand des Bewusstseins. Siehe: *Taijasa*, *Jagrat*, *Sushupti*, *Turiya*.

Taijasa – wörtl.: leuchtend. Das Ich des Traumzustands oder die feinstoffliche, astrale Sphäre.

Tamas/tamasisch – die Eigenschaft oder *Guna* der Schöpfung, die am stärksten verdichtet ist und mit Nicht-Erkenntnis, Trägheit, Faulheit, Achtlosigkeit, Dunkelheit und Tod verbunden ist.

Tattvabodha – eine kurze Abhandlung über Advaita Vedanta, die früher traditionell Shankara zugeschrieben wurde.

Titiksha – Nachsicht, Geduld; eine der sechs Fähigkeiten, die einen Teil von Shankaras vier Voraussetzungen der Schülerschaft bilden. Siehe: *Chatushtaya Sampatti.*

Trikalatita – das, was Vergangenheit, Gegenwart und Zukunft transzendiert (das Selbst)

Turiya – der Vierte; das erleuchtete Sein jenseits der drei anderen Bewusstseinszustände von Wachen, Schlafen und Träumen, jenseits von Denken, Kausalität und Körperbewusstsein.

Upadhi – Begrenzung oder begrenzende Beifügung; alles, was *Brahman* verdeckt und verhüllt; die Identifikation mit Körper, Intellekt, Sinnen und Ego, die uns davon abhält, das Selbst zu erkennen.

Upanishad – Unterweisungen erleuchteter Meister an ihre Schüler, die einem der vier Vedas angeschlossen sind und den Schlussteil oder Gipfel der Veden bilden. Die Wortbedeutung ist »sich nahe zu jemandem niedersetzen«, das heißt, zu Füßen des Meisters sitzen, um seine Lehre zu hören. Es gibt etwa 108 Upanishaden, sie entstanden bereits ab 1000 v.Chr. Siehe: *Vedanta.*

Uparama – Aufgeben weltlicher Wünsche und Handlungen, Entsagung.

Uparati – sich des Sinnengenusses oder weltlichen Handelns enthaltend.

Vairagya – Loslösung, Leidenschaftslosigkeit, Gleichmut angesichts der Freuden des Erfolgs und der Enttäuschungen des Misserfolgs; eine der sechs Fähigkeiten, die Shankara für die Schülerschaft voraussetzt.

Vasana – eingewurzelte Begierden, latente Verhaltenstendenzen und Wünsche, bedingt durch vergangene Handlungen *(Karma)* und die unbewussten Prägungen *(Sanskaras)*, die daraus entstanden.

Veda – Wissen; die Gesamtheit der ältesten heiligen Texte der indischen Literatur, die übermenschlichen Ursprungs sind und den Sehern (Rishis) offenbart wurden.

Vedanta – wörtlich: das Ende des Wissens, in dem Sinne, dass die Upanishaden den Schlussteil der Vedas ausmachen. Sie lehren insbesondere die Nicht-Dualität von *Atman* und *Brahman.*

Vidyaranya – Advaita-Philosoph des 14. Jhdt., Autor des Panchadashi

Vijnanamaya Kosha – die feinstoffliche Hülle der Intelligenz oder der *Buddhi*, das heißt, der unterscheidenden Erkenntniskraft; die vierte der fünf Hüllen, mit denen wir uns identifizieren.

Vikalpa – falsche Vorstellung, Zweifel. Siehe: *Savikalpa, Nirvikalpa, Samadhi.*

Vikshepa – die projizierende Kraft der Täuschung oder *Maya.* In der Metapher von Schlange und Seil überlagert sie das Seil mit dem Bild der Schlange. Siehe: *Avarana, Maya.*

Vishva – das Ich des *Jagrat* (Wachzustands). Siehe: *Taijasa, Prajna.*

Viveka – Unterscheidung; Funktion der *Buddhi*, die die Fähigkeit hat, zwischen dem Unwirklichen und dem Wirklichen zu unterscheiden. Eine der sechs

Fähigkeiten, die Shankara als Voraussetzung für die Schülerschaft aufzählt. Siehe: *Sadhana*, *Chatushtaya Sampatti*.

Vritti – Gedankenwelle, Stimmung des Geistes. Siehe: *Aham Vritti*, *Idam Vritti*.

Vyavaharika – Adjektiv von *Vyavahara*; die relative, praktische oder phänomenale Erscheinungswelt. Siehe: *Paramarthika*, *Pratibhasika*.

Yoga – der Weg, durch den das individuelle Selbst wieder mit dem universellen Selbst verbunden wird. Im engeren Sinne der Yogaweg Patanjalis, der eine andere Anschauungsweise als der Advaita darstellt, obwohl beide miteinander verwandt sind.

Yuga – eins der vier Weltzeitalter. Das *Satya*- oder *Krita-Yuga*, das von Tugend, Weisheit und Religion geprägt war, dauerte 1 728 000 Menschenjahre, das *Treta Yuga* 1 296 000 Jahre, das *Dvapara Yuga* 864 000 Jahre und das jetzige *Kali Yuga* 432 000 Jahre. Die Abnahme der Dauer jedes *Yugas* entspricht der Abnahme an Wissen und Moral der Menschheit. Die Gesamtsumme der 4 320 000 Menschenjahre bilden ein *Maha-Yuga*; 2 000 *Maha-Yugas* ergeben einen Tag und eine Nacht *Brahmas*.

Literaturhinweise

Upanishaden/Vedanta:

Türstig, Hans-Georg (Hrsg.). *Die Weisheit der Upanishaden*, Frankfurt 1996.

Bäumer, Bettina. *Upanishaden*, München 1998.

Le Saux, Henri (Swami Abhishiktananda). *Der Weg zum anderen Ufer* – Die Spiritualität der Upanishaden Düsseldorf/ Köln 1980.

Mandukyakarika – Jenseits von Shivas Tanz, Kommentar von Raphael, Freiburg 2001.

Swami Gambhirananda. *Brahma Sutra Bhashya of Shankaracharya*, Calcutta 1996.

Panchadashi, Vedanta-Zentrum Wiesbaden, s. Adresse am Buchende.

Balsekar, Ramesh. *Duett der Einheit – Der Ashtavakra Gita Dialog*, Bielefeld 1991.

Raphael. *Advaita Vedanta – Der Weg der Nicht-Dualität*, Bielefeld 1999.

Raphael. *Tat Tvam Asi – Das bist du*, Bielefeld 2000.

Raphael. Yoga – Initiationswege zum Transzendenten, Bielefeld 1999.

Raphael. *Jenseits des Zweifels*, Freiburg 1999.

Raphael. Die Quellen des Lebens, Bielefeld 1996.

Raphael. Jenseits der Illusion des Ich, Hammelburg 1996.

Swami Vivekananda. *Vedanta – Der Ozean der Weisheit*, München 1989.

Bhagavad Gita:

Swami Shivananda. *Shrimad Bhagavad Gita – Gesang des Glückseligen*, Lautersheim 1998.

Bhagavad Gita mit Kommentar von Shankara, München 1989.

Bhagavad Gita – Gesang des Glückseligen, Übersetzung und Kommentar von Raphael, Bielefeld 2001.

Shankara:

Drigdrisyaviveka – Unterscheidung zwischen Selbst und Nicht-Selbst, mit einem Kommentar von Raphael, Interlaken 1992.

Das Kleinod der Unterscheidung (Viveka-Chudamani) und die Erkenntnis der Wahrheit (Tattva Bodha) übers. von Kurt Friedrichs, Bern/München/ Wien 1981.

Sri Shankaracharya. *Das Kronjuwel der Unterscheidung*, übers. von Emanuel Meyer, Argenbühl 2002.

Sri Shankaracharya. *Sieben Kleinode geistiger Erkenntnis*, mit Kommentar von Emanuel Meyer, Argenbühl 2002.

Bhaja Govindam – Eine Hymne der Entsagung, Heiligkreuzsteinach 1980.

Atmabodha – Die Erkenntnis des Selbst, in: advaita journal Vol. 4, 2001.

Ramakrishna:

Ramakrishna. *Das Vermächtnis*, übers. v. Kurt Friedrichs, Bern, München 1981.

Ramakrishna. *Setze Gott keine Grenzen*, Freiburg 1984.

Ramakrishna. *Ein Werkzeug Gottes sein*, Zürich, Düsseldorf 1997.

Ramana Maharshi:
Gespräche des Weisen vom Berge Arunachala, Interlaken 1993.
Talks with Sri Ramana Maharshi, Tiruvannamalai 1994.
Maha Yoga of Bhagavan Sri Ramana, Tiruvannamalai 1984.
Maharshi, Ramana. *Sei, was du bist*, Bern/ München/ Wien 1991.
Day by Day with Bhagavan – From the diary of A. Devaraja Mudaliar, Tiruvannamalai 1989.
Die Botschaft des Ramana Maharshi, Berlin 2001.
Maharshi, Sri Ramana. *Über das Selbst – 40 Verse*, Hammelburg 1997.
Maharshi, Sri Ramana. Geistige Unterweisung, Hammelburg 1997.
Self Enquiry. Tri-Annual Review of the Ramana Maharshi Foundation

Nisargadatta:
Maharaj, Sri Nisargadatta. *Ich Bin*, 3 Bde., Bielefeld 1989, 1997, 2003.

Lehrer des Direkten Weges:
Adams, Robert. *Stille des Herzens*, 2 Bde., Bielefeld 2000 u. 2001.
Sri Atmananda (Krishna Menon). *Atma Darshan – At the Ultimate*, Austin 1989.
Sri Atmananda (Krishna Menon). *Atma Nirvriti – Freedom and Felicity in the Self*, Austin 1989.
Gill, Nathan. *Clarity*, [http//www.nathangill.com] 2000.
Klein, Jean. *Dein wahres Ich*, Freiburg 1993.
Klein, Jean. *I Am*, Guernsey 1989.
Liquorman, *Wayne. Acceptance of What Is – a Book About Nothing*, 2000.
Lucille, Francis. *Ewigkeit jetzt – Dialoge über das Glück*, Bielefeld 2001.
Parsons, Tony. *Open Secret – Die Erfahrung der Nicht-Dualität*, Freiburg 2000.
Poonja. Sri H.W.L. . *Der Gesang des Seins*, München 1997.
Advaita Journal: Aktuelle Artikel von lebenden Advaita-Lehrern und traditionelle Advaita-Texte; halbjährlich bei advaitamedia, Hamburg.

Sonstiges:
Blackburn, Simon. *Denken – Die großen Fragen der Philosophie*, Darmstadt 2001.
Bono, Edward de. *Mechanism of Mind*, New York 1969.
Brown, Kerry (Hrsg.). *The Essential Teachings of Hinduism*, London 1990.
Deutsch, Eliot. *Advaita Vedanta – A Philosophical Reconstruction*, Honolulu 1973.
Eliot, T.S. . *Gesammelte Gedichte 1909 – 1962*, Frankfurt 1988.
Fort, Andrew O. .*The Self and its States*, Delhi 1990.
Godman, David. *No Mind, I am the Self – The lives and teachings of Sri Lakshmana Swamy and Mathru Sri Sarada*, Gudur 1988.
Humphrey, Nicholas. *Naturgeschichte des Ich*, Hamburg 1995.
Indich, William M.. *Consciousness in Advaita Vedanta*, Delhi 1995.
Magee, Bryan. *Bekenntnisse eines Philosophen*, München 1998
Magee, Bryan und Martin Milligan, *Sight Unseen*, London 1995

Maslow, Abraham. *The Farther Reaches of Human Nature*, New York 1971
Monier-Williams, M.. *A Sanskrit-English Dictionary*, Oxford 1974.
Osho. *Meditation: Die erste und die letzte Freiheit*, Köln 1998.
Osho. *I Am That. Discourses on the Isa Upanishad*, Rajneeshpuram 1984.
Osho. *Heartbeat of the Absolute. Commentaries on the Ishavasya Upanishad*, Köln 1980.
Osho. *The Mustard Seed. Discourses on the Sayings of Jesus from the Gospel According to Thomas*, San Francisco 1975.
Blaise Pascal, *Pensees. Über die Religion und über einige andere Gegenstände*, Wiesbaden 2001.
Patanjali, *Die Wurzeln des Yogas – Yoga Sutras*, München 1997.
Raphael. *Initiation in die Philosophie Platons – Die Lehre der Nicht-Dualität durch Shankara und die westliche Philosophie Platons*, Berlin 2002.
Schumacher, E.F.. *A Guide for the Perplexed*, New York 1977.
Watts, Alan. *Comparative Philosophy*, Original Live Recordings, Electronic University.
Subramaniam, Vaiyai. *Alles ist Eins*, Weilersbach 2002.
Watts, Alan. *Weisheit des ungesicherten Lebens*, München 1997.

Websites

www.home.t-online.de/home/hanumans/vedanta.htm: Klassische Vedantatexte in Deutsch;

www.benno-meyer.de/indien: Spiritualität in Indien mit interessanten Links;

www.advaita-vedanta.org: Ausführliche Website über Shankaras Advaita Vedanta;

www.advaita.org.uk :Website des Autors über Advaita mit interessanten Links;

www.geocities.com/advaitins/ : Homepage des Internet-Forums der Advaitin-E-Liste; informiert über Shankara, Advaita und die heiligen Schriften;

www.arshavidya.org : Institut für das traditionelle Studium des Vedanta und Sanskrit in Pennsylvania, gegründet von Swami Dayananda Saraswati;

www.yogamalika.org : Vedanta-Kurse und Vorträge der von Swami Dayananda Saraswati und Swami Paramarthananda Saraswati gegründeten Institution in Chennai;

www.ramana-maharshi.org: Website des Ramana Ashrams, der Hauptorganisation in Verbindung mit Sri Ramana Maharshi;

www.ramana-maharshi.org.uk: Website der englischen Ramana Maharshi Foundation, die das Journal »Self-Enquiry« herausgibt;

www.sentient.org: Website über zahlreiche traditionelle und moderne Advaita-Lehrer;

www.anandamayi.org und www.ma-anandamayi.de: Leben und Lehren der Erleuchteten Anandamayi Ma;

www.dmoz.org/Society/Religion_and_Spirituality/Advaita Vedanta/. :Systematische Auflistung vieler Lehrer, Organisationen und Bücher zum Thema;

www.geocities.com/neovedanta/: Viele Artikel über Sri Ramakrishna, Vivekananda, Hinduismus;

www.vmission.org: Website der Vedanta Mission mit umfangreicher Information über Vedantaschriften und Advaitaphilosophie;

www.chinmayamission.org : Gemeinnützige Organisation zur Verbreitung des Vedanta und der Upanishaden;

www.sivanandadlshq.org: Website für die Divine Life Society, Sw. Shivananda, Sw. Chidananda und Sw. Krishnananda gewidmet,

www.yogananda-srf.org: Website des von Yogananda gegründeten Self Realization Fellowship;

www.indiadivine.com/: Allgemeine Informationen zu Hinduismus und heiligen Schriften;

www.geocities.com/gokulmuthu/: Gute Informationen und Links zu indischer Philosophie und Religion;

www.realization.org: Umfangreiche Quellensammlung zu Advaita, Yoga, Bhakti etc. mit Biographien, Buchauszügen, Artikeln und Links;

www.groups.yahoo.com/group/advaitin: Internetforum über Advaita;

www.satsang.de: Umfangreiche Auflistung zahlreicher Links zu modernen

Advaita-Lehrern;

www.advaita.org: Website des Advaita Fellowship, Kalifornien, die sich auf die Lehren des Direkten Weges nach Nisargadatta Maharaj, Ramesh Balsekar und Wayne Liquorman beziehen;

www.jeanklein.org: Website über Bücher, Videos und Kassetten von Jean Klein;

www.francislucille.com: Informationen über Francis Lucille, einem Lehrer des Direkten Weges und Schülers von Jean Klein;

www.pyar.de: Deutsche Lehrerin des Direkten Weges und der Essenz aller Religionen;

www.allionce.de: Website über Om C. Parkin, einen deutschen Lehrer des Direkten Weges;

www.advaitamedia.com: Bücher, Videos und Kassetten;

www.vedanta-hh.de: Website der Vedanta-Gruppe Hamburg;

www.bluedove.org: Versandbuchhandlung für viele Advaita-Bücher in Kalifornien;

www.watkinsbooks.com: Buchhandlung mit großem Sortiment englischsprachiger Advaita-Literatur in London:

Adressen:

Vedanta-Haus, Bindweide 2, 57520 Steinebach/Sieg – führt Seminare der Vedanta-Gesellschaft e.V. in Nachfolge Sri Ramakrishnas und Sw. Vivekanandas durch.

kakao Mischa